COMPASS FPSO–SDP
软件建模与分析教程

中国船级社　著

哈尔滨工程大学出版社

Harbin Engineering University Press

内容简介

本书主要介绍了 COMPASS FPSO – SDP 软件的基本操作及建模分析实例。全书共分为 8 章。其中,第 1 章主要介绍软件的基本功能及界面;第 2 章主要介绍船舶基本参数;第 3 章主要介绍船舶舱室定义及舱室晃荡参数;第 4 章主要介绍横剖面模型建立与计算;第 5 章主要介绍横舱壁模型建立与计算;第 6 章主要介绍系统工具;第 7 章主要介绍库;第 8 章主要介绍建模分析实例,以便于读者学习掌握。

本书可作为从事 FPSO 结构设计的工程技术人员的参考用书,也可作为广大船舶海工爱好者自学 COMPASS FPSO – SDP 软件的教材。

图书在版编目(CIP)数据

COMPASS FPSO – SDP 软件建模与分析教程/中国船级社著. —哈尔滨:哈尔滨工程大学出版社,2022.1

ISBN 978 – 7 – 5661 – 3350 – 2

Ⅰ.①C… Ⅱ.①中… Ⅲ.①船舶结构 – 结构设计 – 计算机辅助设计 – 教材 Ⅳ.①U66

中国版本图书馆 CIP 数据核字(2021)第 249321 号

COMPASS FPSO – SDP **软件建模与分析教程**
COMPASS FPSO – SDP RUANJIAN JIANMO YU FENXI JIAOCHENG

选题策划	唐欢欢
责任编辑	宗盼盼
封面设计	李海波

出版发行	哈尔滨工程大学出版社
社　　址	哈尔滨市南岗区南通大街 145 号
邮政编码	150001
发行电话	0451 – 82519328
传　　真	0451 – 82519699
经　　销	新华书店
印　　刷	哈尔滨市石桥印务有限公司
开　　本	787 mm × 1 092 mm　1/16
印　　张	11.75
字　　数	289 千字
版　　次	2022 年 1 月第 1 版
印　　次	2022 年 1 月第 1 次印刷
定　　价	49.80 元

http://www.hrbeupress.com

E-mail:heupress@ hrbeu.edu.cn

前　言

海上浮式生产储油装置(FPSO)因具有抗风浪能力强、储油能力大、经济性好、可以转移及重复使用等优点,已成为近年来深海油气开发的主流装备。与常规航行船舶不同,FPSO作业时通过系泊系统长期定位于海上油田,无法有效躲避恶劣海况,为保证FPSO结构在其生命周期内具有足够的安全裕度,需要在设计阶段确定其可能遭遇的极限载荷并确保船舶在极限载荷下的结构强度。

COMPASS系列软件是中国船级社(CCS)开发的工程计算软件,广泛应用于技术服务和质量活动,包括海船、河船、船用产品以及海洋工程的规范科研、审图、辅助设计、航运安全评估等,涉及结构、性能、轮机、电气、风险、节能环保等专业计算功能。

CCS经过长期对海上浮式装置作业特点的研究,结合工程经验,基于最新版的《海上浮式装置入级规范(2020)》开发了FPSO结构规范软件(COMPASS FPSO – SDP),主要用于船型FPSO的结构规范计算和校核。该软件可以将广大工程技术人员从烦冗的结构规范计算中解脱出来,通过自动化的计算手段完成船型FPSO的总纵强度、局部强度等计算和校核工作。

本书是COMPASS FPSO – SDP软件的指导用书,比较详细地介绍了COMPASS FPSO – SDP 2021版软件的功能、使用方法和一些基本技巧。通过本书的学习,初学者可掌握FPSO船体建模分析方法,对FPSO的规范构件尺寸校核进一步加深理解。

本书特色如下:

1.循序渐进,深入浅出

由于COMPASS FPSO – SDP软件具有很强的专业性,本书分模块讲解建模分析的基本界面和操作过程,使读者可以边学习,边动手,更快掌握软件的使用。通过对软件的熟练掌握,读者还可以逐步深入地学习FPSO结构强度校核的方法。

2.知识全面,内容充实

本书详细介绍了软件的使用方法,包括软件的基本情况介绍、总体数据的准备、建模的方法、常用工具、库功能等,使读者能够深入掌握软件的应用技巧。

3.案例精讲,深入剖析

本书的最后一章还提供了FPSO实船建模及分析的案例,便于读者更加直观地理解前面章节的相关内容。

本书由中国船级社撰写,具体撰写人员及分工如下:第1章由孙政策、李玉刚撰写;第2章由梁园华、高明撰写;第3章由唐宜健、孙安林撰写;第4章由李淳芳、刘成名、李璐璐撰写;第5章由李凌、李洛东撰写;第6章由李洛东、位巍撰写;第7章由梁园华、杨文韬撰写;第8章由李洛东、李淳芳、刘成名撰写。

著　者

2021年9月

目　　录

第1章 软件的基本功能及界面

FPSO结构规范软件(COMPASS FPSO – SDP)是由CCS基于最新版的《海上浮式装置入级规范(2020)》研制开发的,主要用于船型FPSO的结构规范计算和校核。COMPASS FPSO – SDP的界面风格和操作方式基本沿袭了CCS船舶结构规范计算软件的设计特点,功能多样,操作灵活。该软件可以使广大工程技术人员从烦冗的结构规范计算中解脱出来,通过先进的计算手段完成总纵强度计算和校核工作。目前,COMPASS FPSO – SDP的版本还在不断更新维护中,功能也在不断增强和完善。

1.1 运行环境

硬件环境:2.0 GHz主频及以上CPU,4 GB以上内存,20 GB以上硬盘空间,推荐分辨率1 920×1 080以上。

软件环境:Windows 7/NT4.0以上操作系统。

1.2 功能特点

(1)船体梁总纵强度校核。

(2)全船范围结构设计与校核。

①货舱区结构设计与校核:

a.典型横剖面设计与校核。

b.典型横舱壁设计与校核。

②艏、艉部结构设计与校核。

③机舱区结构设计与校核。

④上层建筑结构设计与校核。

(3)强大的船舶结构建模、编辑功能。

(4)提供规范动载荷包络值计算及输出、构件特性计算、砰击、冲击、剪力流、压力计算等辅助设计工具。

(5)提供详细的计算结果输出报告。

1.3　基　本　假　设

（1）坐标系定义（图1-3-1）。

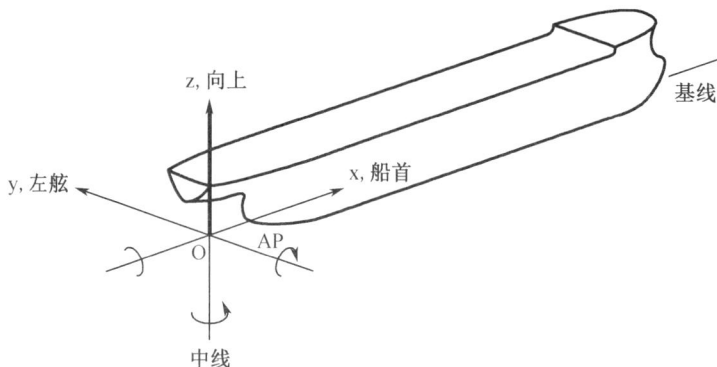

图1-3-1

船舶总体坐标系定义如下：

坐标原点（O①）——位于艉柱（AP）与船舶基线交点处；

x轴——沿着船长方向，以船首为正方向；

y轴——沿着船宽方向，以左舷为正方向；

z轴——沿着船舶高度方向，以向上为正方向。

注：

①用户在程序中输入的所有坐标，都是以Lpp（垂线间长）尾端为坐标原点；

②输出报告中输出的坐标是规范船长下的坐标。

（2）如未在舱室定义中输入强框架位置，则对于某一剖面，程序假设此剖面在某一跨的尾端，计算压力时，纵向坐标位置取 $x+0.5*l$，其中 l 为完整跨距，x 为当前剖面位置坐标。

（3）疲劳计算的两端位置说明：

疲劳计算的两端，指的是纵骨跨距的前后端，而不是一个节点的前后端。

1.4　主界面简介

1. 功能区

（1）统一启动界面如图1-4-1所示。

（2）主界面如图1-4-2所示。

---

① 为与程序保持一致，本书中所有变量均用正体表示。

图 1 - 4 - 1

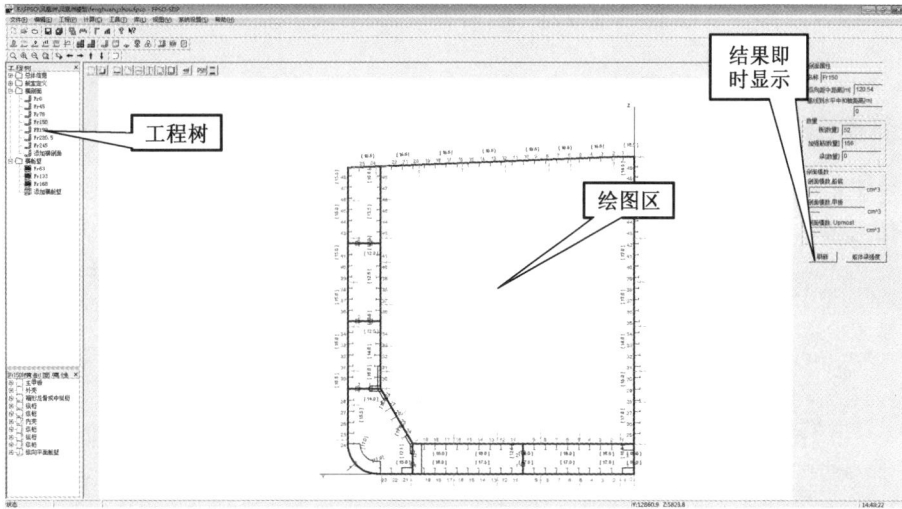

图 1 - 4 - 2

2. 工具条(图 1 - 4 - 3、图 1 - 4 - 4、图 1 - 4 - 5)

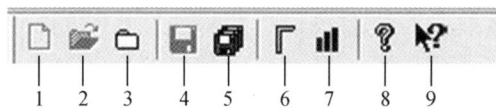

1—新建工程;2—打开工程;3—关闭工程;4—保存剖面(舱壁);5—保存工程;
6—型材库(当前工程);7—材料库;8—关于;9—帮助主题。

图 1 - 4 - 3

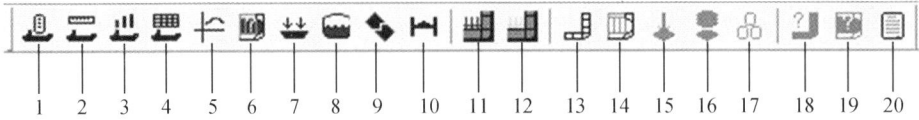

1—工程信息;2—主尺度;3—材料;4—肋位表;5—船体梁载荷;6—横舱壁信息;7—甲板静载荷;
8—用户自定义吃水;9—疲劳参数;10—横舱壁水平桁;11—新建/打开舱室定义;12—舱室晃荡参数;
13—添加一个横剖面;14—添加一个横舱壁;15—插入选定横剖面或横舱壁;16—移除当前剖面或舱壁;
17—工程属性;18—计算横剖面;19—计算横舱壁;20—报告预览。

图 1 – 4 – 4

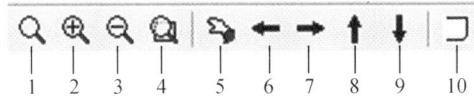

1—动态缩放;2—放大;3—缩小;4—全局显示;5—拖动;
6—向左移动;7—向右移动;8—向上移动;9—向下移动;10—刷新。

图 1 – 4 – 5

1.5 基本功能操作说明

1. 新建工程

新建工程的基本功能是实现输入新建工程的路径和名称。

操作步骤:

(1)点击"**文件**"菜单项中"**新建工程**"项(图 1 – 5 – 1),或工具栏□中"**新建工程**"项;

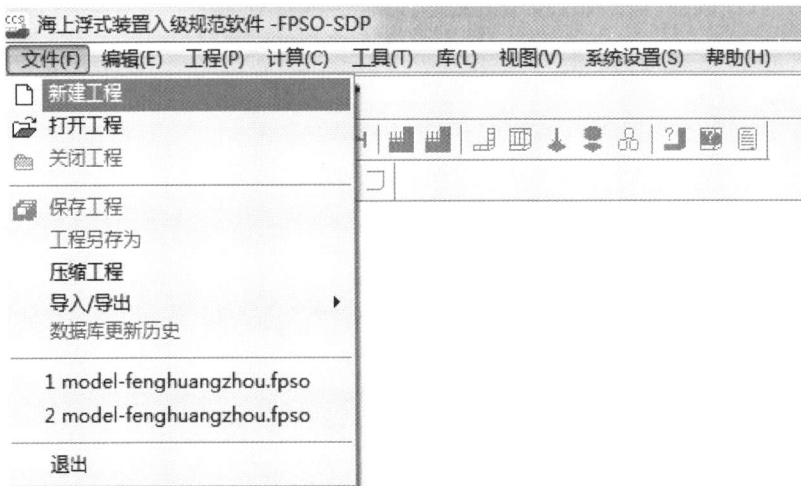

图 1 – 5 – 1

(2)弹出新建对话框(图1-5-2),选择所需新建工程的目录,输入工程名,并点击"**保存**"按钮即可。

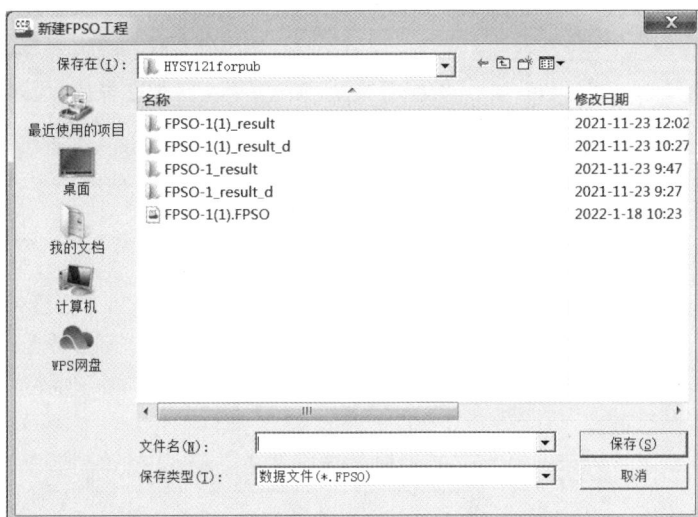

图 1-5-2

2. 打开工程

打开工程的基本功能是打开所选 FPSO 工程(∗. FPSO)。
操作步骤:
(1)点击"**文件**"菜单项中"**打开工程**"项(图1-5-3),或工具栏中"**打开工程**"项;

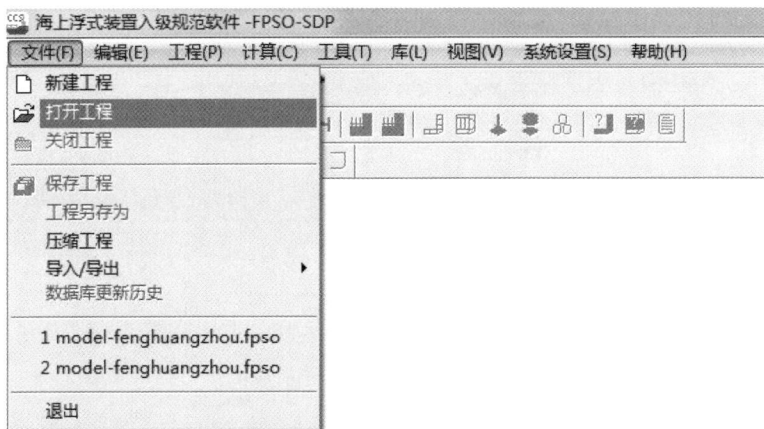

图 1-5-3

（2）选择所需要打开的 FPSO 工程文件（图 1 – 5 –4），并点击"**打开**"按钮即可。

图 1 – 5 – 4

3. 工程另存为

工程另存为的基本功能是将现有的 FPSO 工程保存为另一个工程名。

操作步骤：

（1）点击"**文件**"菜单项中"**工程另存为**"项（图 1 – 5 –5）；

图 1 – 5 – 5

（2）输入新保存的 FPSO 工程名（图 1-5-6），并点击"**保存**"按钮即可。

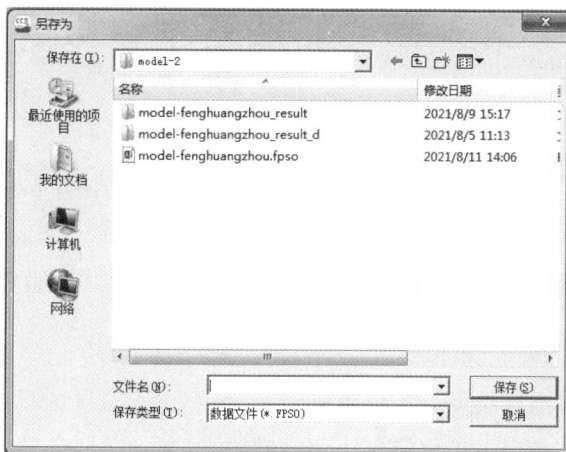

图 1-5-6

4. 系统自动保存

系统自动保存的基本功能是根据用户设置的时间间隔，系统自动保存修改的内容。
操作步骤：
（1）点击"**系统设置**"菜单项中"**自动保存设置**"项，如图 1-5-7 所示；

图 1-5-7

（2）用户勾选"**自动保存**"项，并输入时间间隔，单位为分钟，如图 1-5-8 所示。

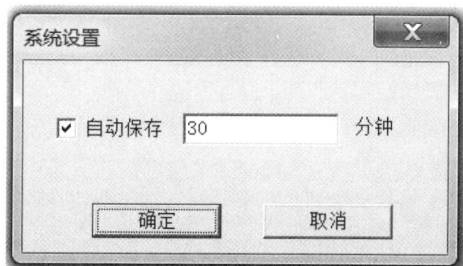

图 1-5-8

注：工程自动保存时，状态栏左下角显示"保存工程……"，保存完毕后，显示"工程保存成功"。

第 2 章　船舶基本参数

2.1　工　程　信　息

功能描述:用于输入当前计算浮式装置的工程信息描述,其中船名、规范版本选择是必填项。

进入方式:

(1)菜单—工程—总体信息—工程信息;

(2)工程树—总体信息—工程信息;

(3)在工具条中单击**工程信息**图标📇。

操作界面:如图 2 - 1 - 1 所示。

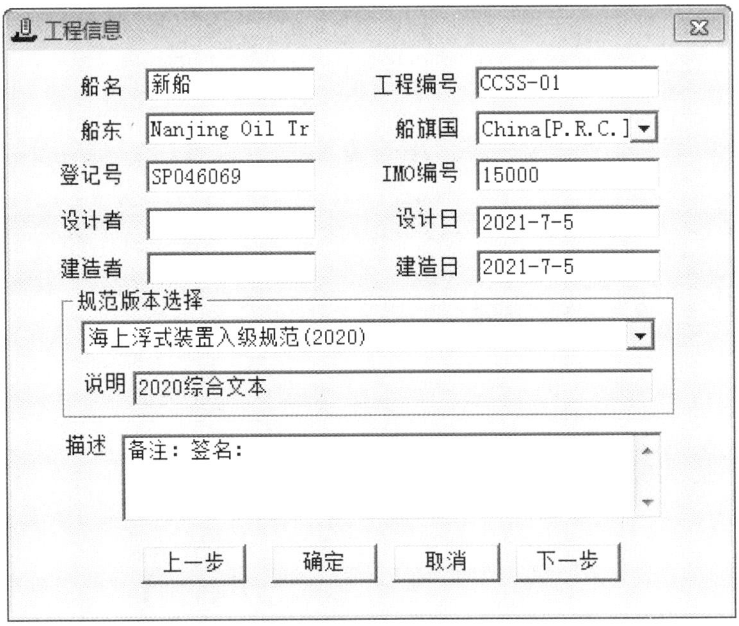

图 2 - 1 - 1

操作步骤:

(1)输入船舶工程信息。

(2)输入完毕后,单击"**下一步**"按钮,系统保存当前结果,进入**主尺度**界面;或单击"**上一步**"按钮,系统保存当前结果,进入**横舱壁水平桁**界面;或单击"**确定**"按钮,系统保存当前结果,退出该界面;或选择"**取消**"按钮,放弃保存,退出该界面。

2.2　主　尺　度

功能描述: 用于输入当前计算浮式装置的主尺度数据,此部分数据与计算直接相关,建议全部填写。

进入方式:

(1)菜单—工程—总体信息—主尺度;

(2)工程树—总体信息—主尺度;

(3)在工具条中单击**主尺度**图标 。

操作界面: 如图2-2-1所示。

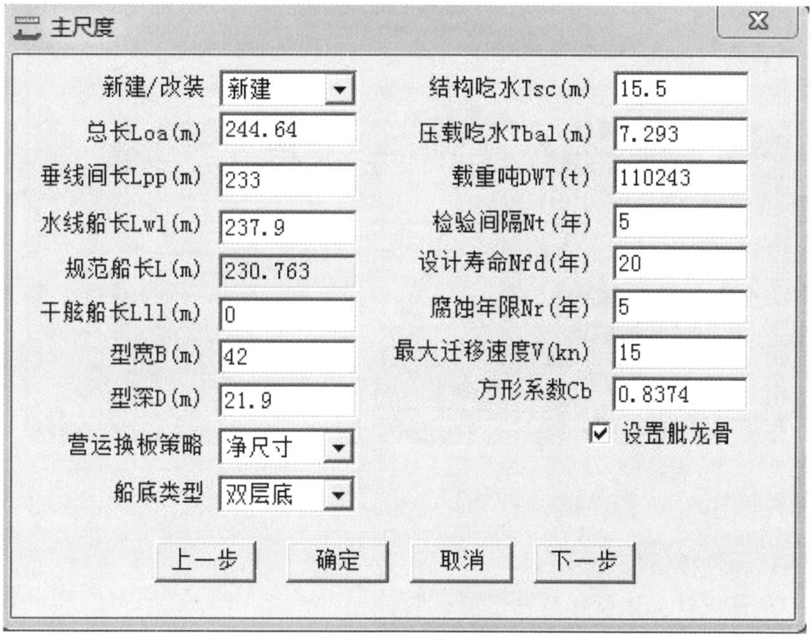

图2-2-1

操作步骤:

(1)根据实船情况完成**主尺度**项中数据的填写和选择。

(2)上述操作完毕后,单击"**下一步**"按钮,系统保存当前结果,进入**材料**界面;或单击"**上一步**"按钮,进入**工程信息**界面,系统保存当前结果,回到上一界面;或单击"**确定**"按钮,系统保存当前结果,退出该界面;或选择"**取消**"按钮,放弃保存,退出该界面。

注:用户不能手动输入规范船长的值。一般情况下,规范船长等于垂线间长,但如果垂线间长小于水线长的96%,则规范船长等于水线长的96%;如果垂线间长大于水线长的97%,则规范船长等于水线长的97%。

2.3　材　　料

功能描述:用于输入当前计算浮式装置材料在剖面垂向上的分布情况。

进入方式:

(1)菜单—工程—总体信息—材料;

(2)工程树—总体信息—材料;

(3)在工具条中单击**材料**图标 凸。

操作界面:如图 2 - 3 - 1 所示。

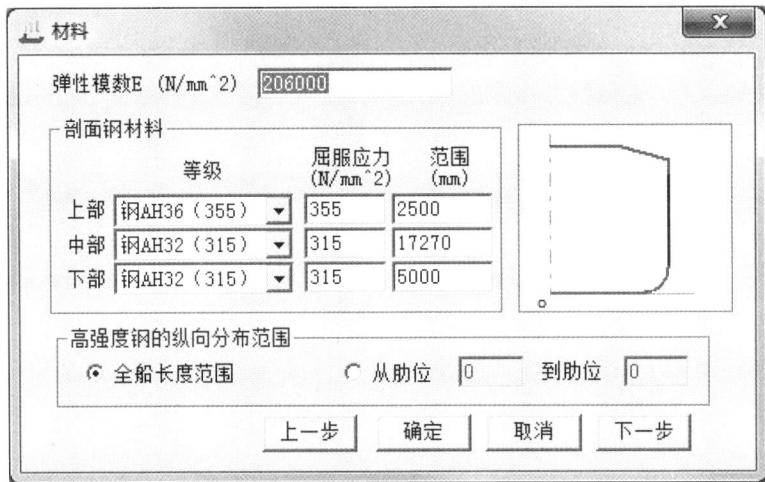

图 2 - 3 - 1

操作步骤(弹性模量(只读)):

(1)填写剖面默认的钢材料分布情况。

①在**等级**下拉列表框中选择钢材料等级。

②在**屈服应力**框中系统会根据选择的钢材料等级自动给出相应的屈服强度。

③在**范围**框中填写钢材沿型深的上部分布范围(沿甲板边线向下延伸的高度)和下部分布范围(沿基线向上延伸的高度),系统将自动给出中部的钢材分布高度。这里定义的材料将作为该范围内型材材料的默认值,用户可进行再编辑。

注:若等级下拉列表框中没有用户需要的钢材料等级选项或系统自动给出的屈服强度不符合实际需要,用户可自行定义,具体操作见 7.2 材料库。

(2)高强度钢的纵向分布范围,在栏中根据实际情况选择以下两种状态之一:

①选择高强度钢沿全船长度范围的分布。

②选择高强度钢沿肋位的分布。

(3)上述操作完毕后,单击"**下一步**"按钮,系统保存当前结果,进入**肋位表**界面;或单击"**上一步**"按钮,系统保存当前结果,回到上一界面;或单击"**确定**"按钮,系统保存当前结果,退出该界面;或选择"**取消**"按钮,放弃保存,退出该界面。

2.4　肋　位　表

功能描述：用于输入当前计算浮式装置的 0 号肋位与干舷船长相对于尾垂线的位置关系、肋位表。

进入方式：

（1）菜单—工程—总体信息—肋位表；

（2）工程树—总体信息—肋位表；

（3）在工具条中单击**肋位表**图标🗐。

操作界面：如图 2-4-1 所示。

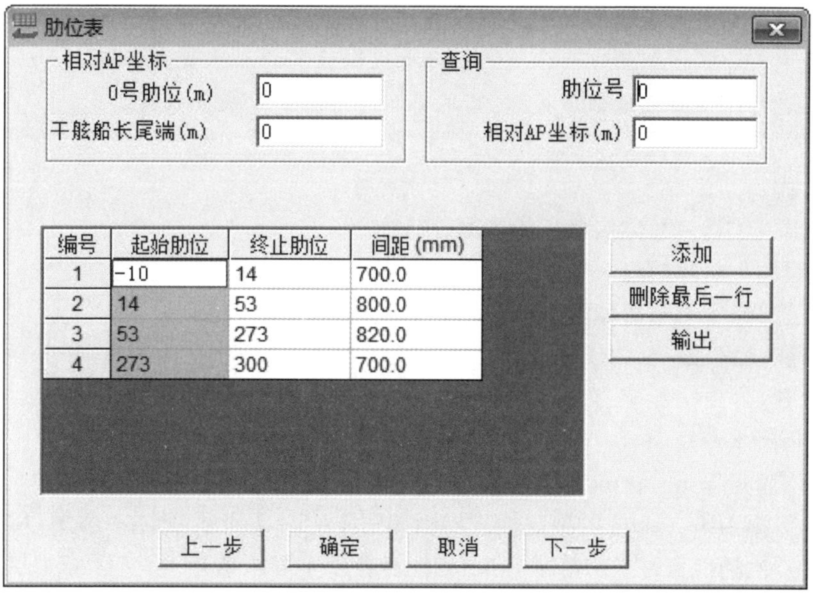

图 2-4-1

操作步骤：

（1）填写坐标。这里填写的数据为相对于尾垂线的坐标，负值表示 0 号肋位/干舷船长尾端在尾垂线 AP 之后，正值表示 0 号肋位/干舷船长尾端在尾垂线之前。

（2）完成肋位表的输入，系统可以根据输入的肋位数据在图片框中显示全船的肋位布置。

①单击"**添加**"按钮，根据船舶的肋距沿船长分布，将每一组的起始肋位、终止肋位和间距填入表中。

②若要对表中数据进行编辑修改，可直接在表中进行操作。

③若要进行删除行操作，点击"**删除最后一行**"进行删除。

④单击"**输出**"按钮，生成"txt"文件，输出船舶所有肋位的肋位表。

（3）在查询栏中，输入船舶肋位号或者距尾垂线距离，系统可自动得到相对 AP 坐标。

（4）操作完毕后，单击"**下一步**"按钮，系统保存当前结果，进入**船体梁载荷**界面；或单击

"上一步"按钮,系统保存当前结果,回到上一界面;或单击"确定"按钮,系统保存当前结果,退出该界面;或选择"取消"按钮,放弃保存,退出该界面。

注:用户输入的肋位表范围应能覆盖计算中可能涉及的所有肋位,含所有计算横剖面和横舱壁的纵向位置。

2.5　船体梁载荷

功能描述:用于输入当前计算浮式装置的船体梁载荷的输入和曲线绘制,主要用于确定计算横剖面纵向位置处船体梁载荷。

注:

①如需通过纵向位置插值的方式获得当前计算横剖面处船体梁载荷,则船体梁载荷输入时需要至少有计算横剖面纵向位置前后两个纵向位置的船体梁载荷值。

②如不进行船体梁极限强度校核,可不填写均匀满载弯矩数据页。

进入方式:
(1)菜单—工程—总体信息—船体梁载荷;
(2)工程树—总体信息—船体梁载荷;
(3)在工具条中单击船体梁载荷图标 。
操作界面:如图2-5-1所示。
操作步骤:
(1)选择**静水弯矩** Msw-perm。
(2)**静水弯矩** Msw-perm 输入界面:
①静水弯矩 Msw-perm 的数据输入界面如图2-5-2所示,点击"**添加**"按钮,新增一行,填写肋位号、场地自存中拱静水弯矩、场地自存中垂静水弯矩、检查维修中拱静水弯矩、检查维修中垂静水弯矩、迁移中拱静水弯矩、迁移中垂静水弯矩、意外中拱静水弯矩、意外中垂静水弯矩。
②选中一行,点击"**删除**"按钮进行删除。

填写完成后,单击"**确定**"按钮,系统保存当前结果,退出该界面;或选择"**取消**"按钮,放弃保存,退出该界面。

注:波浪弯矩 Mwv 和均匀满载弯矩 Msw-full(船体梁极限强度计算)的输入参考静水弯矩 Msw-perm 输入。

(3)**静水剪力** Qsw-perm 输入界面:
①完整航行工况下静水剪力 Qsw-perm 的数据输入界面如图2-5-3所示,点击"**添加**"按钮,新增一行,填写肋位号、场地自存正静水剪力、场地自存负静水剪力、检查维修正静水剪力、检查维修负静水剪力、迁移正静水剪力、迁移负静水剪力、意外正静水剪力、意外负静水剪力。
②选中一行,点击"**删除**"按钮进行删除。

填写完成后,单击"**确定**"按钮,系统保存当前结果,退出该界面;或选择"**取消**"按钮,放弃保存,退出该界面。

　　注:波浪剪力 Qwv 输入参考静水剪力 Qsw – perm 输入。

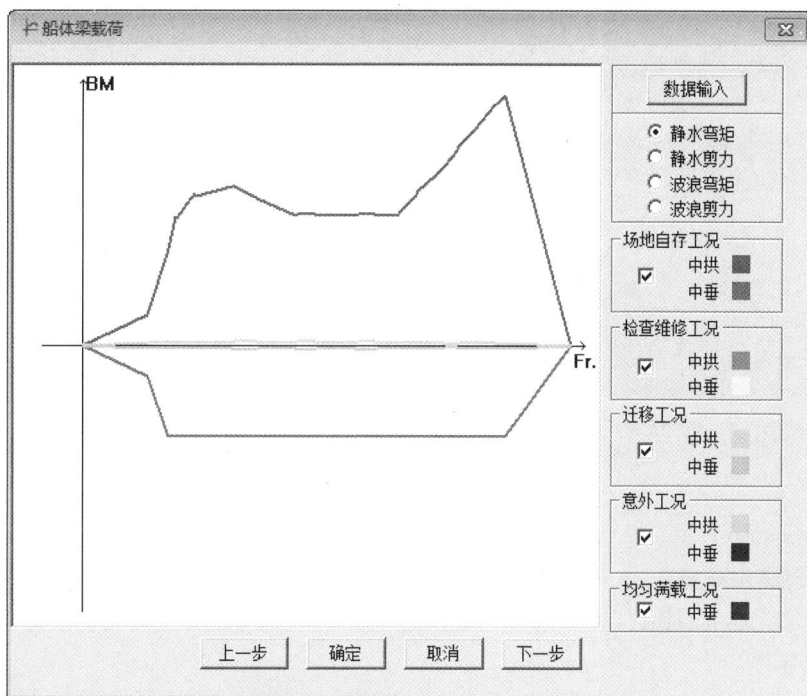

图 2 – 5 – 1

图 2 – 5 – 2

图 2 – 5 – 3

（4）均匀满载弯矩 **Msw – full**（船体梁极限强度计算）输入界面：

①如图 2 – 5 – 4 所示，点击"**添加**"按钮，新增一行，填写肋位号、满载中垂静水弯矩、满载中垂波浪弯矩。

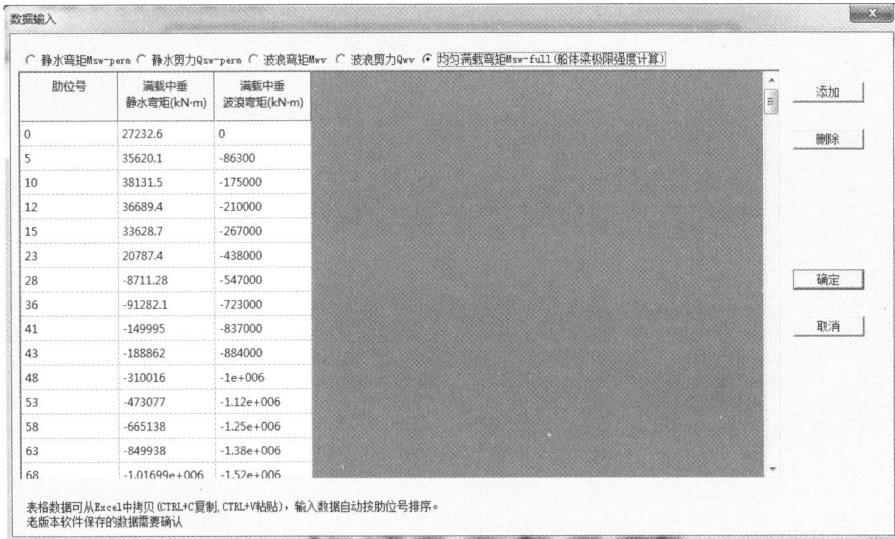

图 2 – 5 – 4

②选中一行，点击"**删除**"按钮进行删除。

填写完成后，单击"**确定**"按钮，系统保存当前结果，退出该界面；或选择"**取消**"按钮，放弃保存，退出该界面。

（5）操作完毕后，单击"**下一步**"按钮，系统保存当前结果，进入**横舱壁信息**界面；或单击

"**上一步**"按钮,系统保存当前结果,回到上一界面;或单击"**确定**"按钮,系统保存当前结果,退出该界面;或选择"**取消**"按钮,放弃保存,退出该界面。

2.6 横舱壁信息

功能描述:用于输入当前计算浮式装置的横舱壁位置及类型,用于局部强度计算结构的区域判断和剪切修正中的货舱横舱壁判断。

注:对于跨区域的舱壁,除防撞舱壁和艉尖舱前舱壁按照实际位置进行输入外,机舱舱壁和货舱舱壁的确定规则是除防撞舱壁和艉尖舱前舱壁外,机舱两侧的舱壁都填选机舱舱壁,单点区域算机舱,其他都填货舱。

进入方式:
(1)菜单—工程—总体信息—横舱壁信息;
(2)工程树—总体信息—横舱壁信息;
(3)在工具条中单击**横舱壁信息**图标 🔳。
操作界面:如图 2 – 6 – 1 所示。

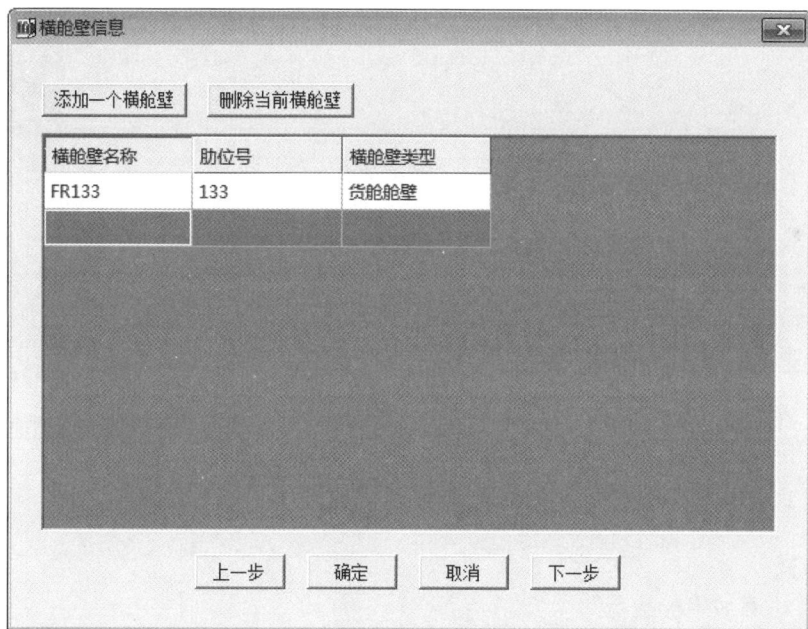

图 2 – 6 – 1

操作步骤:
(1)选择"**添加一个横舱壁**"。
(2)输入横舱壁名称、肋位号,选择横舱壁类型。
(3)选中所要删除的横舱壁,点击"**删除当前横舱壁**"。
填写完成后,单击"**下一步**"按钮,系统保存当前结果,进入**甲板静载荷**界面;或单击"**上**

一步"按钮,系统保存当前结果,回到上一界面;或单击"**确定**"按钮,系统保存当前结果,退出该界面;或选择"**取消**"按钮,放弃保存,退出该界面。

2.7 甲板静载荷

功能描述:用于输入当前计算浮式装置强力甲板及以下水平结构所承受的甲板静载荷,计算剖面不涉及的甲板静载荷可以不输入。

注:目前软件仅能处理均布甲板荷载,集中载荷无法处理,无须输入。

进入方式:
(1)菜单—工程—总体信息—甲板静载荷;
(2)工程树—总体信息—甲板静载荷;
(3)在工具条中单击**甲板静载荷**图标 ↓↓。
操作界面:如图 2 - 7 - 1 所示。

图 2 - 7 - 1

操作步骤:
(1)选择"**添加甲板载荷**"。
(2)输入载荷名称、甲板静载荷、板架垂向高度、载荷纵向起始肋位号、载荷纵向终止肋位、载荷横向起始位置、载荷横向终止位置。
(3)选中所要删除的甲板载荷,点击"**删除甲板载荷**"。
填写完成后,单击"**下一步**"按钮,系统保存当前结果,进入用户自定义吃水界面;或单击"**上一步**"按钮,系统保存当前结果,回到上一界面;或单击"**确定**"按钮,系统保存当前结果,退出该界面;或选择"**取消**"按钮,放弃保存,退出该界面。

2.8 用户自定义吃水

功能描述:用于输入当前计算浮式装置强度评估的设计载荷工况对应的装载情况及相应数据。

进入方式:

(1)菜单—工程—总体信息—用户自定义吃水;

(2)工程树—总体信息—用户自定义吃水;

(3)在工具条中单击**用户自定义吃水**图标🖬。

操作界面:如图 2-8-1 所示。

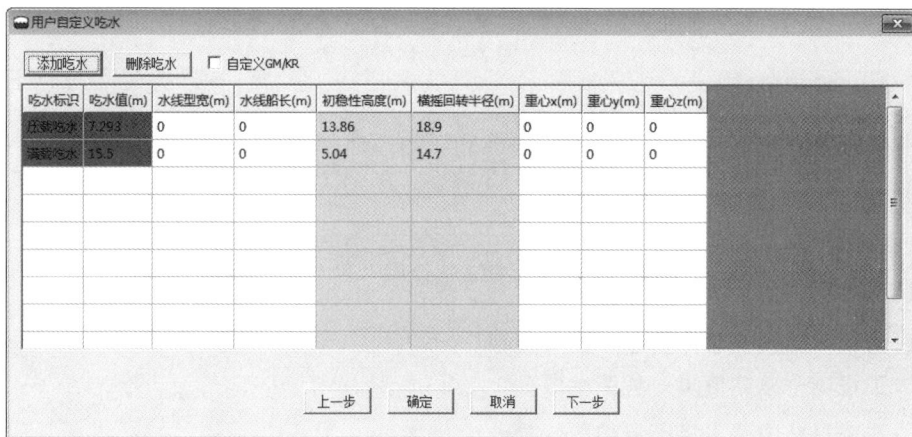

吃水标识	吃水值(m)	水线型宽(m)	水线船长(m)	初稳性高度(m)	横摇回转半径(m)	重心x(m)	重心y(m)	重心z(m)
压载吃水	7.293	0	0	13.86	18.9	0	0	0
满载吃水	15.5	0	0	5.04	14.7	0	0	0

图 2-8-1

操作步骤:

(1)选择"**添加吃水**"。

(2)选择对应的吃水标识、吃水值,输入水线型宽、水线船长、重心位置数据。

注:

①满载工况和压载工况为规范要求必须计算的工况,软件自动填入吃水标识、吃水值,吃水标识和吃水值从主尺度参数中自动获取,其他数据用户可以进行编辑。对于其他非规范强制装载工况,用户可以根据设计情况进行补充。

②若用户想要修改初稳性高度和横摇回转半径数据,则勾选自定义 GM/KR 即可输入。(图 2-8-2)

(3)选中所要删除的甲板载荷,点击"**删除吃水**"。

填写完成后,单击"**下一步**"按钮,系统保存当前结果进入**疲劳参数**界面;或单击"**上一步**"按钮,系统保存当前结果,回到上一界面;或单击"**确定**"按钮,系统保存当前结果,退出该界面;或选择"**取消**"按钮,放弃保存,退出该界面。

图 2-8-2

2.9 疲 劳 参 数

功能描述：用于输入当前计算浮式装置疲劳评估的计算参数。

进入方式：

（1）菜单—工程—总体信息—疲劳参数；

（2）工程树—总体信息—疲劳参数；

（3）在工具条中单击**疲劳参数**图标◆◆。

操作界面：如图 2-9-1 所示。

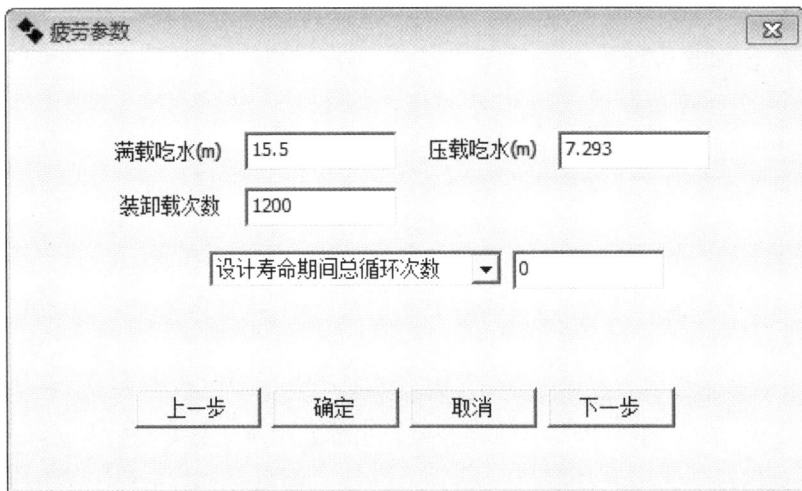

图 2-9-1

操作步骤：

（1）疲劳计算工况的满载（最大）吃水和压载（最小）吃水。

注：满载吃水、压载吃水两个参数，此处默认值为工程信息中主尺度参数中的结构吃水值和压载吃水值，用户可根据设计情况进行修改。

（2）输入装卸载次数。

此处输入值为计算装卸载引起的低周疲劳所需的装卸载次数，默认值为规范要求的最小次数1 200次，用户可以根据实际设计情况进行修改。

（3）设计寿命期间总循环次数或平均跨零周期，输入对应值。

填写完成后，单击"**下一步**"按钮，系统保存当前结果，进入**横舱壁水平桁**界面；或单击"**上一步**"按钮，系统保存当前结果，回到上一界面；或单击"**确定**"按钮，系统保存当前结果，退出该界面；或选择"**取消**"按钮，放弃保存，退出该界面。

2.10　横舱壁水平桁

功能描述：用于输入当前计算浮式装置货舱区横舱壁水平桁信息，用于横舱壁剪切修正。若无须进行剪力修正，则可不填写本页面数据。

进入方式：

（1）菜单—工程—总体信息—横舱壁水平桁；

（2）工程树—总体信息—横舱壁水平桁；

（3）在工具条中单击**横舱壁水平桁**图标┠╋┨。

操作界面：如图2-10-1所示。

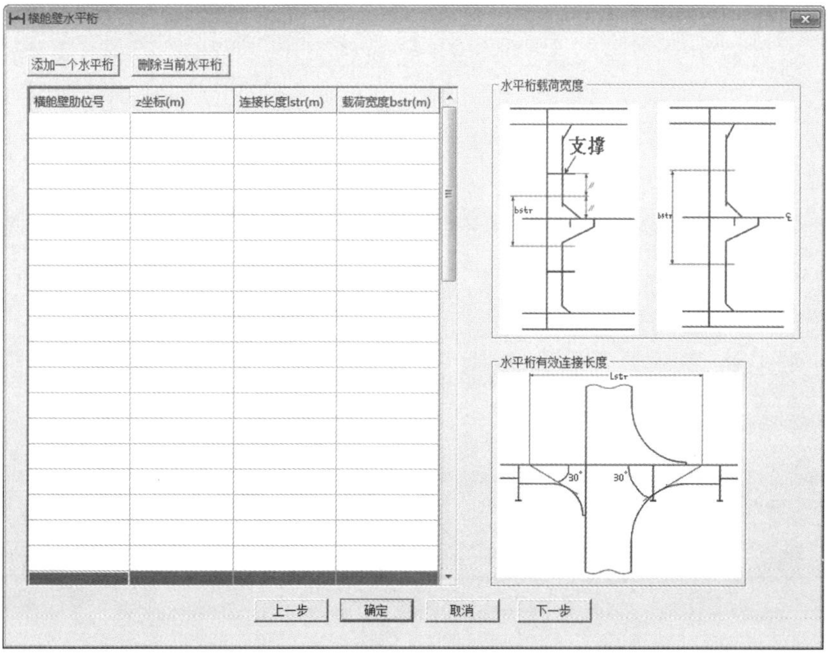

图2-10-1

操作步骤：

（1）点击"**添加一个水平桁**"，输入横舱壁肋位号、水平桁高度（z坐标）、连接长度、载荷宽度数据；

（2）选中所要删除的水平桁数据，点击"**删除当前水平桁**"。

填写完成后，单击"**下一步**"按钮，系统保存当前结果，进入**工程信息**界面；或单击"**上一步**"按钮，系统保存当前结果，回到上一界面；或单击"**确定**"按钮，系统保存当前结果，退出该界面；或选择"**取消**"按钮，放弃保存，退出该界面。

第3章　船舶舱室定义及舱室晃荡参数

3.1　船舶舱室定义

功能描述:对船舶所有舱室进行定义。至少应输入计算剖面和舱壁涉及的所有舱室。

进入方式:

(1)菜单—工程—舱室定义—新建—打开舱室定义;

(2)工程树—舱室定义—新建—打开舱室定义;

(3)在工具条中单击**新建—打开舱室定义**图标▦。

1.舱室定义

操作步骤:

(1)定义货舱区舱室:

①单击"**货舱区舱室**",进入货舱区**舱室定义**界面,如图3-1-1所示。

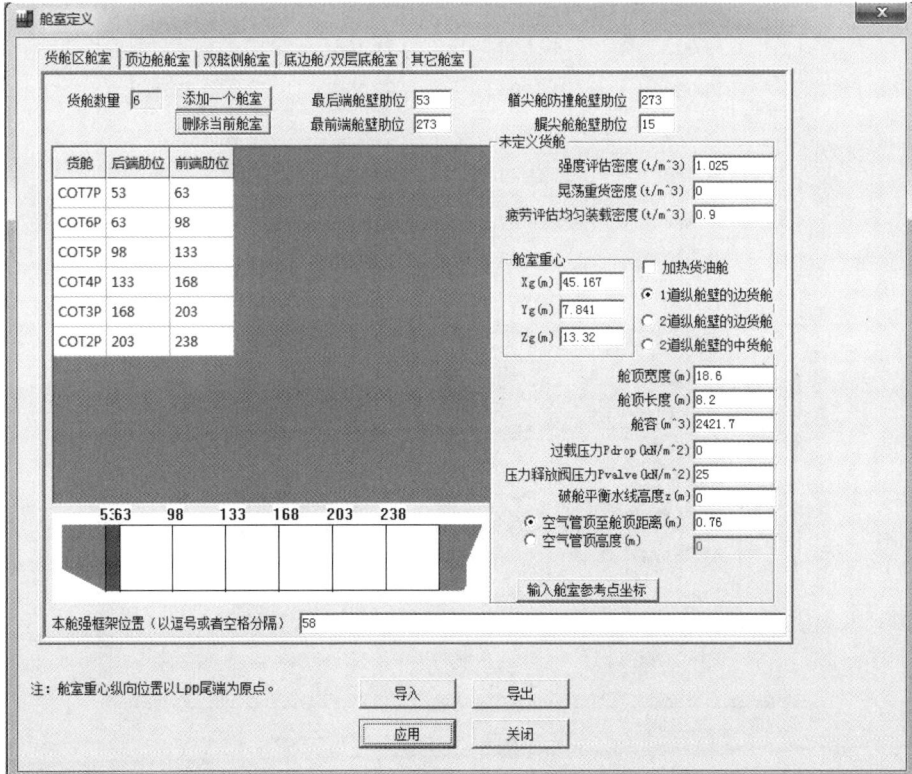

图3-1-1

②单击"**添加一个舱室**",按需要添加一定数量的舱室,输入最后端舱壁肋位(货舱区域最后端水密横舱壁的肋位号)、最前端舱壁肋位(货舱区域最前端水密横舱壁的肋位号)、艏尖舱防撞舱壁肋位(艏尖舱水密横舱壁的肋位号)、艉尖舱舱壁肋位(艉尖舱水密横舱壁的肋位号)。

③在列表中输入货舱名称、后端肋位、前端肋位,装载情况不用用户输入(货舱的编号不能自动显示,得手动填写,货舱名称有些需要另外填写)。

④自动排序(△、▽)(选中特定列后显示):列表中每一项有排序功能,在货舱名称、后端肋位、前端肋位的右端有△、▽标识。后端肋位、前端肋位,△、▽是按照舱室的后端肋位、前端肋位的肋位号递增或递减排序;舱室名称,△、▽是按照舱室名称开头字母的先后顺序排序。

⑤过载压力,由设计者自行定义,但不得小于 25 kN/m^2。

⑥压力释放阀压力,如果有配置蒸汽管道,输入压力不得小于 25 kN/m^2;如果未配置,输入 0。

⑦输入空气管顶至舱顶距离/空气管顶高度:填写空气管/溢流管顶距所定义舱室舱顶的垂直距离,或空气管顶高度即输入空气管顶的 z 坐标值。

⑧输入舱室参考点坐标,如图 3 - 1 - 2 所示。

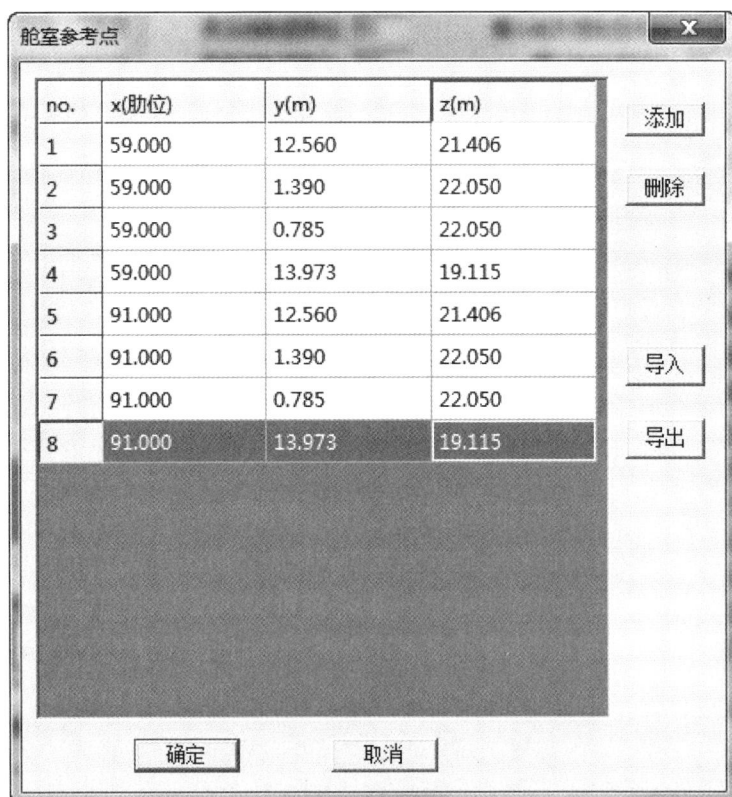

no.	x(肋位)	y(m)	z(m)
1	59.000	12.560	21.406
2	59.000	1.390	22.050
3	59.000	0.785	22.050
4	59.000	13.973	19.115
5	91.000	12.560	21.406
6	91.000	1.390	22.050
7	91.000	0.785	22.050
8	91.000	13.973	19.115

图 3 - 1 - 2

添加:选中一行,点击"**添加**",在被选点前插入一点,输入 x、y、z 坐标值。

删除：选中一行，点击"**删除**"进行删除。

导入：从备选文件夹中导入"txt"文件。

导出：导出"txt"文件。

⑨本舱强框架位置：输入肋位号，以逗号或者空格分隔。如输入，则影响舱室范围内纵向构件的计算点 x 坐标，根据当前剖面位置以及强框架的输入，确定 x 的起始坐标；如不输入，则 x 取当前剖面位置坐标。纵向构件计算点取 $x+0.5*l$，其中 l 为完整跨距或板格纵向长度。

注：后续舱室参考点坐标输入参考此处。

（2）定义顶边舱舱室：

①单击"**顶边舱舱室**"，进入顶边舱舱室定义界面，如图 3–1–3 所示。

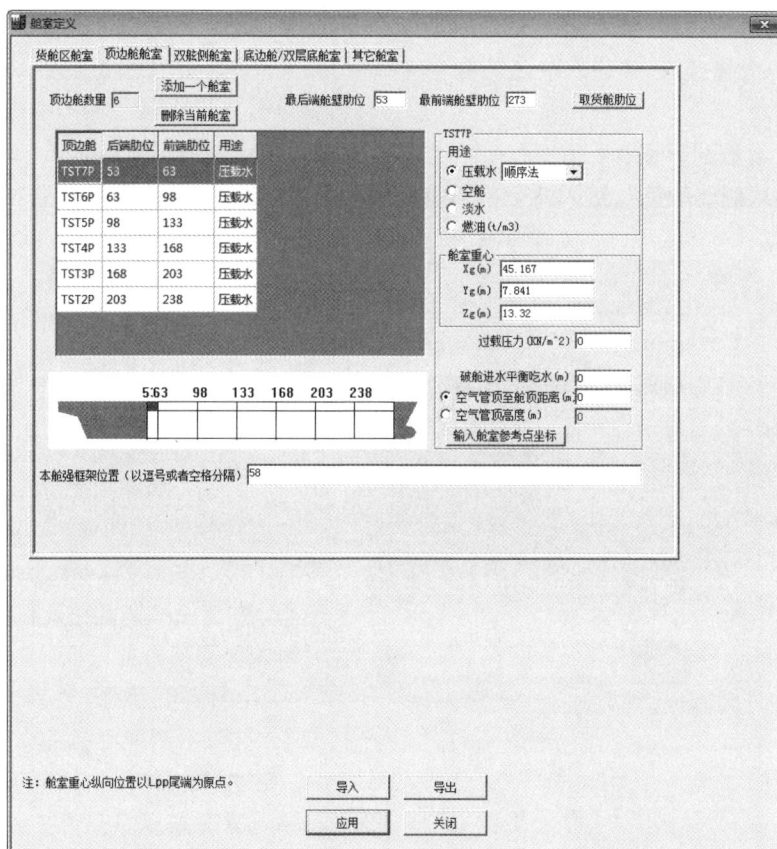

图 3–1–3

②单击"**添加一个舱室**"，按需要添加一定数量的舱室，输入最后端舱壁肋位、最前端舱壁肋位，如果需要，单击"**取货舱肋位**"，则货舱肋位分布将会自动复制到顶边舱舱室的肋位表中。

③在列表中输入顶边舱舱室名称、后端肋位、前端肋位，用途不用用户输入，注意这里第一个舱室的后端肋位，最后一个舱室的前端肋位不允许输入，而是由步骤②中的最前端

和最后端舱壁肋位确定。

④选择该舱室的用途,包括压载水、空舱、淡水和燃油。

⑤自动排序(△、▽)(选中特定列后显示):列表中每一项有排序功能,在后端肋位、前端肋位、用途的右端有△、▽标识。△、▽是按照舱室的后端肋位、前端肋位的肋位号递增或递减排序。

⑥输入舱室的重心坐标,舱室重心的坐标参照规范指定的坐标系。

⑦输入过载压力,由设计者自行定义,但不得小于 25 kN/m²。

⑧输入空气管顶至舱顶距离/空气管顶高度:填写空气管/溢流管顶距所定义舱室舱顶的垂直距离,或空气管顶高度即输入空气管顶的 z 坐标值。

⑨需要修改时,单击"**添加一个舱室**",将在当前舱室的前面生成一个新的舱室,单击"**删除当前舱室**",会将当前舱室删除。

注:

①若无典型顶边舱,可不必定义。

②计算纵骨疲劳时,应输入液舱的舱室重心。

(3)定义双舷侧舱室:

①单击"**双舷侧舱室**",进入双舷侧舱室定义界面,如图 3 - 1 - 4 所示。

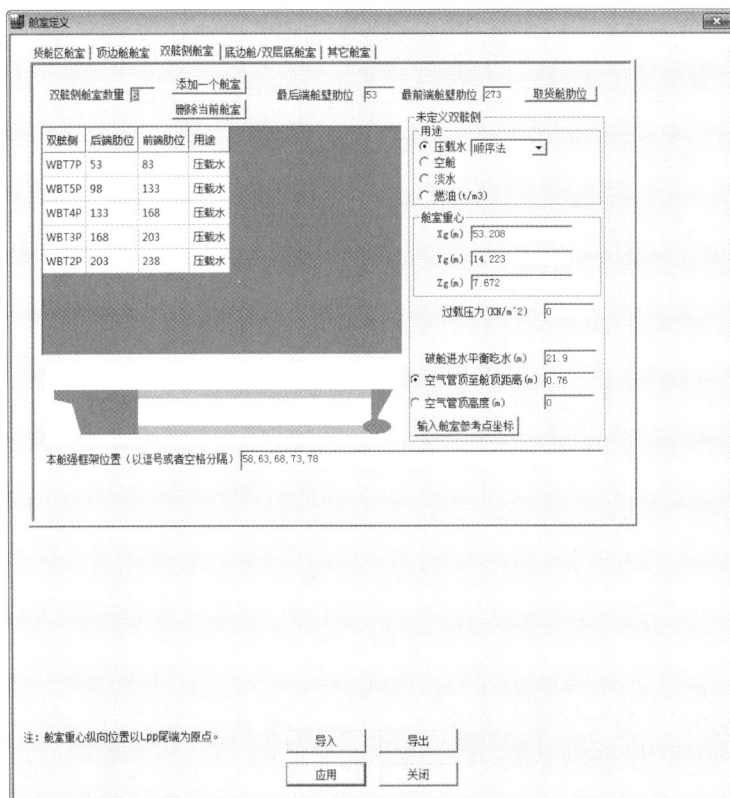

图 3 - 1 - 4

②单击"**添加一个舱室**",按需要添加一定数量的舱室,输入最后端舱壁肋位、最前端舱壁肋位,如需要,单击"**取货舱肋位**",则货舱肋位分布将会自动复制到双舷侧舱室的肋位表中。

③在列表中输入双舷侧舱室名称、后端肋位、前端肋位,用途不用用户输入,注意这里第一个舱室的后端肋位以及最后一个舱室的前端肋位不允许输入,而是由步骤②中的最前端和最后端舱壁肋位确定。

④选择该舱室的用途,包括压载水、空舱、淡水和燃油。

⑤自动排序(△、▽)(选中特定列后显示)列表中每一项有排序功能,在双舷侧,后端肋位、前端肋位、用途的右端有△、▽标识。△、▽是按照舱室的后端肋位、前端肋位的肋位号递增或递减排序。

⑥输入舱室的重心坐标,舱室重心的坐标参照规范指定的坐标系。

⑦输入过载压力,由设计者自行定义,但不得小于 25 kN/m^2。

⑧输入空气管顶至舱顶距离/空气管顶高度:填写空气管/溢流管顶距所定义舱室舱顶的垂直距离,或空气管顶高度即输入空气管顶的 z 坐标值。

⑨需要修改时,单击"**添加一个舱室**",将在当前舱室的前面生成一个新的舱室,单击"**删除当前舱室**",会将当前舱室删除。

(4)定义底边舱/双层底舱室:

①单击"**底边舱/双层底舱室**",进入底边舱/双层底舱室定义界面,如图 3-1-5 所示。

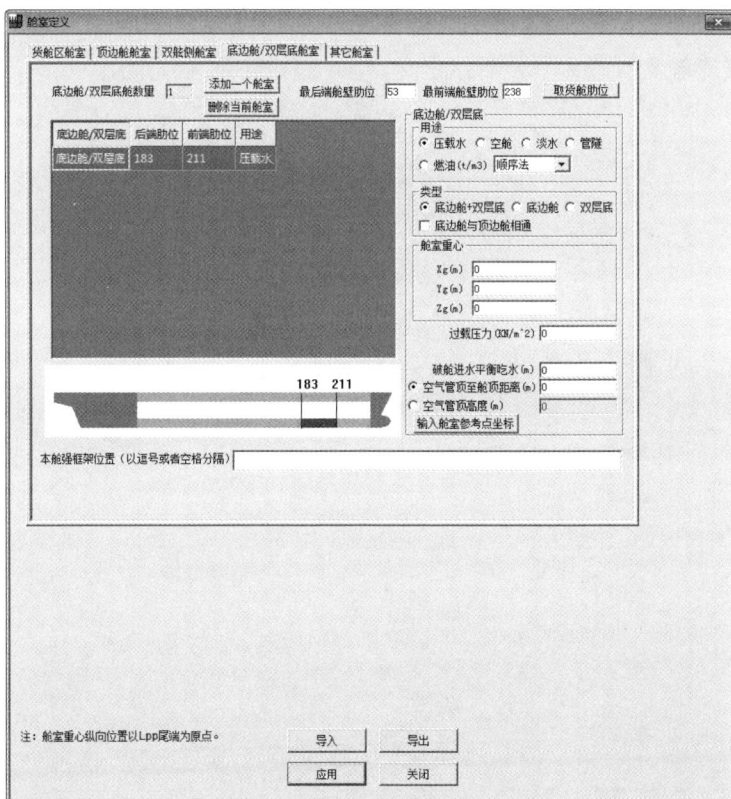

图 3-1-5

②单击"**添加一个舱室**",按需要添加一定数量的舱室,输入最后端舱壁肋位、最前端舱壁肋位,如需要,单击"**取货舱肋位**",则货舱肋位分布将会自动复制到底边舱/双层底舱室的肋位表中。

③在列表中输入底边舱/双层底舱室名称、后端肋位、前端肋位,用途不用用户输入,注意这里第一个舱室的后端肋位以及最后一个舱室的前端肋位不允许输入,而是由步骤②中的最前端和最后端舱壁肋位确定。

④选择该舱室的用途,包括压载水、空舱、淡水、管隧和燃油。

⑤自动排序(△、▽)(选中特定列后显示)列表中每一项有排序功能,在底边舱/双层底舱室,后端肋位、前端肋位、用途的右端有△、▽标识。△、▽是按照舱室的后端肋位、前端肋位的肋位号递增或递减排序。

⑥选择该舱室的类型,包括底边舱+双层底、底边舱、双层底。

⑦底边舱与顶边舱相通:若所定义的底边舱与顶边舱相通,则选择。选择此功能后,对舱室中横剖面进行计算时,压力取值以顶边舱高度为准。

⑧输入舱室的重心坐标,舱室重心的坐标参照规范指定的坐标系(原点在尾端点 AP)。

⑨输入过载压力,由设计者自行定义,但不得小于 25 kN/m^2。

⑩输入空气管顶至舱顶距离/空气管顶高度:填写空气管/溢流管顶距所定义舱室舱顶的垂直距离,或空气管顶高度即输入空气管顶的 z 坐标值。

⑪需要修改时,单击"**添加一个舱室**",将在当前舱室的前面生成一个新的舱室,单击"**删除当前舱室**",会将当前舱室删除。

(5)定义其他舱室:

①单击"**其它舱室**",进入其他舱室定义界面,如图 3-1-6 所示。

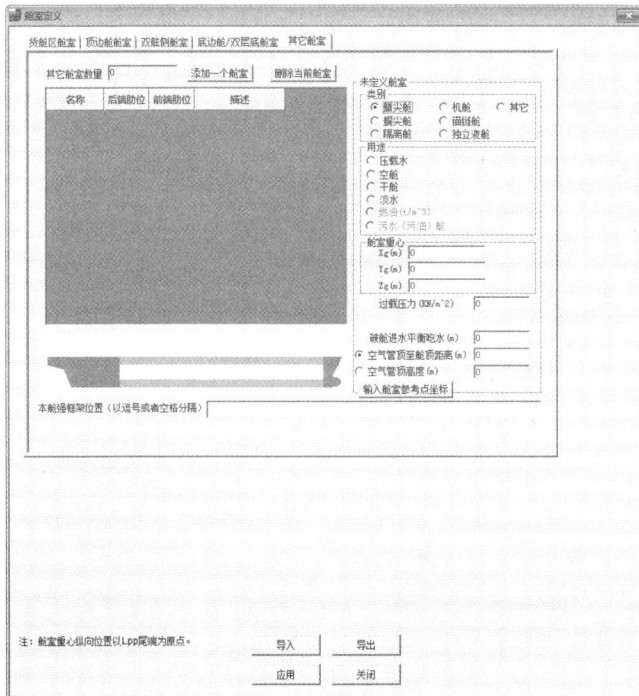

图 3-1-6

②单击"**添加一个舱室**",按需要添加一定数量的舱室。

③在列表中输入舱室的名称、后端肋位、前端肋位,描述不用用户输入。

④选择舱室类别,包括艏尖舱、艉尖舱、隔离舱、机舱、锚链舱、独立液舱、其他。

⑤选择该舱室的用途,包括压载水、空舱、干舱、淡水、燃油和污水(污油)舱。当选择燃油舱时,需要输入密度,并选择是否加热。

⑥输入舱室的重心坐标,舱室重心的坐标参照规范指定的坐标系(原点在尾端点 AP)。

⑦输入过载压力,由设计者自行定义,但不得小于 25 kN/m²。

⑧输入空气管顶至舱顶的距离/空气管顶高度:填写空气管/溢流管顶距所定义舱室舱顶的垂直距离,或空气管顶高度即输入空气管顶的 z 坐标值。

⑨需要修改时,单击"**添加一个舱室**",将在当前舱室的前面生成一个新的舱室,单击"**删除当前舱室**",会将当前舱室删除。

2. 舱室导出导入

(1)舱室导出:

功能描述:将定义好的舱室信息导出生成 Excel 文件数据。

进入方式:工程树—舱室定义—新建—打开舱室定义。

操作界面:如图 3 - 1 - 7 所示。

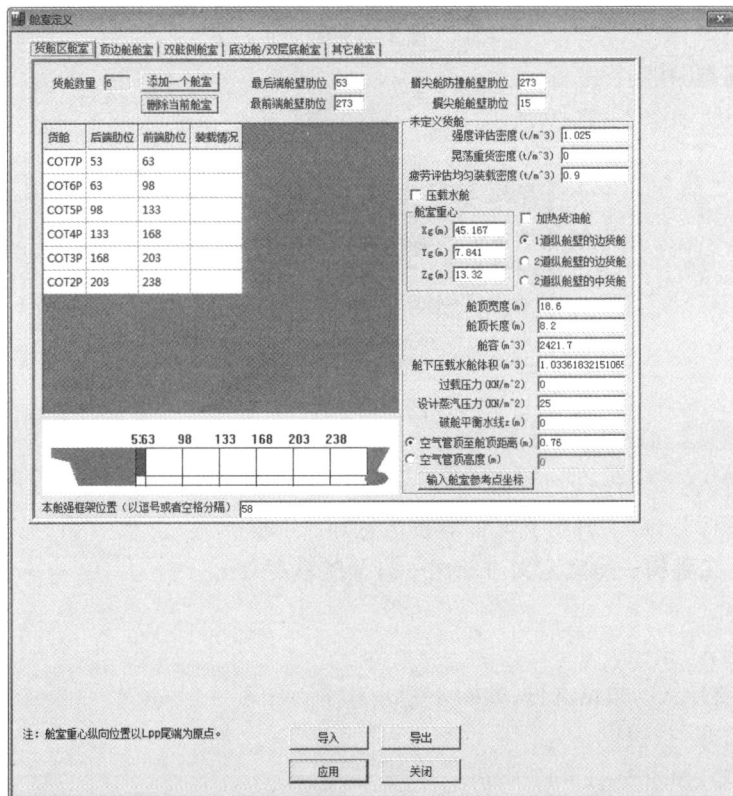

图 3 - 1 - 7

操作步骤：

①点击"**导出**"按钮；

②输入导出舱室信息的数据文件的路径以及名称，如图 3 - 1 - 8 所示；

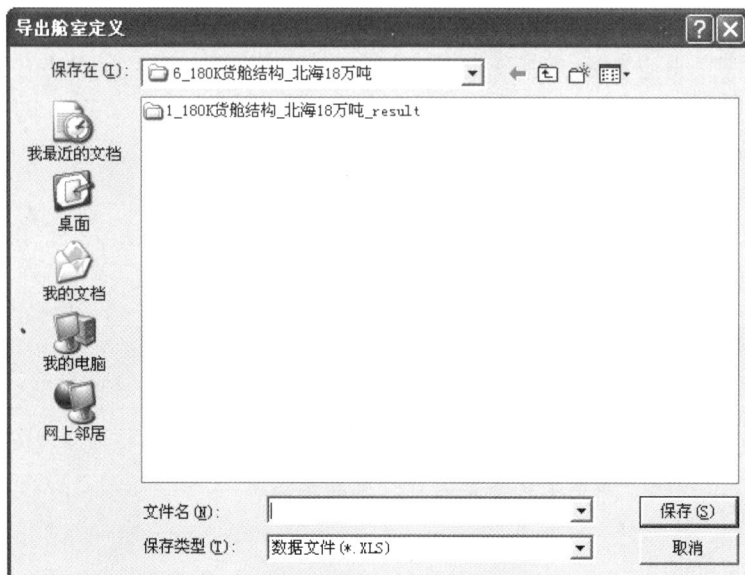

图 3 - 1 - 8

③点击"**保存**"按钮；

④导出成功，如图 3 - 1 - 9 所示。

图 3 - 1 - 9

（2）舱室导入：

功能描述：将 Excel 文件定义好的舱室信息导入工程。

进入方式：工程树—舱室定义—新建—打开舱室定义。

操作步骤：

①点击"**导入**"按钮；

②选择需要导入的数据文件，如图 3 - 1 - 10 所示；

③点击"**打开**"按钮；

④导入成功，如图 3 - 1 - 11 所示。

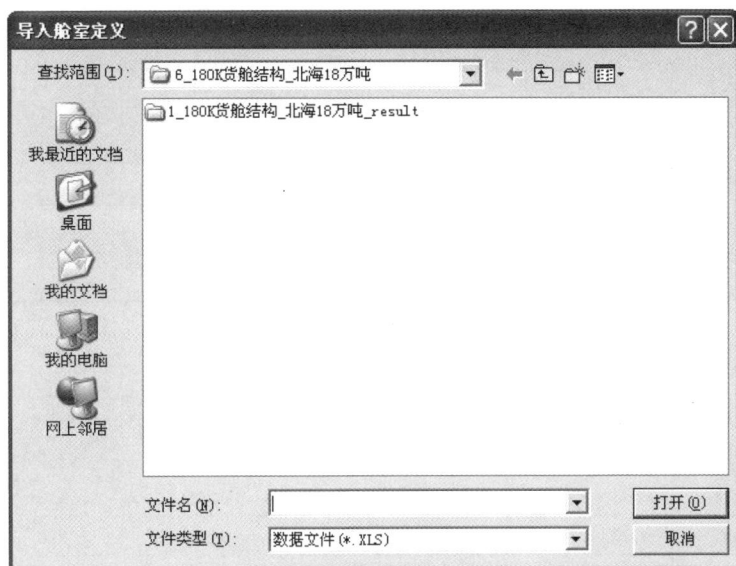

图 3 – 1 – 10

图 3 – 1 – 11

注:

①舱室定义模板文件保存在\templ\temple_tank. xls 中,在系统安装后,不能修改模板格式,否则可能导致导出和导入的数据不正确;

②模板中"舱室 ID"为数字型,且不能相同,填写时需要注意。

3.2　舱室晃荡参数

功能描述:定义舱室的晃荡参数,若无须校核晃荡作用下的构件尺寸,则该项内容为非必填数据。

进入方式:

(1)菜单—工程—舱室定义—舱室晃荡参数;

(2)工程树—舱室定义—舱室晃荡参数;

(3)在工具条中单击**舱室晃荡参数**图标。

操作界面:如图 3 – 2 – 1 所示。

图 3 - 2 - 1

操作步骤：

(1)点击"**舱室列表**"选择舱室,勾选"**考虑晃荡**"。若舱室为格形构造,则勾选"**格形构造舱室**"。

(2)输入横向制荡舱壁肋位和纵向制荡舱壁 Y 坐标,输入横向强框架数量和纵向强框架数量。

(3)根据选择的舱室选择对应剖面名称,点击"**自动填写参数**",纵向运动产生及横向运动产生中的数据自动生成。

(4)导出/导入舱室晃荡数据,点击导出数据界面如图 3 - 2 - 2 所示,选择所要导出文件的位置,输出 ∗.DAT 表格文件;点击导入数据界面如图 3 - 2 - 3 所示,选择所要导入的 ∗.DAT 表格文件。

图 3 - 2 - 2

图 3 - 2 - 3

第4章 横剖面模型建立与计算

横剖面建模与分析流程如图4-0-1所示。

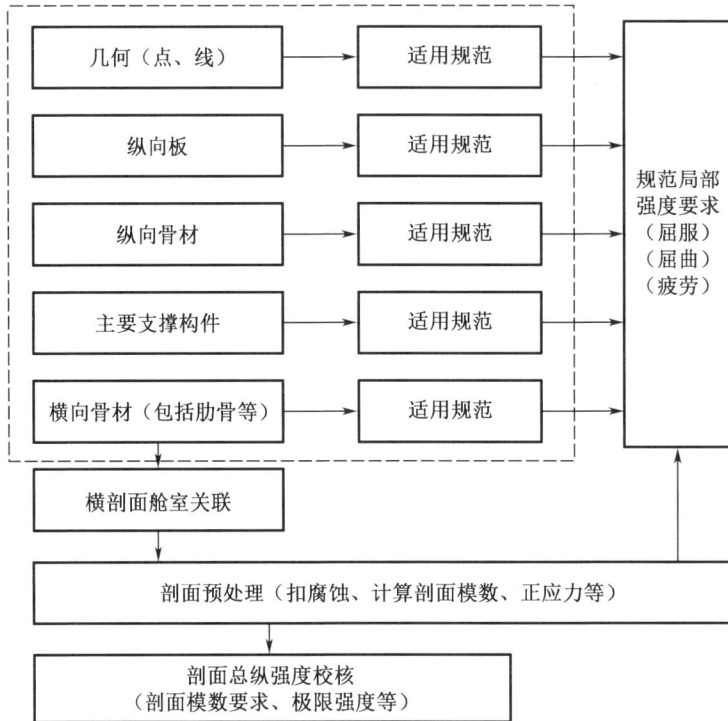

```
┌─────────────────────────────────────────────────────────┐
│  ┌──────────────┐      ┌──────────────┐                  │    ┌──────────┐
│  │  几何（点、线）│ ───→ │   适用规范    │ ──────────────→ │    │          │
│  └──────────────┘      └──────────────┘                  │    │          │
│  ┌──────────────┐      ┌──────────────┐                  │    │ 规范局部  │
│  │   纵向板      │ ───→ │   适用规范    │ ──────────────→ │    │ 强度要求  │
│  └──────────────┘      └──────────────┘                  │    │ （屈服）  │
│  ┌──────────────┐      ┌──────────────┐                  │    │ （屈曲）  │
│  │   纵向骨材    │ ───→ │   适用规范    │ ──────────────→ │    │ （疲劳）  │
│  └──────────────┘      └──────────────┘                  │    │          │
│  ┌──────────────┐      ┌──────────────┐                  │    │          │
│  │  主要支撑构件  │ ───→ │   适用规范    │ ──────────────→ │    │          │
│  └──────────────┘      └──────────────┘                  │    │          │
│  ┌──────────────────┐  ┌──────────────┐                  │    │          │
│  │横向骨材（包括肋骨等）│─→│   适用规范    │ ──────────────→ │    │          │
│  └──────────────────┘  └──────────────┘                  │    └────┬─────┘
└─────────────────────────────────────────────────────────┘         │
   ┌──────────────┐                                                   │
   │  横剖面舱室关联 │                                                   │
   └──────┬───────┘                                                   │
          ↓                                                           │
   ┌─────────────────────────────────────────────────────────────────┘
   │ 剖面预处理（扣腐蚀、计算剖面模数、正应力等）│
   └──────┬──────────────────────────────────┘
          ↓
   ┌──────────────────────────┐
   │   剖面总纵强度校核          │
   │ （剖面模数要求、极限强度等）  │
   └──────────────────────────┘
```

图4-0-1

4.1 添加一个新的横剖面

进入方式：

（1）菜单—工程—横剖面—添加一个横剖面；

（2）工程树—横剖面—添加一个横剖面；

（3）在工具条中单击**添加一个横剖面**图标 ⌐。

操作界面：如图4-1-1所示。

操作步骤：

（1）**新建**选项卡。

①在**名称**编辑栏中键入新建横剖面名称。

②在**肋位号**编辑栏中键入该横剖面所在的肋位号，系统将根据肋位表自动在**距尾垂线距离（m）**编辑栏中给出该横剖面纵向距尾垂线的距离。

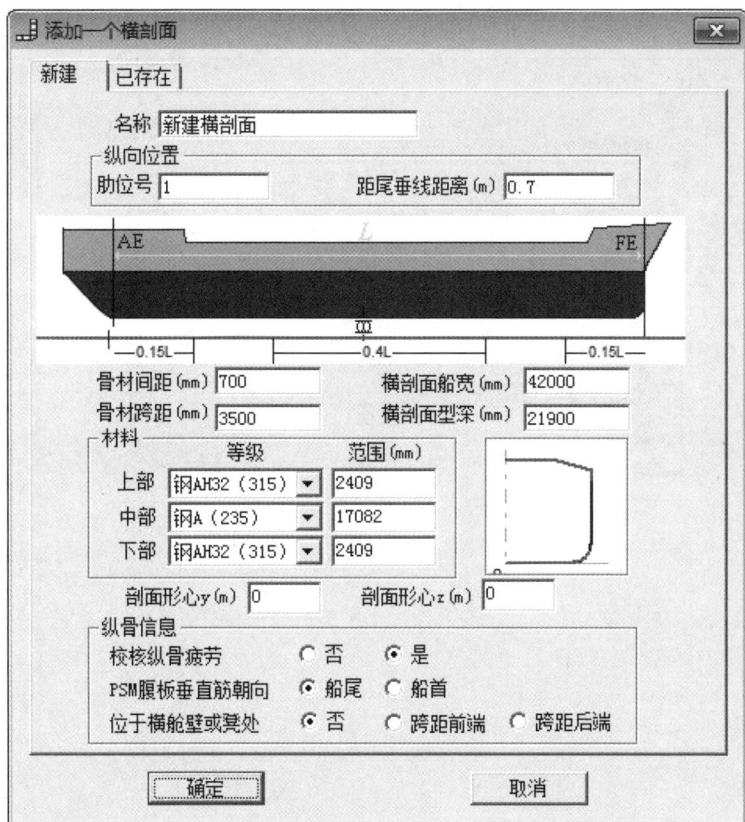

图4-1-1

③在**骨材间距**编辑栏中输入纵骨间距,该值将作为新建骨材间距的默认值,建议输入分布最多的一类。

④在**骨材跨距**编辑栏中输入纵骨跨距,该值将作为新建骨材跨距的默认值,建议输入分布最多的一类。

⑤系统自动根据船舶主尺度界面中输入的信息在横剖面船宽编辑栏给出船宽,在横剖面型深编辑栏给出型深。若当前剖面船宽/甲板边线高度不同于型宽/型深,则按实际输入。

⑥系统自动根据**材料**界面中输入的信息在**材料**栏中给出船用钢材料等级沿型深方向的分布,用户可进行再编辑。

⑦输入剖面形心数据。

⑧完成输入后单击"**确定**"按钮,系统自动保存结果进入**横剖面向导**界面;单击"**取消**"按钮,放弃保存,退出该界面。

(2)**已存在**选项卡。

复制一个已存在的横剖面,然后在此横剖面上进行修改,快速生成新的横剖面,如图4-1-2所示。

①在项目栏中选择已存在的项目,在横剖面栏中自动显示该项目中所有的横剖面。选择将复制的横剖面,项目和横剖面都不可多选。

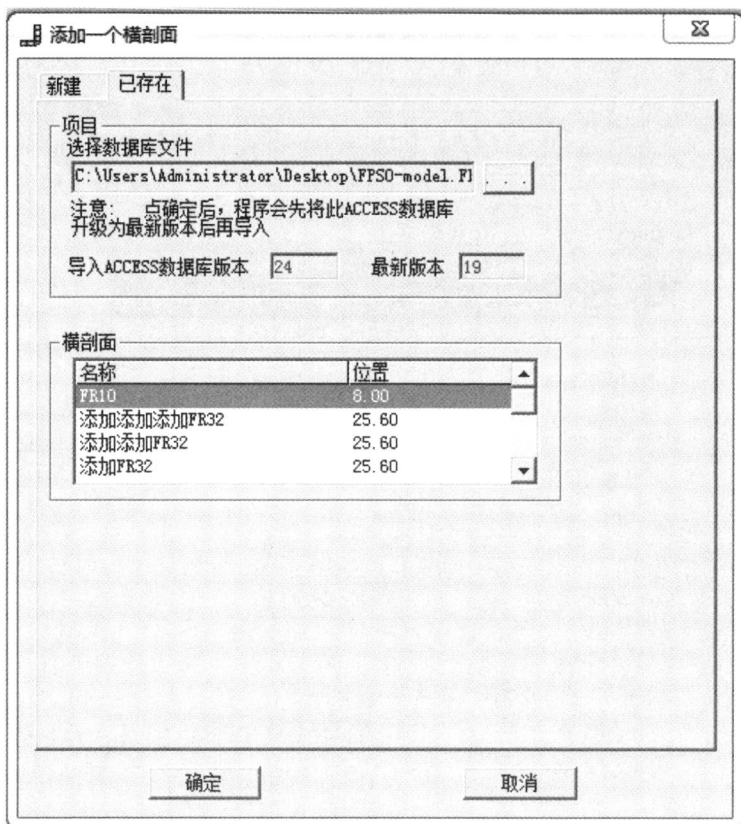

图 4 - 1 - 2

②单击"**确定**"按钮,弹出对话框,如图4 - 1 - 3所示,单击"**确定**"按钮,复制该横剖面并退出界面,复制成功。

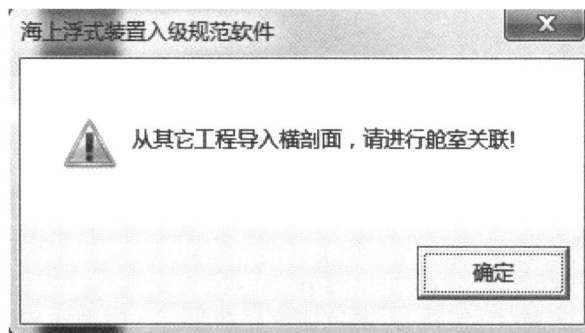

图 4 - 1 - 3

注:
①选择"已存在"时,应确保选取的模板横剖面或横舱壁已经保存。
②通过"复制已存在的横剖面"创建生成的新的横剖面的名称由系统自动生成,用户可

以点击工程属性按钮 品 修改名称。

③用户对横剖面进行的操作(新建、修改等),只有在单击界面主菜单栏中的"文件"菜单项中的"保存工程"时,才能进行横剖面信息的保存。

④从本工程内导入剖面的时候,保留剖面舱室关联信息。

⑤从其他工程导入剖面的时候,不保留剖面舱室关联信息,提示用户进行舱室关联。

(3)横剖面绘图区的工具条简介。

绘图区的工具条如图4-1-4所示。

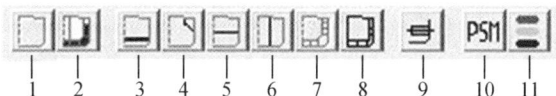

1—甲板和外壳;2—舱室关联;3—内底板和内壳板;4—顶边舱;5—舱内甲板;6—纵向舱壁;
7—双层底纵桁和双舷侧纵桁;8—自由型线建模;9—纵向构件;10—主要支撑构件;11—数据检查。

图4-1-4

4.2 创建横剖面外壳型线

进入方式:

(1)在**添加一个横剖面**界面单击"**确定**"按钮,系统自动进入**横剖面向导**界面;

(2)在工程树单击新建的横剖面,在工具条中单击**甲板和外壳**图标 ▢ 。

操作界面:如图4-2-1所示。

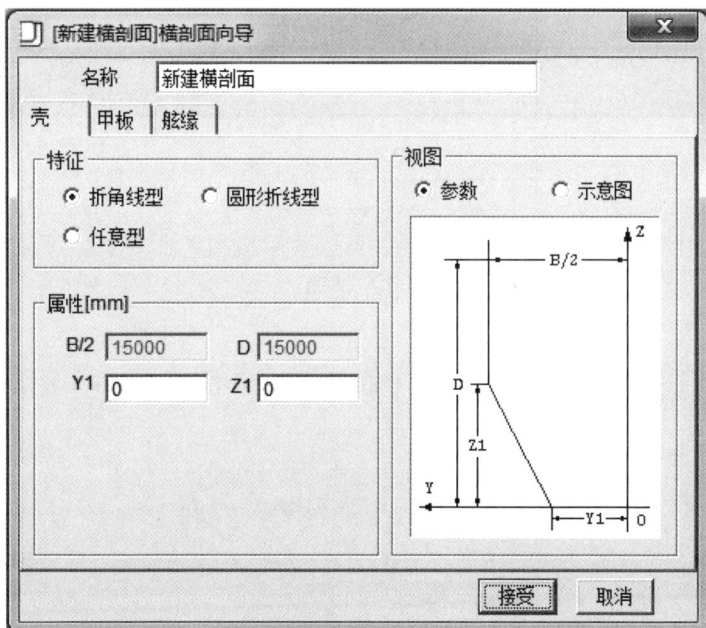

图4-2-1

操作步骤:

(1)单击"**壳**"选项卡(图4-2-1),在**特征**选择栏中选择所建剖面对应的壳形式;在**属性**选择栏中输入控制参数;在**视图**中可以看到图形显示。

①折角线型(图4-2-1)。

B:船宽。

D:型深。

Y1:水平船底半宽。

Z1:舷侧斜边高度。

②圆形折线型(图4-2-2)。

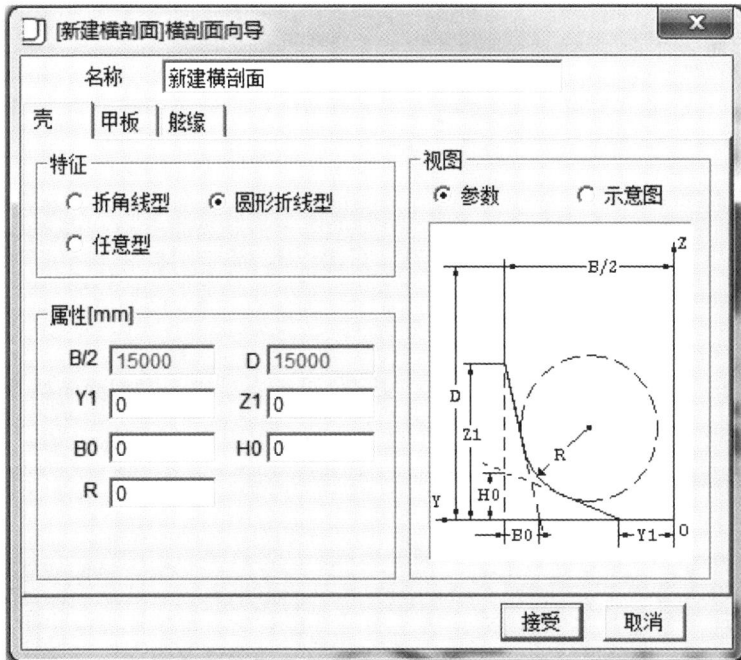

图4-2-2

B:船宽。

D:型深。

Y1:水平船底半宽。

Z1:舷侧斜边高度。

B0:舷侧斜边宽度。

H0:舭部升高。

R:舭部半径。

③任意型(图4-2-3)。

B:船宽。

D:型深。

通过输入若干控制点,生成任意形状的壳形式。其中可通过 c:\secprof. txt 数据文件导入控制点坐标,具体格式在点击相应按钮后会有提示。

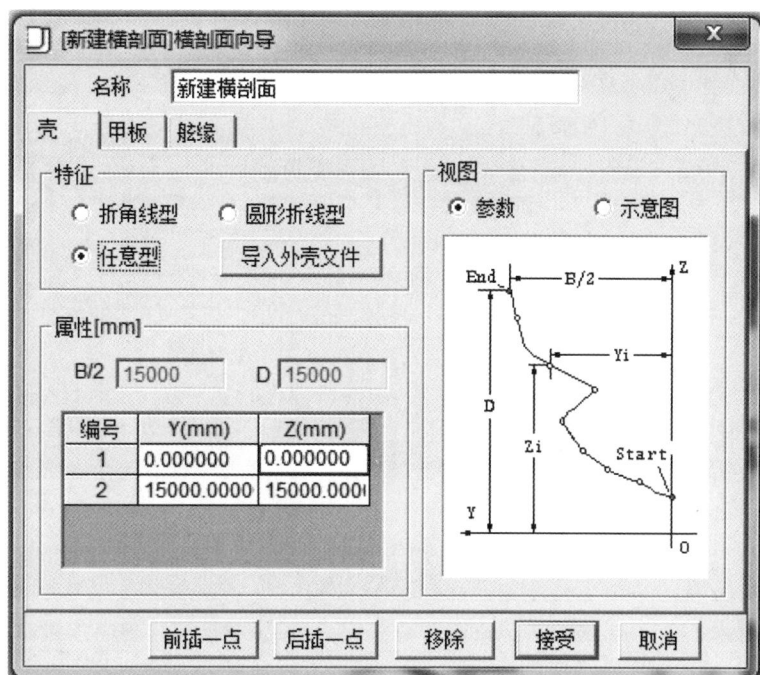

图4-2-3

（2）单击"**甲板**"选项卡（图4-2-4），在**特征**选择栏中选择所建剖面对应的甲板形式；在**属性**选择栏中输入控制参数；在**视图**中可以看到图形显示。注意这里显示的只是甲板的形式，舷缘的具体形式在下一步定义。

①折角线型（图4-2-4）。

B：船宽。

D：型深。

b/2：水平甲板半宽。

h：梁拱高度。

②圆形折线型（图4-2-5）。

B：船宽。

D：型深。

b/2：水平甲板半宽。

h：梁拱高度。

③任意型（图4-2-6）。

B：船宽。

D：型深。

通过输入若干控制点，生成任意形状的甲板形式。

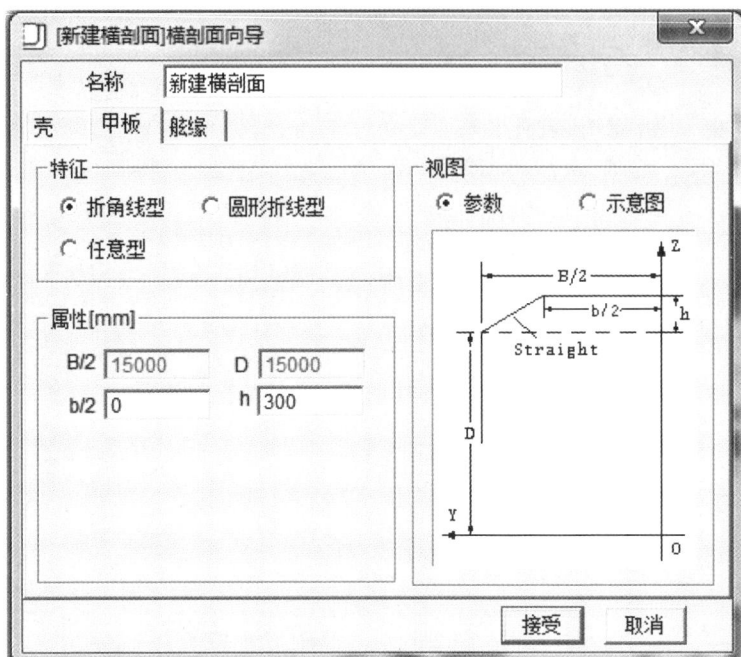

图 4 - 2 - 4

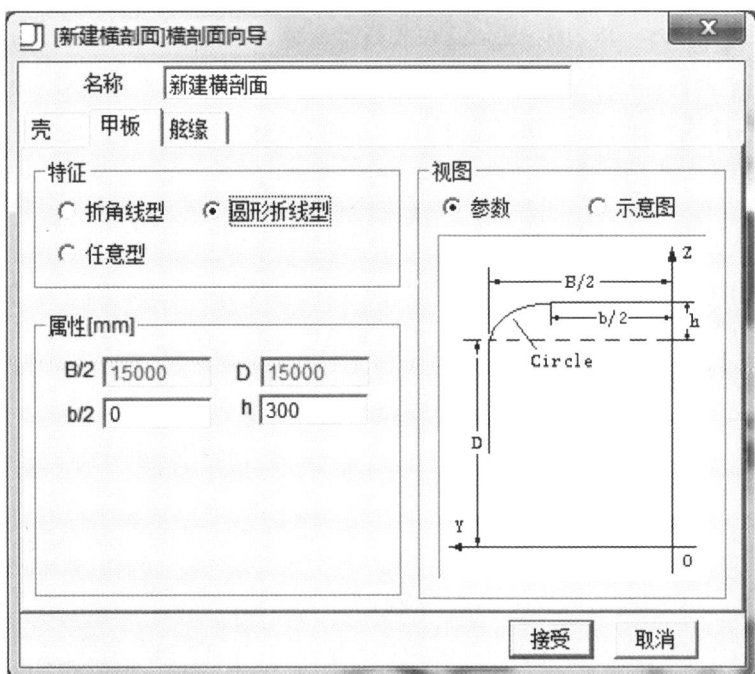

图 4 - 2 - 5

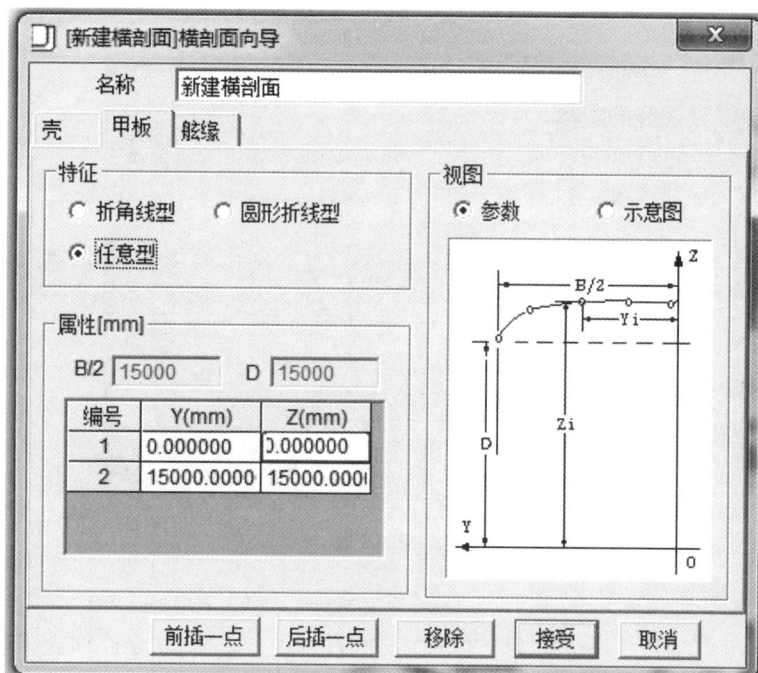

图 4 - 2 - 6

（3）单击"**舷缘**"选项卡（图 4 - 2 - 7），在**特征**选择栏中选择所建剖面对应的舷缘形式；在**属性**选择栏中输入控制参数；在**视图**中可以看到图形显示。

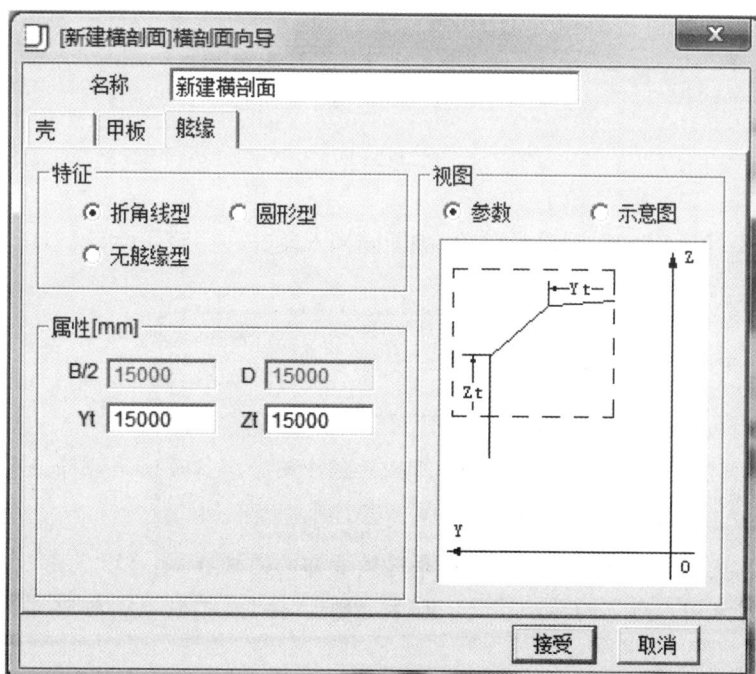

图 4 - 2 - 7

①折角线型(图4-2-7)。

B:船宽。

D:型深。

Yt:折点距中纵剖线的距离。

Zt:折点距基线的距离。

②圆形型(图4-2-8)。

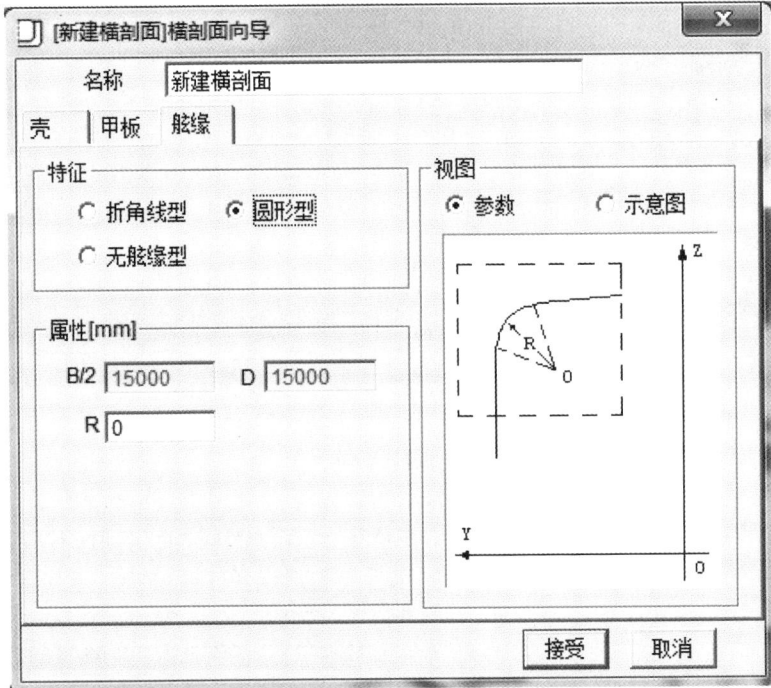

图4-2-8

B:船宽。

D:型深。

R:舷缘圆弧半径。

③无舷缘型(图4-2-9)。

B:船宽。

D:型深。

注:

①删除外板型线可能导致模型损坏,因此不允许删除。但可使用删除点的方法编辑外板型线,用 进行编辑。

②在定义壳、甲板、舷缘时需注意:三个选项卡都定义好后,才可以点击"接受",进行保存,否则不能对未输入数据的选项卡进行编辑;点击"接受"之后不能对所有选项卡内容进行修改。

③壳、甲板、舷缘的显示都是在完成选项卡参数填写并点击"接受"之后,在视图区以图形方式显示。

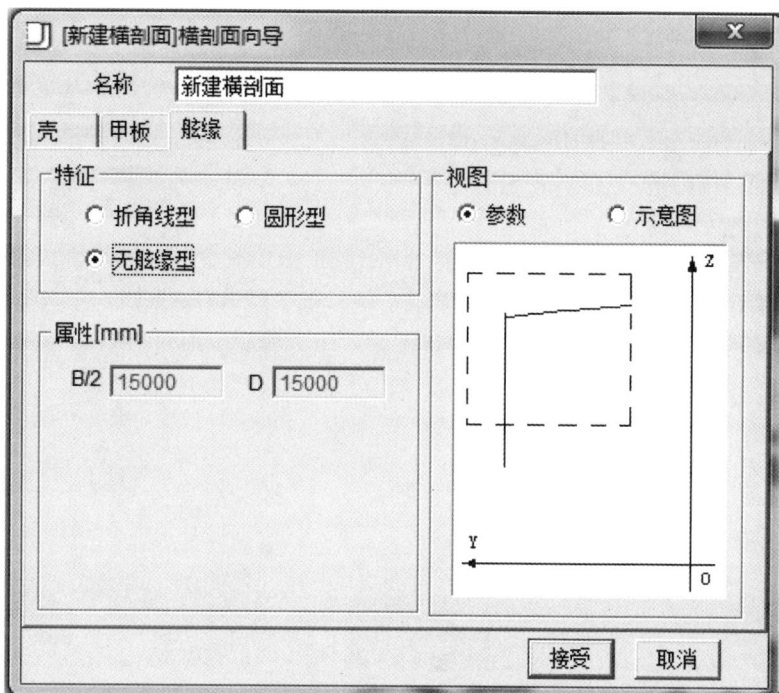

图 4 - 2 - 9

4.3　创建横剖面内壳型线

进入方式:选择绘图区 ▣ 按钮,进入内壳型线的编辑界面,系统在绘图区域的左边显示内壳型线编辑子工具条。

操作界面:如图 4 - 3 - 1 所示。

操作步骤:

(1)根据实船情况,在内壳型线编辑子工具条中单击相应的按钮。

▣:平面内底板; ▣:折角内底板; ▣:内底板和内壳板; ▣:内底板、内壳板和顶边舱; ▣:箱形Ⅰ(内底板 + 内壳板); ▣:箱形Ⅱ(内底板 + 内壳板 + 顶边舱); ▣:任意形状。

(2)在绘图区右侧输入相关的控制参数。(因参数在程序界面中有图示说明,较易理解,故略述)

(3)单击"**接受**"按钮,系统保存数据,退回原界面;单击"**取消**"按钮,放弃保存,退出该界面。

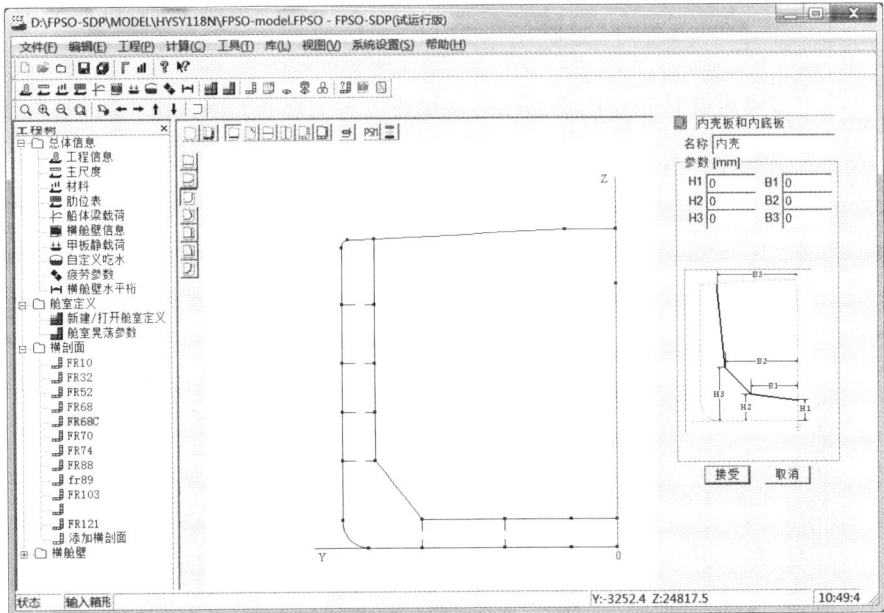

图 4 - 3 - 1

4.4 创建横剖面顶边舱型线

进入方式:单击 ⌐ 按钮,进入顶边舱的编辑界面,系统在绘图区域的左边显示顶边舱型线编辑子工具条。

操作界面:如图 4 - 4 - 1 所示。

操作步骤:

(1)根据实船情况,在顶边舱型线编辑子工具条中单击相应的按钮。

⌐:典型顶边舱; ⌐:具有平底的顶边舱; ⌐:顶边舱; ⌐:任意形顶边舱。

(2)在绘图区右侧输入相关的控制参数。(因参数在程序界面中有图示说明,较易理解,故略述)

(3)单击"**接受**"按钮,系统保存数据,退回原界面;单击"**取消**"按钮,放弃保存,退出该界面。

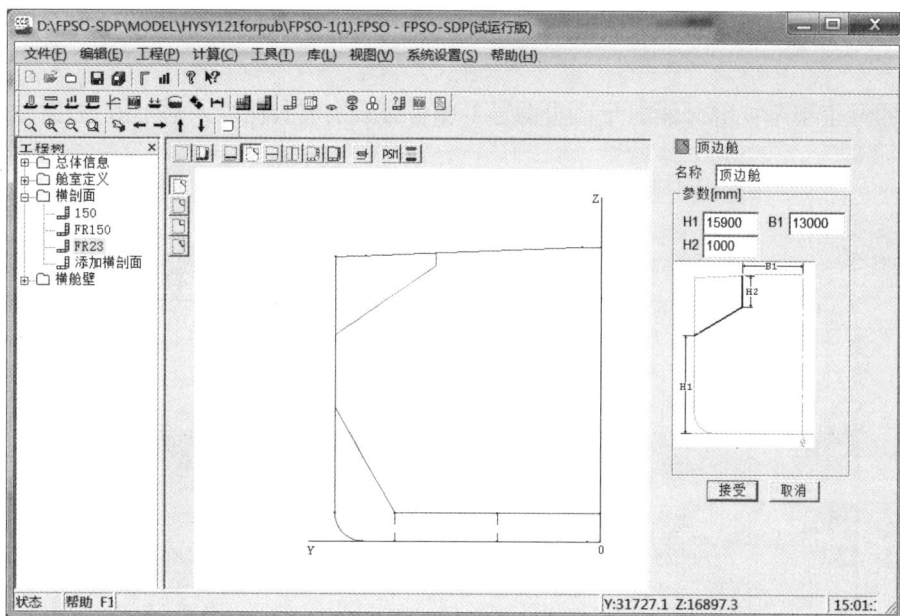

图 4 - 4 - 1

4.5 创建横剖面舱内甲板型线

进入方式:单击 ⊟ 按钮,进入中间甲板的编辑界面,系统在绘图区域的左边显示中间甲板型线编辑子工具条。

操作界面:如图 4 - 5 - 1 所示。

操作步骤:

(1)根据实船情况,在中间甲板型线编辑子工具条中单击相应的按钮。

⊟:单壳船舱内甲板; ⊟:双壳船舱内甲板; ⊷:任意形舱内甲板。

(2)在绘图区右侧输入相关的控制参数。(参数说明见程序界面图示)

(3)单击"**接受**"按钮,系统保存数据,退回主界面;单击"**取消**"按钮,放弃保存,退出该界面。

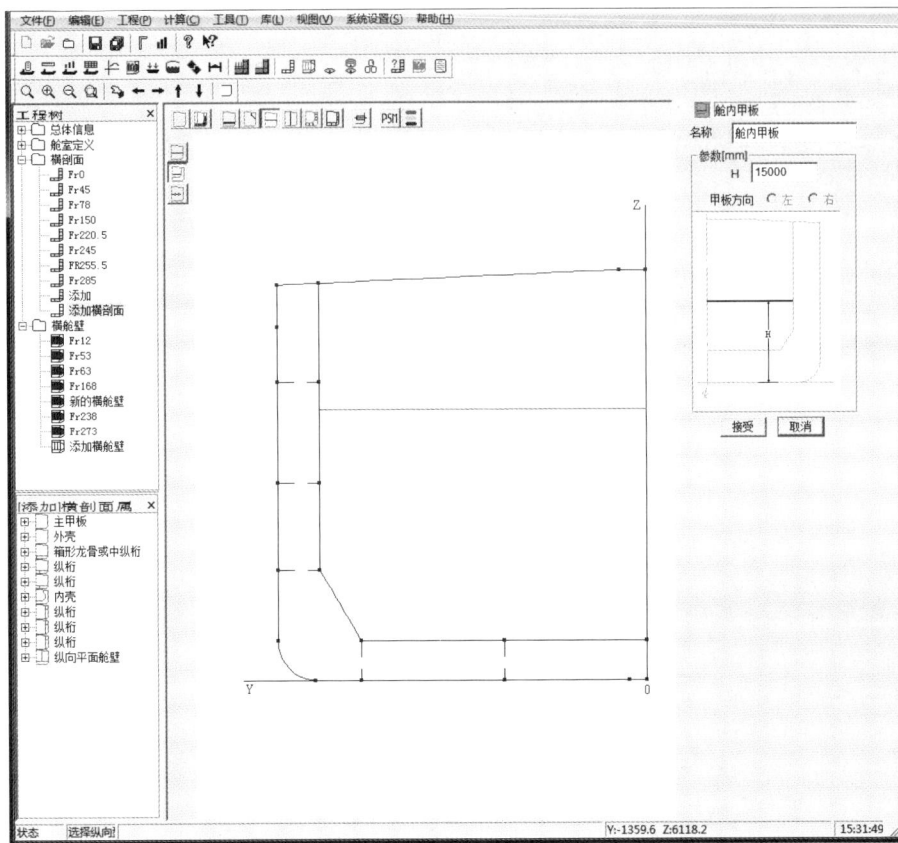

图 4-5-1

4.6 创建横剖面纵向舱壁型线

进入方式：单击 ⊞ 按钮，进入纵向舱壁的编辑界面，系统在绘图区域的左边显示纵向舱壁型线编辑子工具条。

操作界面：如图 4-6-1 所示。

操作步骤：

（1）根据实船情况，在纵向舱壁型线编辑子工具条中单击相应的按钮。

⊞：单底平面纵舱壁；⊞：双层底平面纵舱壁；⊞：单底水平槽形纵舱壁；⊞：双层底水平槽形纵舱壁；⊞：双层底垂直槽形纵舱壁；⊞：单底任意形状纵舱壁；⊞：双层底任意形状纵舱壁。

（2）在绘图区右侧输入相关的控制参数。以创建双层底垂直槽形纵舱壁为例，如图 4-6-1 所示。（其他类型纵舱壁参数说明见程序界面图示）

Yb：垂直槽形纵舱壁的位置。

点击"**凳**"，可以设置凳的参数，如图 4-6-2 所示。

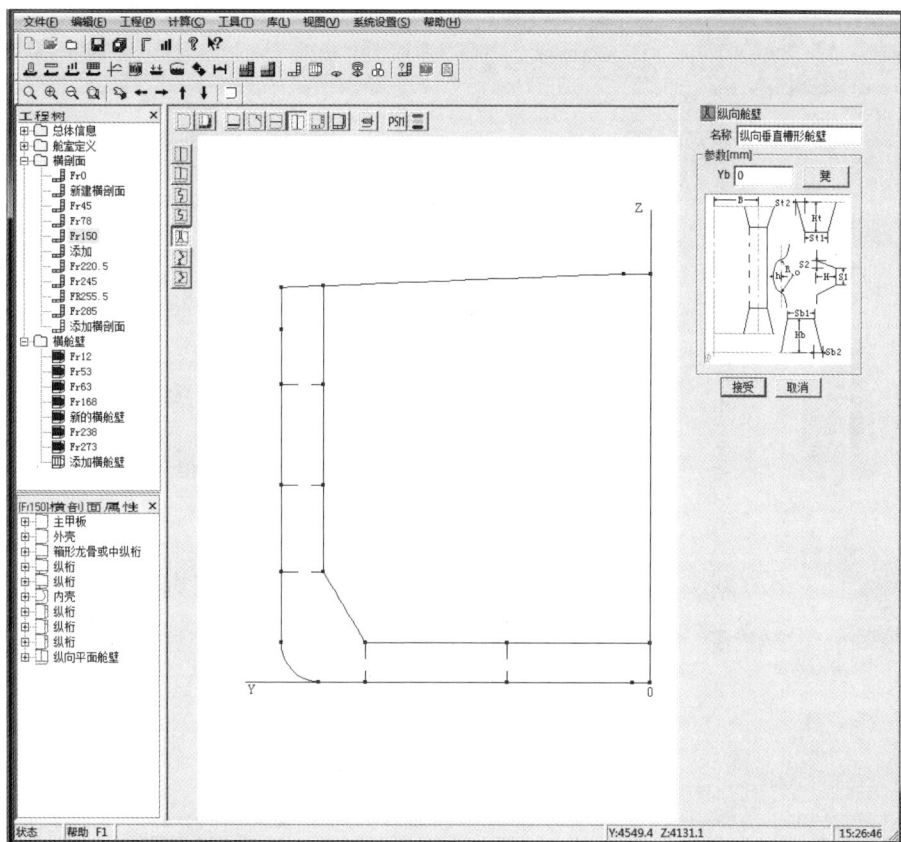

图 4 - 6 - 1

①St1：顶凳下封板的宽度。

②St2：顶凳斜板在 Y 轴上投影的长度。

③Ht：顶凳高度。

④A_dl：纵舱壁顶凳型线包围的横截面面积。

⑤Sb1：底凳上封板的宽度。

⑥Sb2：底凳斜板在 Y 轴上投影的长度。

⑦A_bl：纵舱壁底凳型线包围的横截面面积。

⑧b_avl：纵舱壁底凳平均宽度。

⑨Hb、h_sl：纵舱壁底凳高度。

⑩l_o：槽形有效弯曲跨距，从底凳高度中点或底端（无底凳时）至顶凳高度中点或顶端（无顶凳时）。

⑪l_cg：槽形长度，定义为底凳到顶凳的距离，或若无底凳/顶凳，则取到底端/顶端的距离。

⑫b_ib：底边舱之间或底边舱与底凳中心线之间，在内底平面处量取的货油舱宽度。

⑬l_dk：横舱壁顶凳之间或横舱壁槽条翼板（若横舱壁未设置顶凳）之间，在甲板平面处量取的货油舱长度。

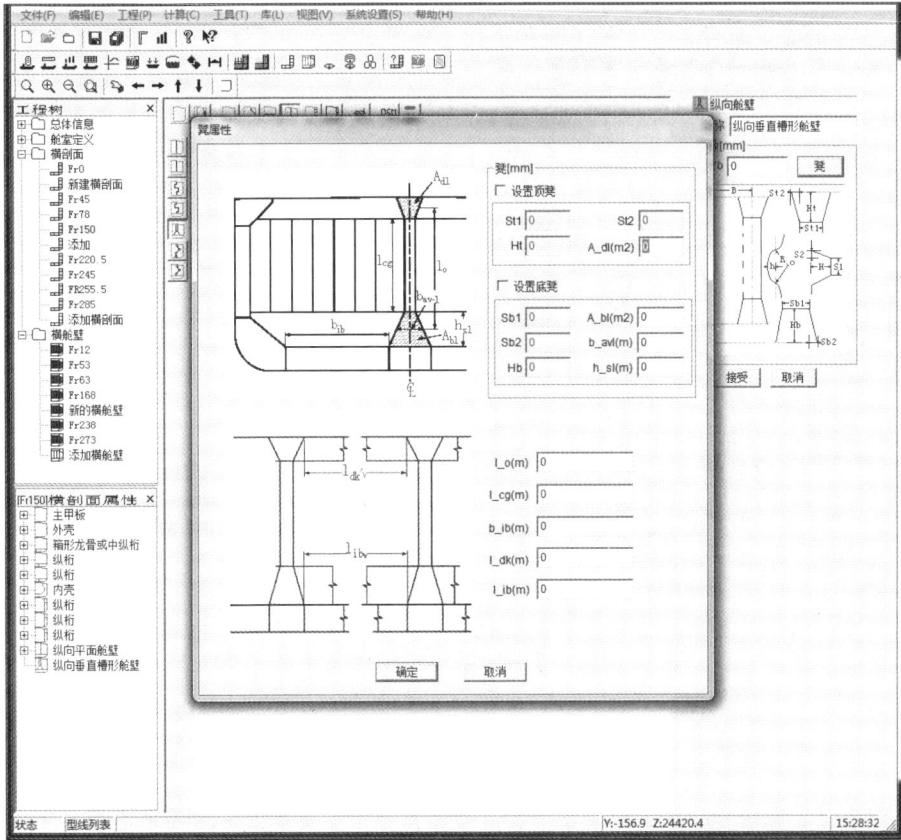

图 4 - 6 - 2

⑭l_ib:横舱壁底凳之间在内底平面处量取的货油舱长度。

(3)单击"**接受**"按钮,系统保存数据,退回主界面;单击"**取消**"按钮,放弃保存,退出该界面。

(4)单击 $\boxminus$ 、 $\boxplus$ 按钮,输入槽形参数(图4-6-3)。

①b_fcg:槽形翼板宽度。

②b_wcg:槽形腹板宽度。

③phai:腹板倾角。

对于纵向水平槽形舱壁,需定义下端第一个槽条腹板朝向(图4-6-4)。

注:此朝向(图4-6-4中圆圈所示)指最下端第一个槽条腹板的朝向。朝向不同会影响剪力流(剪应力)分布的计算结果。

当"**下端第一个槽条腹板朝向**"选"**向左**"时,剪力流分布如图4-6-5所示,槽条朝向如图4-6-5中圆圈处所示。

当"**下端第一个槽条腹板朝向**"选"**向右**"时,剪力流分布如图4-6-6所示,槽条朝向如图4-6-6中圆圈处所示。

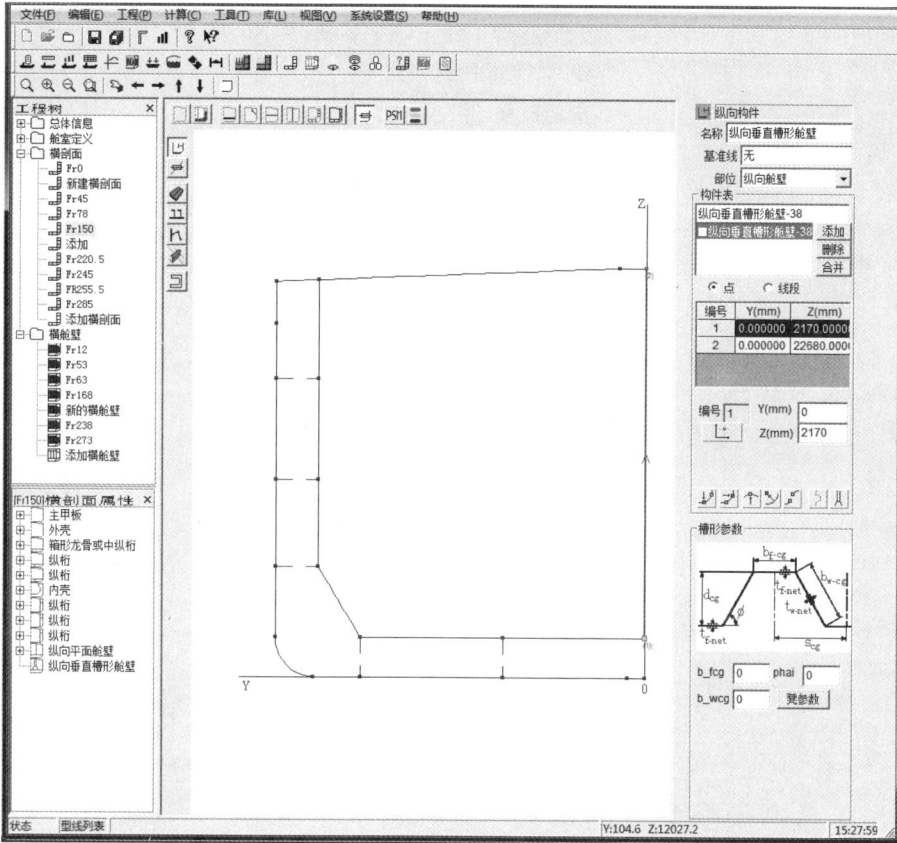

图 4 - 6 - 3

（5）单击"**接受**"按钮，系统保存数据，退回主界面；单击"**取消**"按钮，放弃保存，退出该界面。

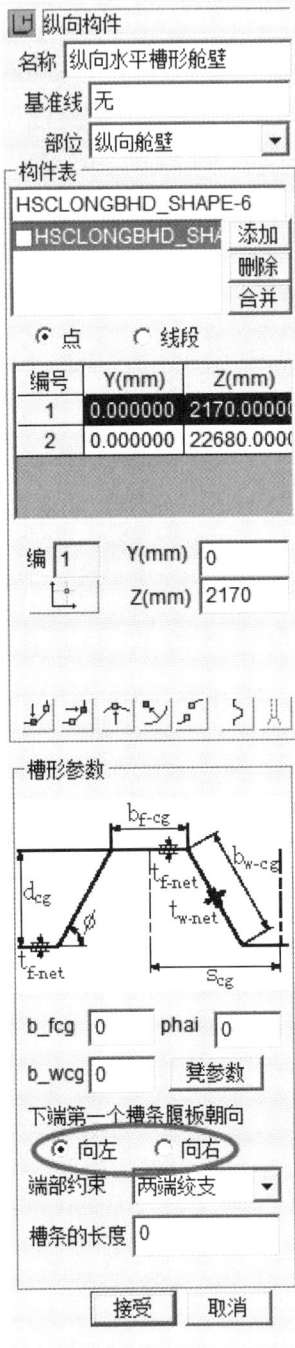

图 4 - 6 - 4

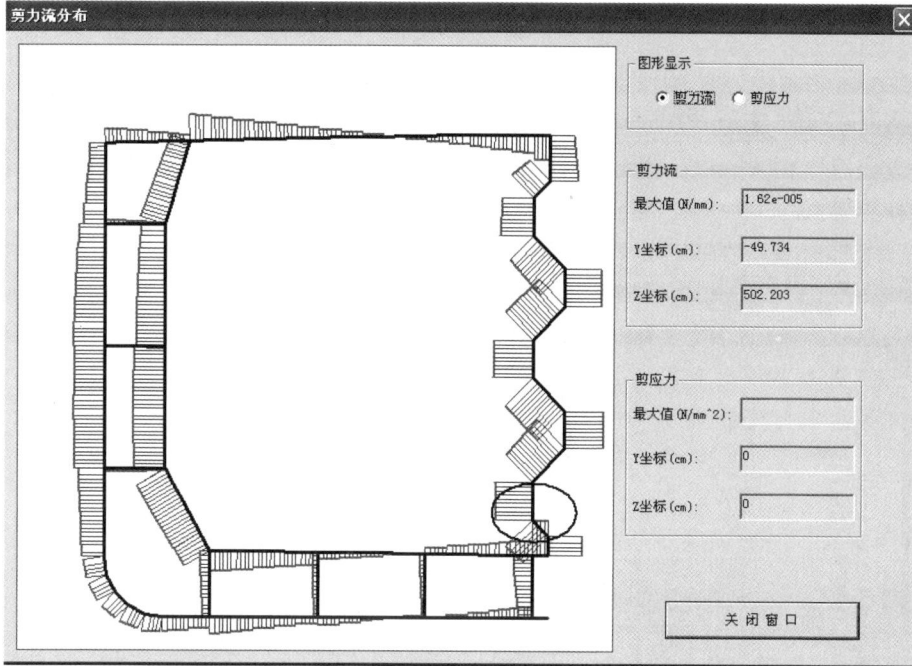

图 4 - 6 - 5

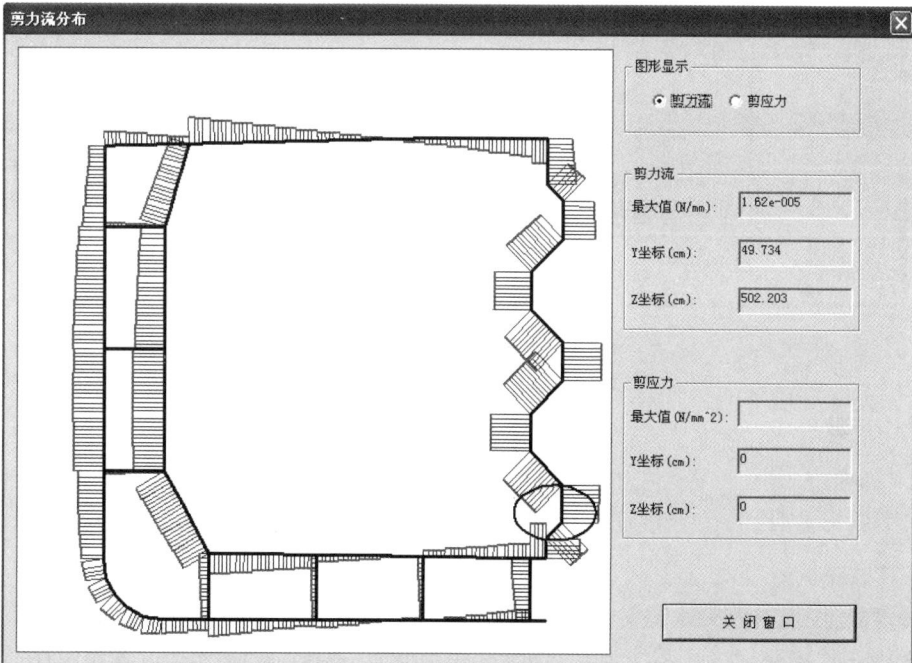

图 4 - 6 - 6

4.7 创建横剖面双层底纵桁和双舷侧纵桁型线

进入方式:单击 [图] 按钮,进入双层底纵桁和双舷侧纵桁的编辑界面,系统在绘图区域的左边显示双层底纵桁和双舷侧纵桁型线编辑子工具条。

操作界面:如图 4-7-1 所示。

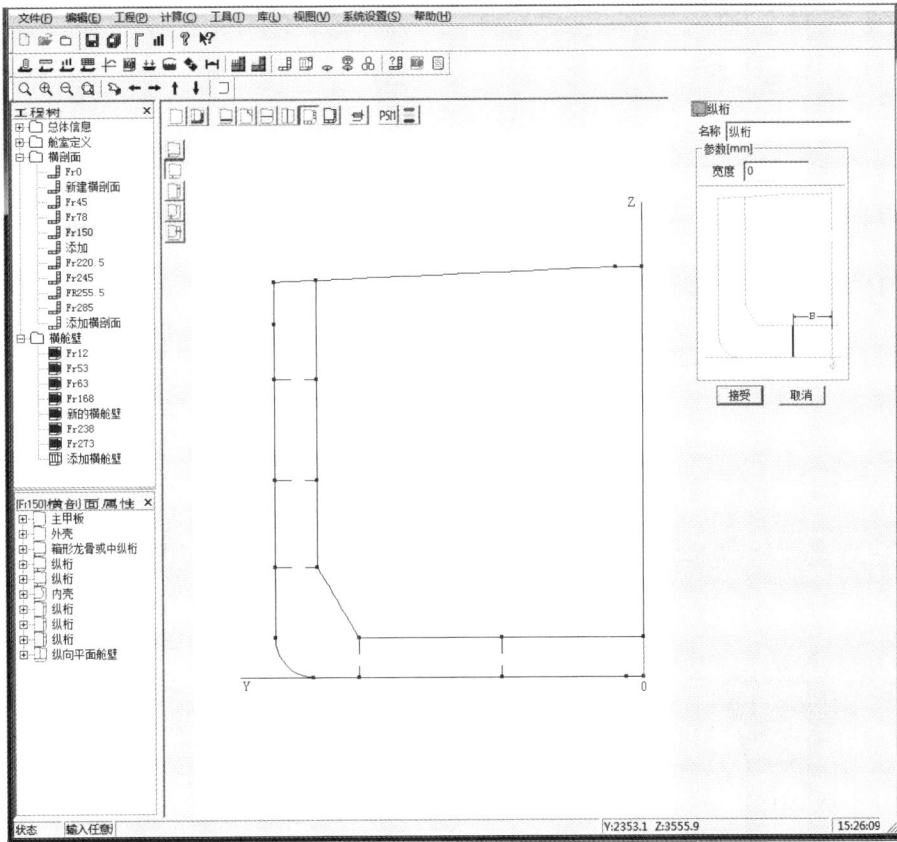

图 4-7-1

操作步骤:

(1)根据实船情况,在双层底纵桁和双舷侧纵桁型线编辑子工具条中单击相应的按钮。

[图]:箱形龙骨;[图]:双层底旁桁材;[图]:双舷侧纵桁;[图]:任意形双层底纵桁;[图]:任意形双舷侧纵桁。

(2)在绘图区右侧输入相关的控制参数。(参数说明见程序界面图示)

(3)单击"**接受**"按钮,系统保存数据,退回主界面;单击"**取消**"按钮,放弃保存,退出该界面。

4.8 编辑与修改型线

进入方式:单击 ⊒ 按钮,系统在绘图区域的左边显示子工具条。在子工具条中,单击 ⊭ 按钮,鼠标变成按钮图标的形状。在绘图区鼠标处的型线自动变成红色,单击鼠标左键,则选定红色型线,系统自动进入该型线编辑界面。

操作界面:如图4-8-1所示。

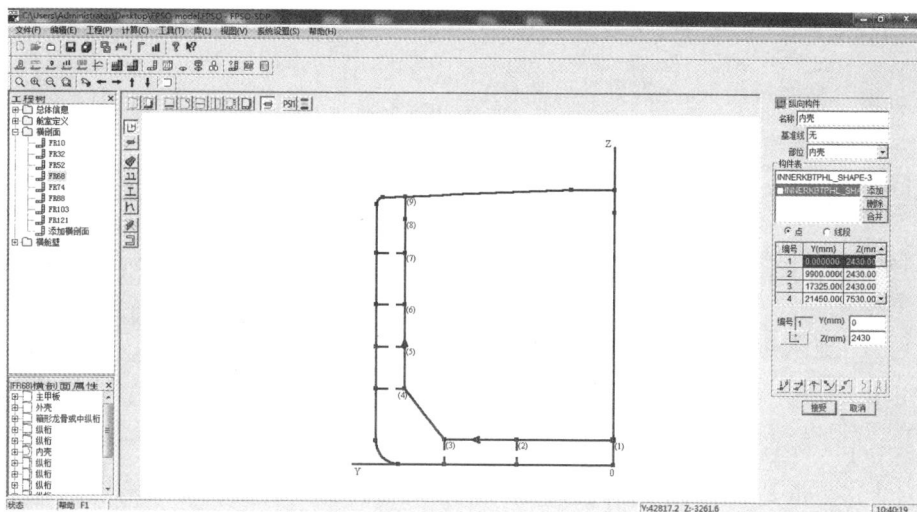

图4-8-1

绘图区域的左边的子工具条:

⊔:选择构件; ⊭:选择型线; ⬧:纵向板; ⊓:纵向加强筋; ⋒:任意形状; ✎:横向构件; ⊐:型线列表。

操作步骤:

增加型线:

单击"**添加**"按钮,选中定位点1,单击"**移动点**"按钮 ↑,在Y、Z编辑框中输入定位点的坐标值,再次单击"**移动点**"按钮,系统自动在绘图区的(Y、Z)处生成该点,按此操作依次定义两个点,则可增加一条新的型线。若型线是由两个以上的点构成,则可参考插入点操作,添加其他的点;若不能确定点的坐标值,单击"**移动点**"按钮,选中定位点1,用鼠标在绘图区单击需定位处,系统自动将点拖至该处,按此操作依次定义两个点。若添加两个以上的点,可参考插入点操作。

删除型线:

在**构件表**栏中选中要删除的型线,单击"**删除**"按钮,删除型线。(注:程序规定不能删除外板型线,所以此功能对外板型线操作无效)。确认操作成功单击"**确认**"按钮。

· 51 ·

合并型线:

在**构件表**栏中选中两条要合并的相邻型线(选中其左边的单选框),按型线的箭头走向顺序选取型线,单击"**合并**"按钮,重复以上步骤可合并多条型线。

对选中的型线进行点操作:

(1)根据操作的需要,选择如下点操作按钮。

:前插入点按钮,在被选点前插入一新的点;

:后插入点按钮,在被选点后插入一新的点;

:移动点按钮,移动一被选点;

:删除点按钮,从直线上移除一点;

:拆分型线按钮,在一点处分开直线。

(2)根据需要输入新的点坐标。

:坐标点由屏幕上(Y,Z)点确定;

:坐标点由固定的 Y 值(例如 Y = a 直线)与型线相交确定;

:坐标点由固定的 Z 值(例如 Z = b 直线)与型线相交确定;

:坐标点是屏幕上已存在的节点。

(3)再次单击要操作的点操作按钮。

对选中的型线进行线段操作:

(1)单击**线段**单选框,出现如图 4 - 8 - 2 所示的操作界面。

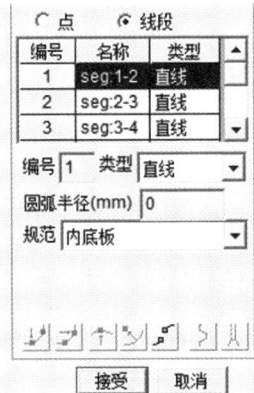

图 4 - 8 - 2

(2)选中需进行修改的线段,可对其进行如下相关操作。

①类型:系统给出三种类型,即**直线**、**圆弧**、**开孔**,若要改变线段的几何属性,则选中线段,在**类型**的下拉列表中选择相应类型。

②圆弧半径:若线段的几何属性是圆弧,则可在此编辑框中填入该圆弧半径。

③规范:表示该结构在规范中相对应的位置。若系统自动给定的规范位置不符合用户要求,则可在规范的下拉列表中选择对应项。

注:当规范选择为"强力甲板"时,可指定该段甲板型线为"露天"或"非露天"。

4.9　布置纵向板

进入方式:单击 按钮,用鼠标选中需要插入板的型线,单击 按钮,系统进入板编辑状态,在**基准线**编辑栏中系统自动显示选中型线的基准线。

操作界面:如图 4 - 9 - 1 所示(插入一块新板 1)。

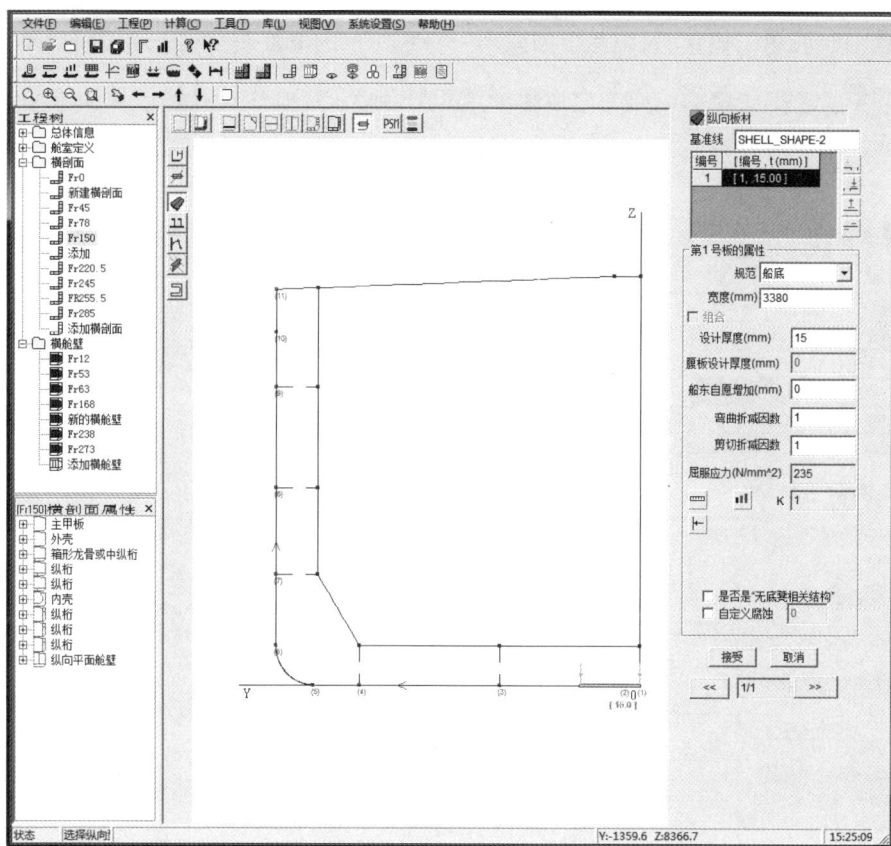

图 4-9-1

操作步骤:

插入板:

(1)单击插入板按钮![按钮]、![按钮],进入插入板界面(图4-9-2)。

![按钮]:在被选板前插入一新的板;![按钮]:在被选板后插入一新的板。

(2)在编辑框中填入相应数值。

①宽度:输入该板的宽度。

②布板方式:有五种板的布置方向,即曲线正方向、Y 轴正方向、Z 轴正方向、Y 轴负方向、Z 轴负方向。

③设计厚度:输入该板的设计厚度。

④船东自愿增加:输入船东自愿增加的厚度。

⑤弯曲折减因数:系统默认系数为1,即默认构件100%参与总纵强度。若为0.8,则构件80%参与总纵强度。

⑥剪切折减因数:系统默认系数为1,以表达构件参与剪力计算的参数。

⑦屈服应力:此处的文本框不能直接手动输入,需单击按钮![按钮],弹出如图4-9-3所示的**材料**对话框,在**材料**对话框中选择类型、钢级,属性栏中自动显示当前材料的屈服应力

和材料因数。

⑧ 🔲 按钮:单击按钮,系统弹出如图4-9-4所示的**厚度**对话框。系统将自动显示板的厚度和最小要求净厚度。若需查看更多规范详细要求,请在计算横剖面后查看**厚度**对话框。

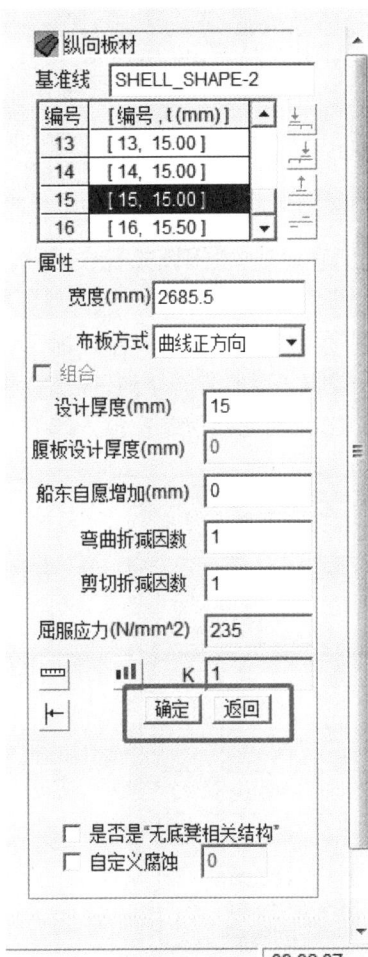

图4-9-2

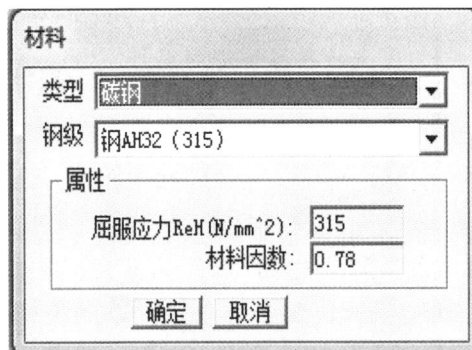

图4-9-3

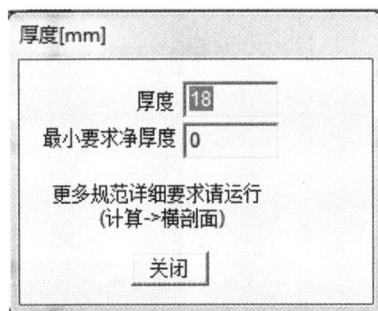

图4-9-4

⑨ 🔲 按钮:切换板的不同标注方向,标注在板右侧或左侧。

⑩若所建构件为无底凳槽形舱壁及支撑结构,则应勾选**是否是"无底凳相关结构"**。

(3)单击"**确定**"按钮,系统将完成插入操作,退回上一界面;点击"**返回**"按钮,系统将放弃保存,返回上一界面。

删除板:

选中需要删除的板,单击 🔲 按钮进行删除操作,重复该步骤可删除多块板。

修改板:

选中需要修改的板,单击 🔲 按钮,操作步骤可参见插入板的步骤(2)和步骤(3),重新编辑板的数据。

注：当槽形横纵舱壁不设置底凳时，下列区域的槽条和其下部支撑结构均属于"无底凳相关结构"。

a. 整个槽形高度；

b. 槽形横舱壁的支撑结构——沿纵向、横舱壁前/后各半个强框架间距的区域内；

c. 槽形纵舱壁的支撑结构——沿横向、纵舱壁左/右各三个纵骨间距的区域内。

4.10　布　置　纵　骨

进入方式： 单击 ⊨ 按钮，用鼠标选中需要插入纵骨的型线，单击 ⏹ 按钮，系统进入纵骨编辑状态。在基准线编辑栏中系统自动显示选中型线的基准线。

操作界面： 如图4-10-1所示。

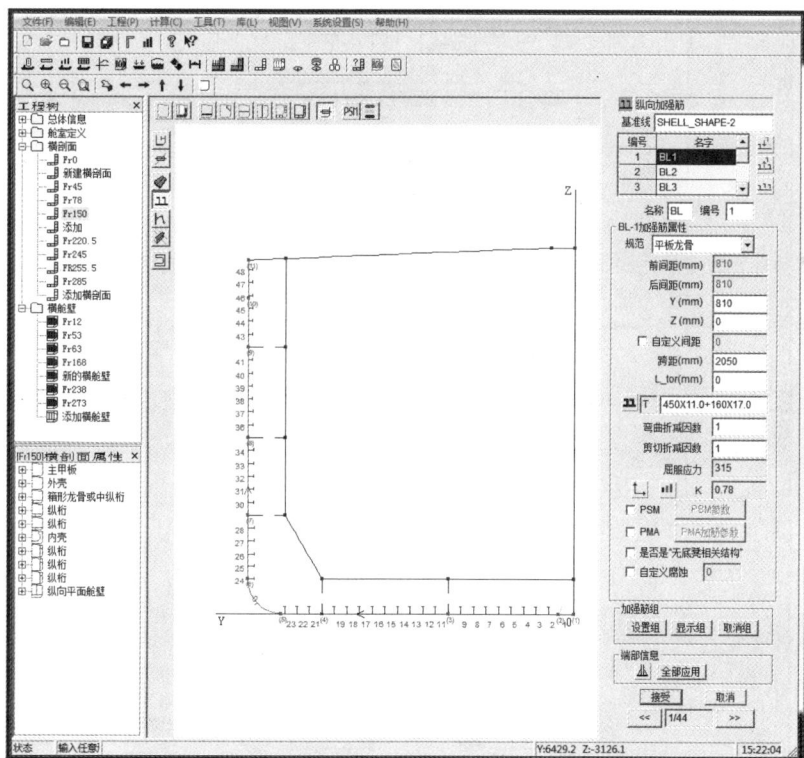

图4-10-1

操作步骤：

插入纵骨：

(1)单击插入纵骨 按钮，进入插入纵骨界面(图4-10-2)。

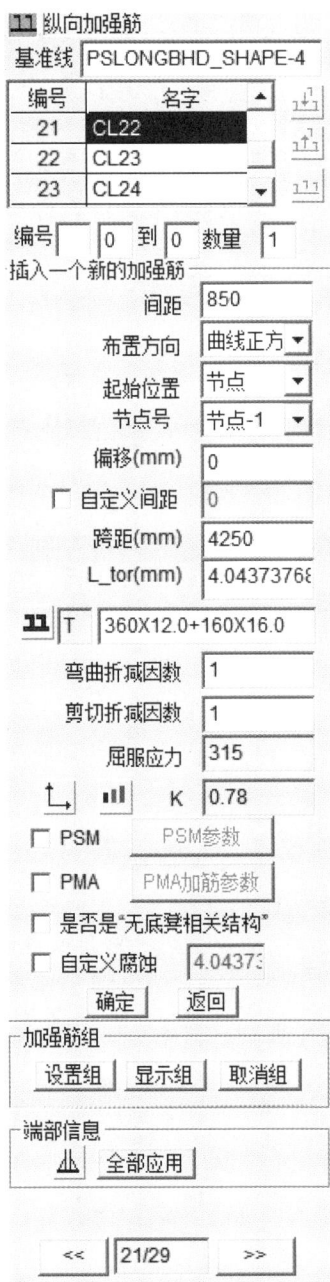

图 4 - 10 - 2

（2）在编辑框中填入相应数值。

①编号：输入纵骨的名称、编号。例如，纵骨名称 SL，纵骨编号从 33 到 62，系统自动计算纵骨数目 30。

②间距：输入纵骨间距。

③布置方向：在布置方向下拉列表中选择纵骨的布置方向。在下拉列表中有六种纵骨布置方向，即曲线正方向、曲线负方向、Y 轴正方向、Z 轴正方向、Y 轴负方向、Z 轴负方向。

选中其中一种,系统将自动按照选定的方向布置纵骨。

④起始位置:系统在下拉列表中给出四种选择,分别是节点、Y值、Z值、加强筋。

节点:在节点号下拉列表中选择布置纵骨起始处的节点号,在偏移编辑栏中填入第一根纵骨沿选定的布置方向偏离选中的节点的距离(沿选定的布置方向,节点之前为正,节点之后为负)。

Y值:在Y编辑框中填入第一根纵骨的布置点在Y轴上的绝对坐标。

Z值:在Z编辑框中填入第一根纵骨的布置点在Z轴上的绝对坐标。

加强筋:在下拉列表中选择相应的加强筋编号,在编辑框中填入第一根纵骨沿指定的布置方向偏离选中的加强筋的距离。

⑤跨距:在跨距编辑栏中输入纵骨跨距。

⑥加强筋剖面特性:用户可单击 🔳 按钮,定义纵骨的型材特性(图4-10-3)。

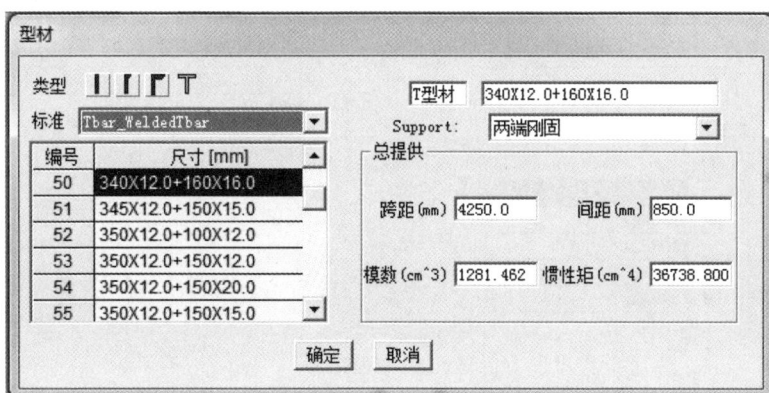

图4-10-3

注:扁钢和焊接T型材可直接输入,并可自动筛选符合已输入字段的型材将其排列在最前面,以便用户选择,图4-10-4至图4-10-7给出了输入一个扁钢的自动筛选。

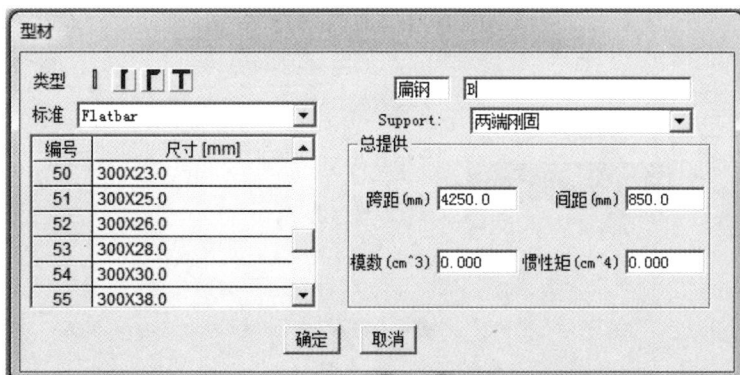

图4-10-4

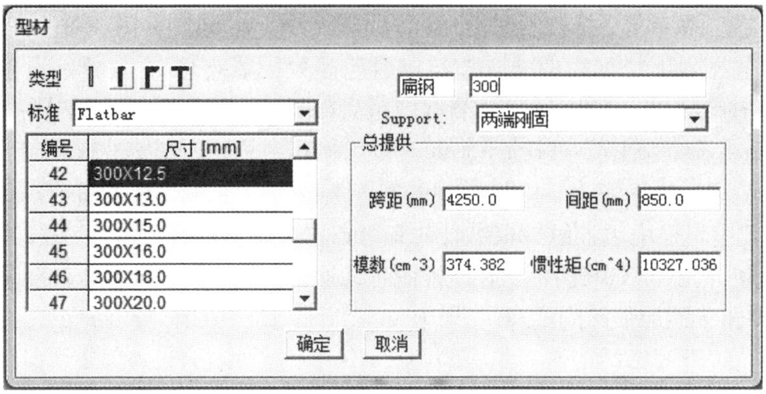

图 4 – 10 – 5

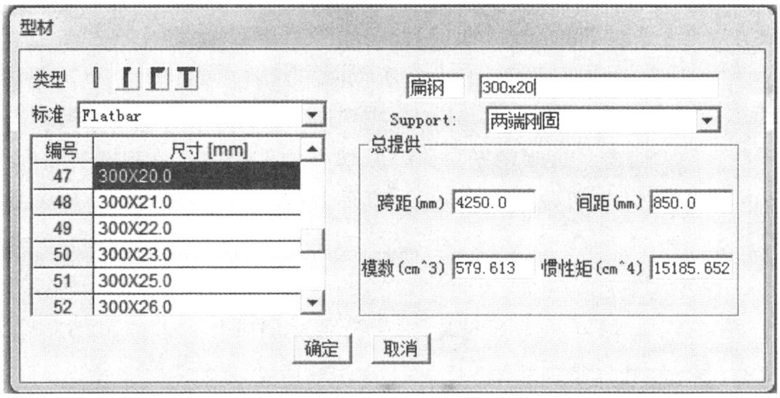

图 4 – 10 – 6

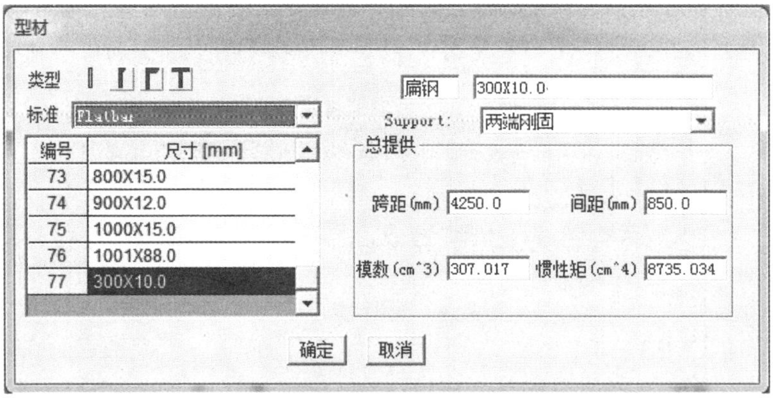

图 4 – 10 – 7

同时软件自动计算选中或匹配型材(表示为选中状态)的相关参数,对于原来不存在的型材,系统会自动保存在库中,如图 4 – 10 – 8 和图 4 – 10 – 9 所示。

此外,如图 4 – 10 – 10 所示,在"扁钢"文字框内,将原有文字全部选中,输入字母"T"(或"A",或"B",或"F"),可以从其他型材直接切换到焊接 T 型材(或角钢,或球扁钢,或扁钢)。

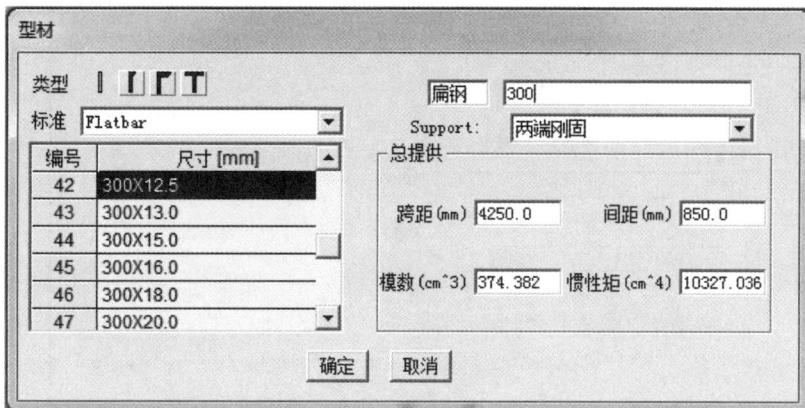

图 4 - 10 - 8

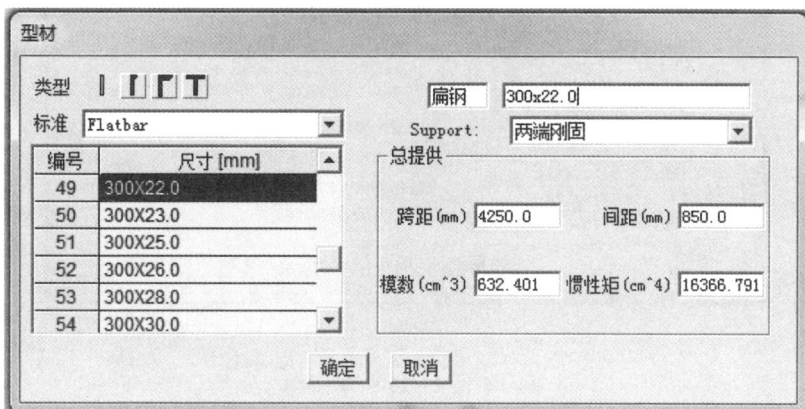

图 4 - 10 - 9

　　注:输入型材时空格不影响型材的定义和筛选,代表乘号的 X 不分大小写,参见图 4 -10 - 11。

　　图 4 - 10 - 3 至图 4 - 10 - 11 均为横剖面的型材输入界面,横舱壁的型材输入界面与横剖面稍有不同,如图 4 - 10 - 12 所示,但以上所列内容完全适用。

　　⑦弯曲折减因数:同纵向板,见 4.9 节。

　　⑧剪切折减因数:同纵向板,见 4.9 节。

　　⑨屈服应力:同纵向板,见 4.9 节。

　　⑩纵骨布置方向按钮 ⌐ :单击布置纵骨方向按钮,进入如图 4 - 10 - 13 所示界面。用鼠标单击左边的图片框内的示意区域,以选择不同的纵骨布置方向。该图片框内共有 12 个区域,以网格线和一条对角线来划分,对角线两边每边各 6 个。也可选中任意单选框,在激活的角度编辑框填入相应的角度,即可改变纵骨的布置方向。

　　⑪若所建构件为主要支撑构件,则需勾选 PSM,同时单击"**PSM 参数**"按钮,出现一个对话框(图 4 - 10 - 14),输入 PSM 间距,并根据图示选择 PSM 两端的边界条件和受力形式。(在艏部或艉部 PSM 才可勾选)

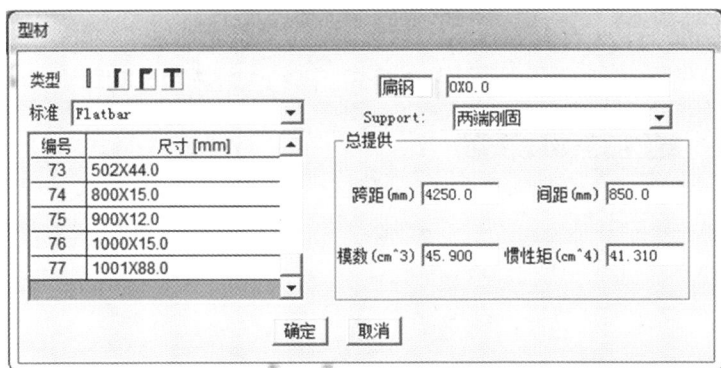

(a)

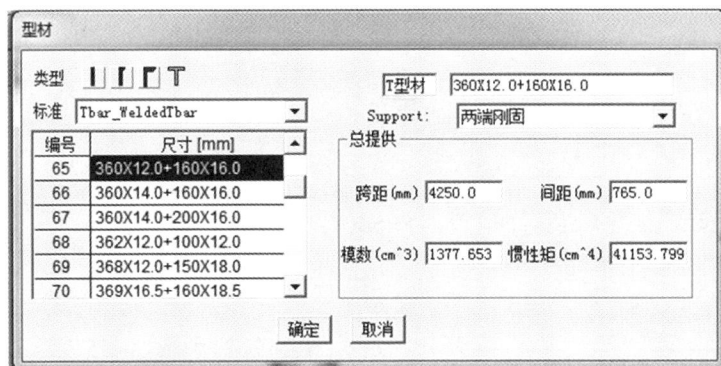

(b)

图 4 – 10 – 10

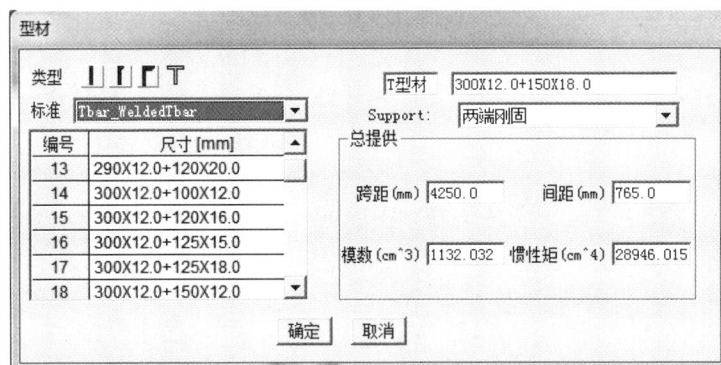

图 4 – 10 – 11

⑫若所建构件为 PMA,则需勾选 PMA,同时单击"**PMA 加筋参数**"按钮,出现一个对话框(图 4 – 10 – 15),可以输入相应的 PMA 上加强筋的参数。(所建构件属性 PMA 和 PSM 只能选择其一)

⑬若所建构件为无底凳槽形舱壁及支撑结构,则应勾选是否是"无底凳相关结构"。

(3)单击"**确定**"按钮,系统保存结果,返回上一界面;单击"**返回**"按钮,放弃保存,返回上一界面。

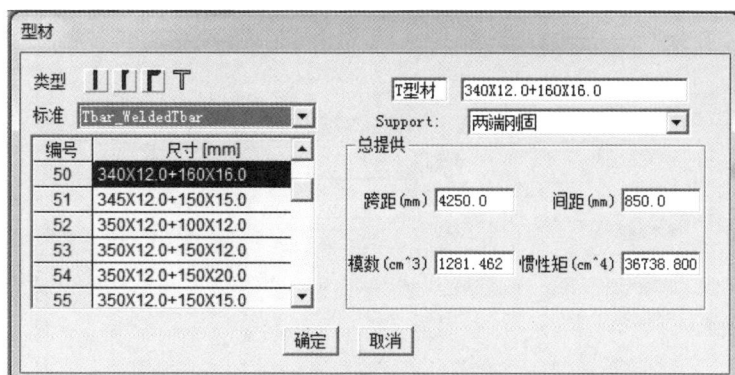

图 4 – 10 – 12

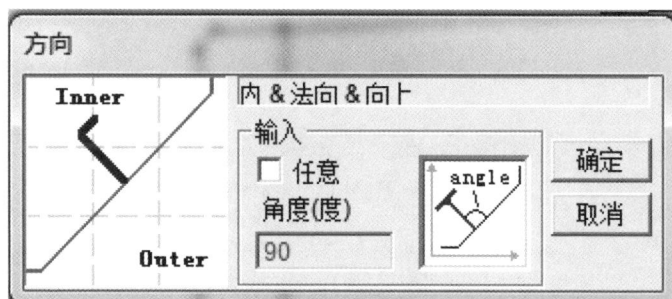

图 4 – 10 – 13

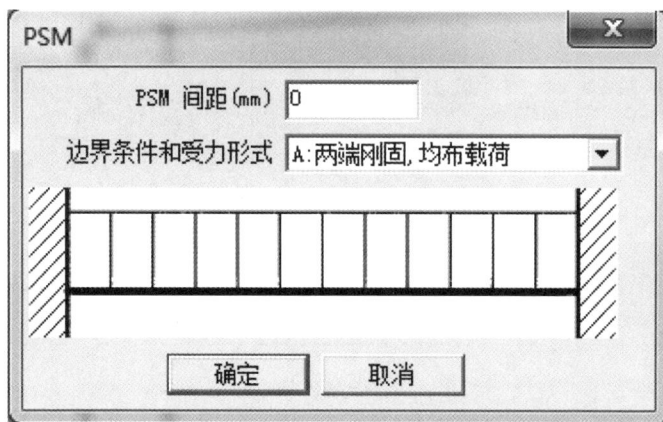

图 4 – 10 – 14

（4）定义连接肘板。

①点击"⚒"按钮，选择纵骨跨距前端、跨距后端肘板类型，输入肘板参数 db、dh、dw、R、th、tb，如图 4 – 10 – 16 所示。用户也可自定义有效跨距。这里定义跨距前端为靠近船首端，跨距后端为靠近船尾端。

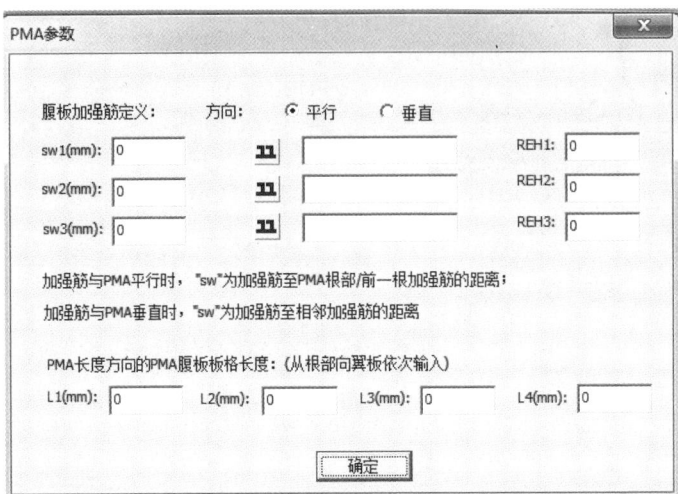

图 4 - 10 - 15

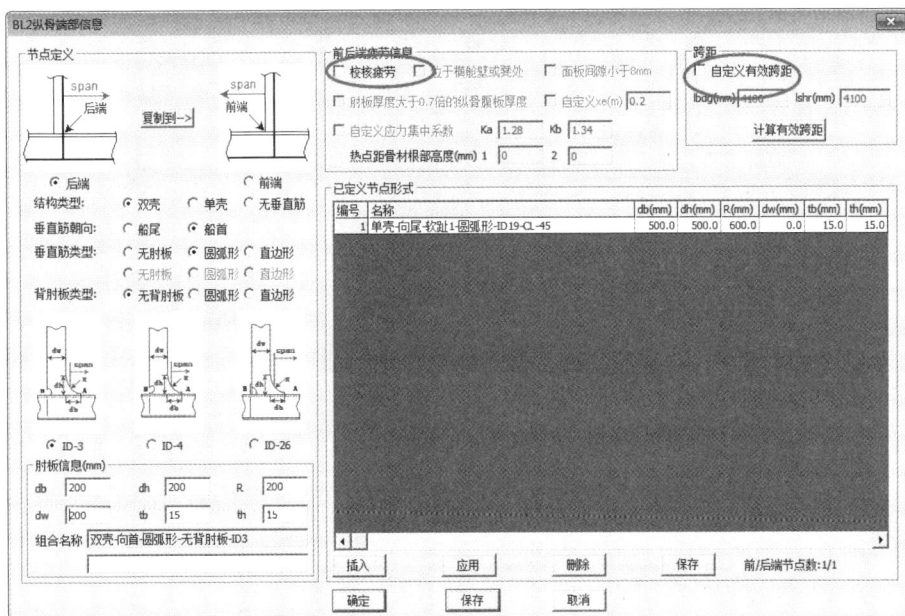

图 4 - 10 - 16

②如需进行纵骨端部疲劳校核,则须勾选"校核疲劳",点击"⛰️"按钮,选择纵骨前后端肘板类型,输入参数,并确定端部连接是否位于横舱壁或底/顶凳处的横框架或肋板。显示当前端部连接默认的各项应力集中系数 Ka、Kb,并允许用户"自定义",不对称系数根据纵骨的类型由系统默认,并且允许用户自定义。当用户选择自定义有效跨距时,可在输入框内自定义有效跨距,否则系统会计算当前默认值。

(5)加强筋组。按住 **Ctrl** 键,用鼠标选择若干根纵骨,单击"**设置组**"按钮,系统将生成一加强筋组;加强筋组生成后,选择其中任意一根骨材,单击"**显示组**"按钮,则与选中骨材同在一组的所有骨材在屏幕上以绿色显示。设置加强筋组以后,组中骨材的尺寸要求统一取 MAX(该组骨材尺寸要求的平均值,0.9 倍最大值),这里 MAX 函数表示取两者中的较大者。

注:在同一组中的骨材必须是在主要支撑构件之间相邻的,具有相同的尺寸和端部连接形式的骨材。

删除纵骨:

(1)选择需删除的纵骨。用户可以在纵骨编号的列表框中用鼠标单击选中单根纵骨或用鼠标在绘图区单击纵骨图标选中单根纵骨,该纵骨在绘图区以绿色显示;用户可以按住 **Ctrl** 键,用鼠标选择多根纵骨,所有被选中的纵骨在屏幕上以绿色显示。

(2)单击 按钮进行删除操作。

修改纵骨:

选中需要修改的纵骨,单击 按钮,操作步骤可参照插入纵骨的步骤(2)到步骤(4),修改纵骨,单击"**确定**"按钮,系统将保存结果,退出界面;单击"**返回**"按钮,系统将返回上一界面。

4.11　布置横向构件

进入方式:单击 按钮,用鼠标选中需要插入横向构件的型线,单击 按钮,系统进入横向构件编辑状态,在**基准线**栏中系统自动显示选中的型线的基准线。

操作界面:如图 4 - 11 - 1 所示。

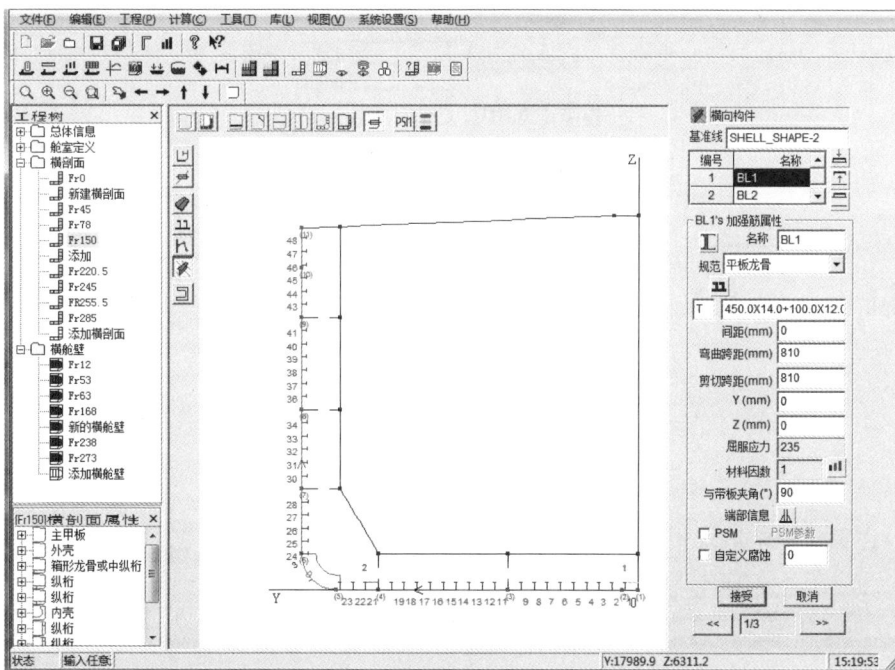

图 4 - 11 - 1

操作步骤:

插入横向构件:

(1)单击 ⬒ 按钮,进入插入横向构件界面(图4-11-2)。若未给定插入纵骨的型材特性,系统会弹出提示对话框,用户可单击 **Ⅱ** 按钮,先定义骨材的型材特性。

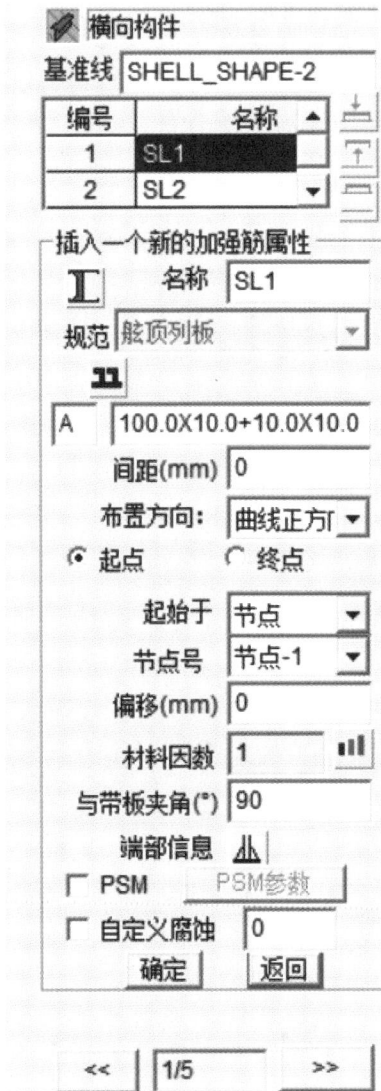

图4-11-2

(2)在编辑框中填入相应数值。

①名称:在名称编辑框内用户可给出构件的自定义名称。

②方向按钮 **Ⅰ**:切换横向构件的布置方向。

③间距:横向构件的布置间距。

④布置方向:横向构件的布置方向。在下拉列表中选择布置方向,横向构件的布置将

沿指定的布置方向进行布置。

　　⑤起点、终点:横向构件跨距的起点、终点。

　　⑥偏移:横向构件跨距相对于起点、终点的偏移距离。

　　⑦材料因数:选择材料的钢级。

　　⑧与带板夹角:输入横向构件与带板的夹角。

　　⑨端部信息:点击"⚠"按钮后出现如图 4-11-3 所示对话框。

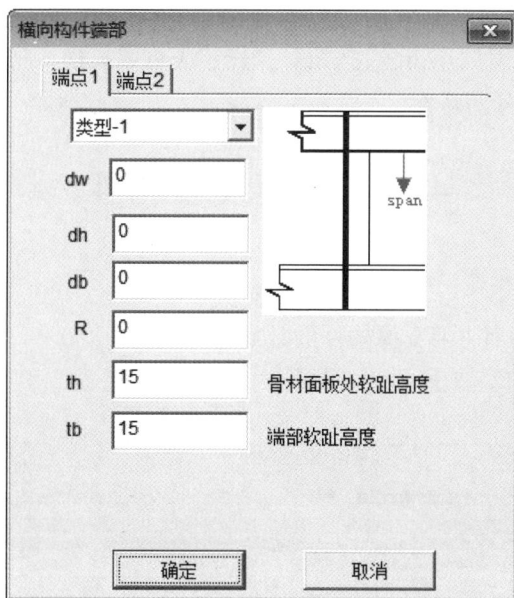

图 4-11-3

　　⑩若所建构件为主要支撑构件,则需勾选 **PSM**,同时单击"**PSM 参数**"按钮,输入 PSM 间距,并根据图示选择 PSM 两端的边界条件和受力形式(图 4-11-4)。(在艏部或艉部 PSM 才可勾选)

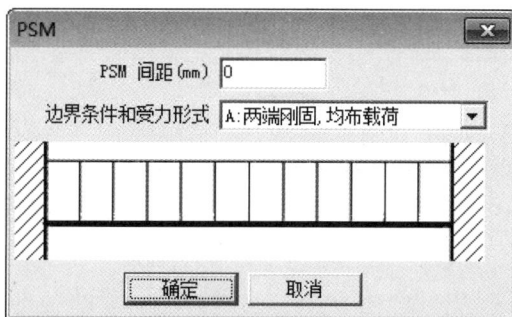

图 4-11-4

　　(3)单击"**确定**"按钮,保存结果,退出插入构件界面;单击"**返回**"按钮,系统放弃保存,返回上一界面。

注:添加横向加强筋、主要支撑构件或舷侧肋骨时,应注意在单击 ⬇️(添加横向构件)之前,一定确保对应的按钮处于激活状态(被按下)。

删除横向构件:

在横向构件的列表框中,用鼠标单击选中需删除的横向构件,单击 ⬆️ 按钮进行删除操作。

修改横向构件:

选中需修改的横向构件,单击 ▤ 按钮。操作步骤可参见插入横向构件的步骤(2)和步骤(3),重新编辑横向构件的数据。

4.12 主要支撑构件

进入方式:单击 PSM 按钮。

功能描述:计算横剖面主要支撑构件的常规尺寸要求。

操作界面:如图 4 – 12 – 1 所示。

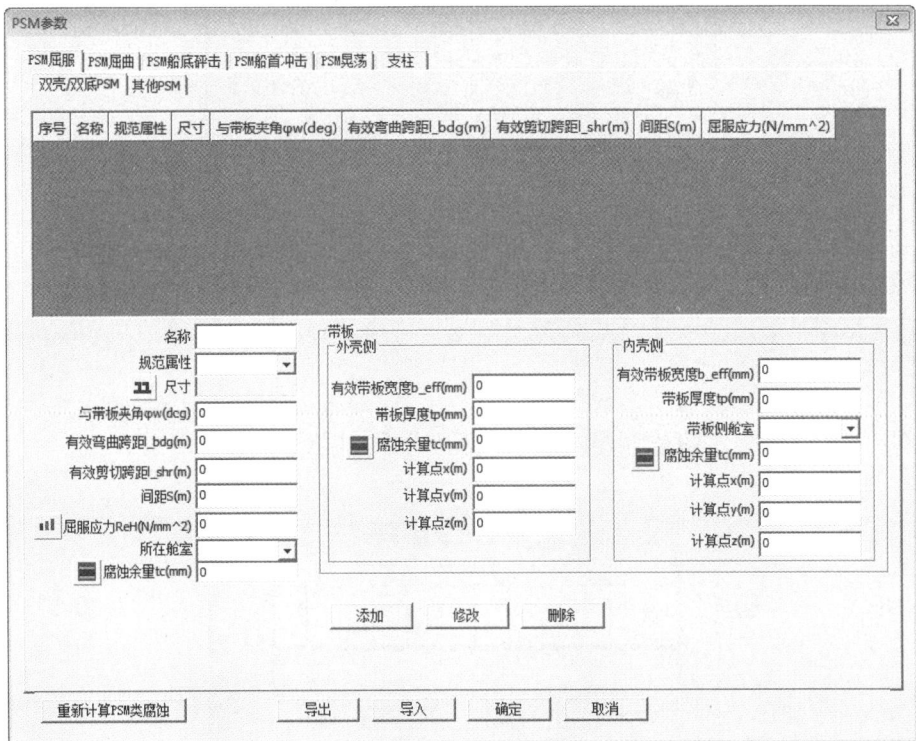

图 4 – 12 – 1

注:重新计算 PSM 类腐蚀功能主要用于通过腐蚀率计算腐蚀余量的结构,进行腐蚀余量的重新计算,如是用户自定义的腐蚀余量,则不能更新。

1．双壳/双底 PSM

本节中双壳/双底 PSM 指双层底和双舷侧间的主要支撑构件,如双层底纵桁、双层底肋板、双舷侧纵桁、双舷侧横框架等。

操作步骤:

(1)输入如下参数。

①φw:与带板夹角,这里默认为与外板的夹角,与内壳的夹角默认为90°。

②l_bdg:有效弯曲跨距。

③l_shr:有效剪切跨距。

④S:间距。

带板部分(外壳侧):

⑤b_eff:有效带板宽度。

⑥tp:带板厚度。

⑦tc:腐蚀余量,输入最高点及构件两侧舱室类型后自动生成腐蚀余量,如图4-12-2所示。

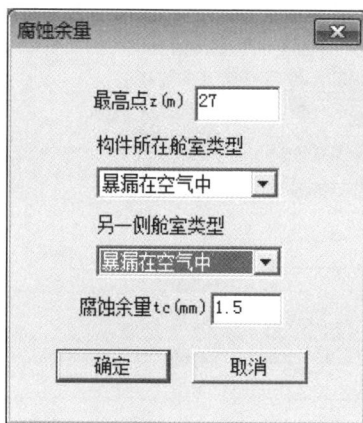

图 4 - 12 - 2

⑧计算点坐标。

带板部分(内壳侧):

⑨b_eff:有效带板宽度。

⑩tp:带板厚度。

⑪带板侧舱室:内壳背离主要支撑构件一侧的舱室。

⑫tc:腐蚀余量,输入最高点及构件两侧舱室类型后自动生成腐蚀余量,如图4-12-2所示。

⑬计算点坐标。

(2)添加/修改/删除。

一个主要支撑构件数据填写完毕后,点击"**添加**"按钮,则在上方表格数据区添加一条主要支撑构件记录。

在上方表格数据区选中一条 PSM 记录,则可以在下方输入区进行数据修改,点击"**修**

改"按钮,即可保存修改至上方表格数据区。

在上方表格数据区选中一条 PSM 记录,点击"**删除**"按钮,即可删除该条 PSM 数据。

(3)单击"**确定**"按钮,系统保存输入,退出 PSM 界面;单击"**取消**"按钮,放弃保存,退出该界面。

2. 其他 PSM

本节中其他 PSM 指的是除双壳/双底 PSM 以外的其他主要支撑构件。

操作界面:如图 4 - 12 - 3 所示。

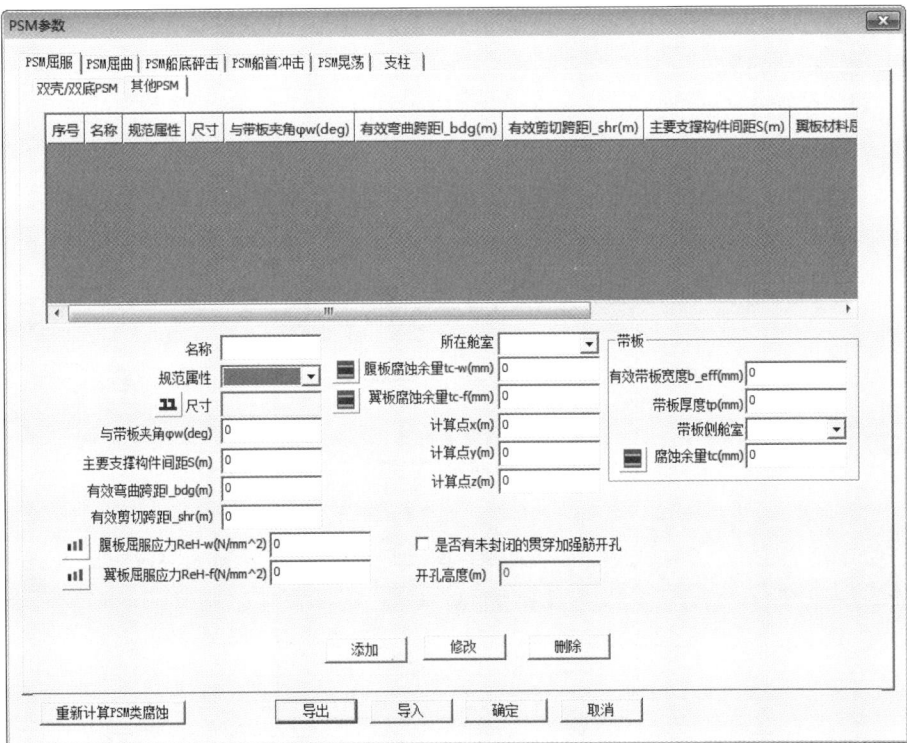

图 4 - 12 - 3

操作步骤:

(1)输入如下参数。

①φw:与带板夹角。

②S:主要支撑构件间距。

③l_bdg:有效弯曲跨距。

④l_shr:有效剪切跨距。

⑤tc - w:腹板腐蚀余量。

⑥tc - f:翼板腐蚀余量。

⑦计算点坐标。

⑧是否有未封闭的贯穿加强筋开孔:如存在加强筋贯穿孔未封闭,则勾选该选项,并输入贯穿孔开孔高度。

带板数据：

⑨b_eff：有效带板宽度。

⑩tp：带板厚度。

⑪带板侧舱室：选择带板背离主要支撑构件一侧的舱室。

⑫tc：腐蚀余量。

（2）添加/修改/删除。

一个主要支撑构件数据填写完毕后，点击"**添加**"按钮，则在上方表格数据区添加一条主要支撑构件记录。

在上方表格数据区选中一条 PSM 记录，则可以在下方输入区进行数据修改，点击"**修改**"按钮，即可保存修改至上方表格数据区。

在上方表格数据区选中一条 PSM 记录，点击"**删除**"按钮，即可删除该条 PSM 数据。

（3）单击"**确定**"按钮，系统保存输入，退出 PSM 界面；单击"**取消**"按钮，放弃保存，退出该界面。

3. PSM 船底砰击

操作界面：如图 4-12-4 所示。

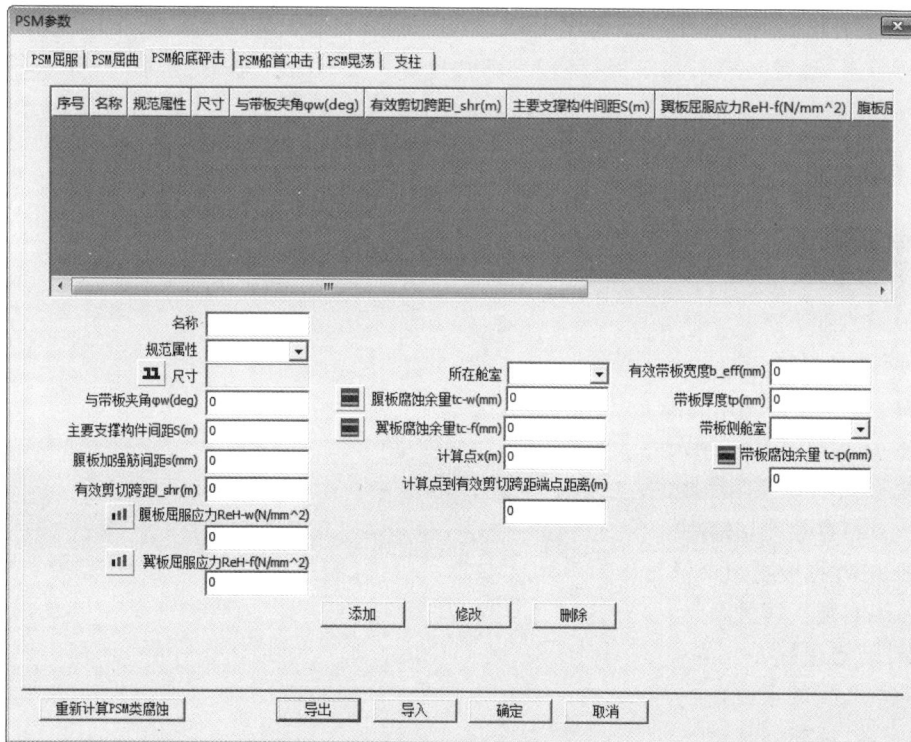

图 4-12-4

操作步骤：

（1）输入如下参数。

①φw：与带板夹角。

②S:主要支撑构件间距。

③s:腹板加强筋间距。

④l_shr:有效剪切跨距。

⑤选择 PSM 所在舱室。

⑥tc - w:腹板腐蚀余量。

⑦tc - f:翼板腐蚀余量。

⑧计算点坐标。

⑨计算点到有效剪切跨距端点距离。

⑩b_eff:有效带板宽度。

⑪tp:带板厚度。

⑫选择带板侧舱室。

⑬tc - p:带板腐蚀余量。

(2)添加/修改/删除。

一个主要支撑构件数据填写完毕后,点击"**添加**"按钮,则在上方表格数据区添加一条主要支撑构件记录。

在上方表格数据区选中一条 PSM 记录,则可以在下方输入区进行数据修改,点击"**修改**"按钮,即可保存修改至上方表格数据区。

在上方表格数据区选中一条 PSM 记录,点击"**删除**"按钮,即可删除该条 PSM 数据。

(3)单击"**确定**"按钮,系统保存输入,退出 PSM 界面;单击"**取消**"按钮,放弃保存,退出该界面。

4. PSM 船首冲击

操作界面:如图 4 - 12 - 5 所示。

操作步骤:

(1)输入如下参数。

①选择 PSM 尺寸。

②φw:与带板夹角。

③S:主要支撑构件间距。

④l_bdg:有效弯曲跨距。

⑤l_shr:有效剪切跨距。

⑥tc - w:腹板腐蚀余量。

⑦tc - f:翼板腐蚀余量。

⑧计算点坐标。

⑨α_wl:局部水线角。

⑩γ_wl:局部外飘角。

⑪腹板与外板的夹角。

⑫σ_cr 临界压缩屈曲应力。

⑬b_eff:有效带板宽度。

⑭tp:带板厚度。

⑮选择带板侧舱室。

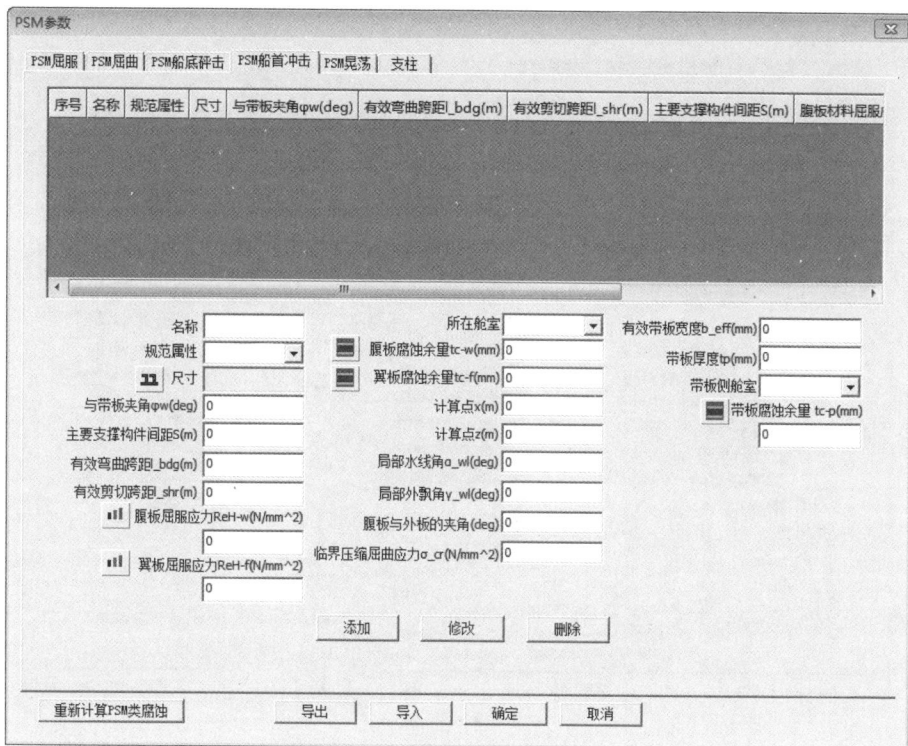

图 4 - 12 - 5

⑯tc - p:带板腐蚀余量。

（2）添加/修改/删除。

一个主要支撑构件数据填写完毕后,点击"**添加**"按钮,则在上方表格数据区添加一条主要支撑构件记录。

在上方表格数据区选中一条 PSM 记录,则可以在下方输入区进行数据修改,点击"**修改**"按钮,即可保存修改至上方表格数据区。

在上方表格数据区选中一条 PSM 记录,点击"**删除**"按钮,即可删除该条 PSM 数据。

（3）单击"**确定**"按钮,系统保存输入,退出 PSM 界面;单击"**取消**"按钮,放弃保存,退出该界面。

5. PSM 屈曲

操作界面:如图 4 - 12 - 6 所示。

操作步骤:

（1）输入界面中参数,如图 4 - 12 - 6 所示,然后单击"**添加**"按钮;

①填写名称、PSM 尺寸、PSM 腹板加强筋尺寸、PSM 支撑加强筋尺寸、PSM 翼板腐蚀、PSM 腹板腐蚀、加强筋腐蚀、PSM 带板腐蚀、支撑加强筋腐蚀、PSM 位置、PSM 带板厚度。

②PSM 所在区域:货油舱区域、液舱边界或船体外廓、其他区域。

③l - bdg:PSM 弯曲跨距。

④S:PSM 间距。

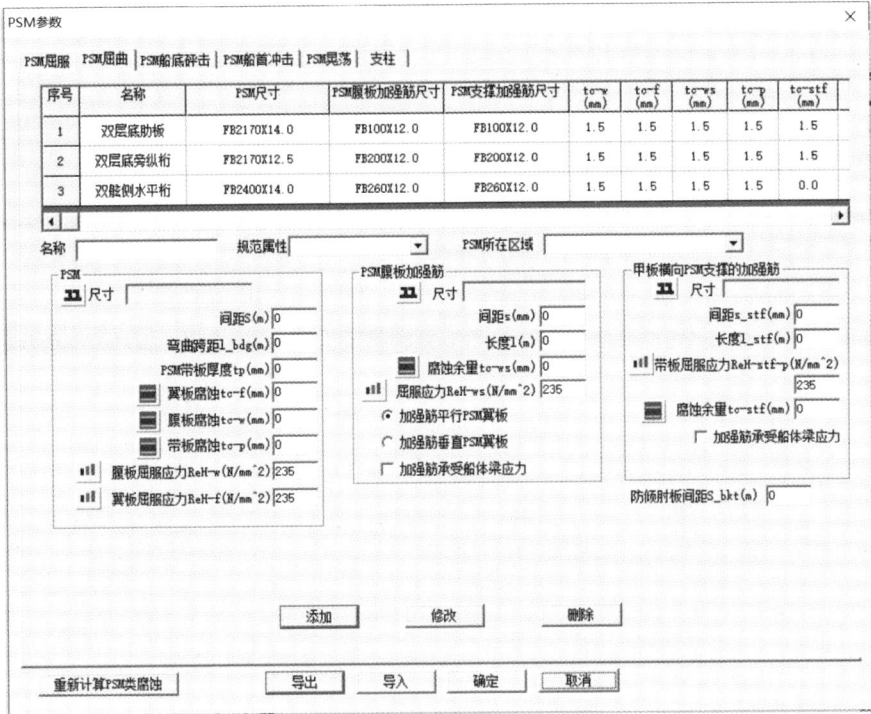

图 4 - 12 - 6

⑤s:PSM 腹板加强筋间距。

⑥l:PSM 腹板加强筋长度。

⑦s_stf:甲板横向 PSM 支撑的加强筋间距。

⑧l_stf:甲板横向 PSM 支撑的加强筋长度。

⑨腹板屈服应力。

⑩翼板屈服应力。

⑪带板屈服应力。

⑫tc - f:翼板腐蚀。

⑬tc - w:腹板腐蚀。

⑭tc - p:带板腐蚀。

⑮tc - ws:PSM 腹板加强筋腐蚀余量。

⑯tc - stf:甲板横向 PSM 支撑的加强筋腐蚀余量。

⑰加强筋平行 PSM 翼板/加强筋垂直 PSM 翼板。

⑱S_bkt:防倾肘板间距。

⑲加强筋是否承受船体梁应力。

（2）添加/修改/删除。

一个主要支撑构件数据填写完毕后,点击"**添加**"按钮,则在上方表格数据区添加一条主要支撑构件记录。

在上方表格数据区选中一条 PSM 记录,则可以在下方输入区进行数据修改,点击"**修**

改"按钮,即可保存修改至上方表格数据区。

在上方表格数据区选中一条 PSM 记录,点击"**删除**"按钮,即可删除该条 PSM 数据。

(3)单击"**确定**"按钮,系统保存输入,退出 PSM 界面;单击"**取消**"按钮,放弃保存,退出该界面。

6. PSM 晃荡

操作界面:如图 4 - 12 - 7 所示。

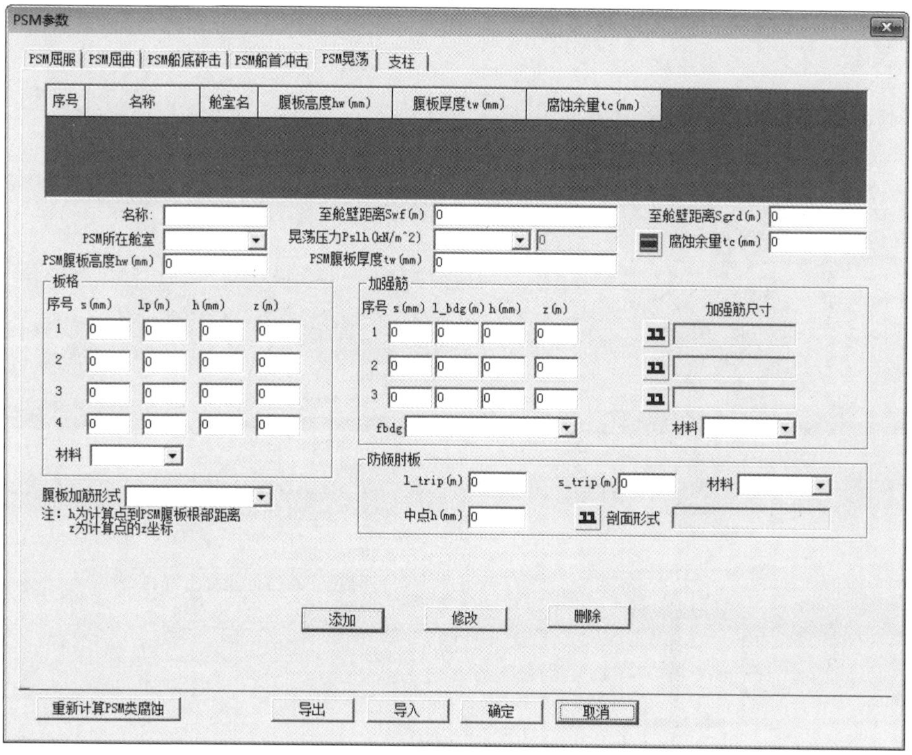

图 4 - 12 - 7

操作步骤:

(1)输入界面中参数,然后单击"**添加**"按钮。

①Pslh:最大晃荡压力。

②s:扶强材的间距。

③lp:板格长。

④h:计算点到 PSM 腹板根部距离。

⑤z:计算点的 z 坐标。

⑥h:中点。

⑦l_trip:防倾肘板的长度。

⑧s_trip:防倾肘板或其他主要支撑构件或舱壁之间的平均间距。

⑨Swf/Sgrd:至舱壁距离。

⑩fbdg:两端转动位移固定、一端或两端自由转动、两端转动位移固定、一端自由转动。

（2）添加/修改/删除。

一个主要支撑构件数据填写完毕后，点击"**添加**"按钮，则在上方表格数据区添加一条主要支撑构件记录。

在上方表格数据区选中一条 PSM 记录，则可以在下方输入区进行数据修改，点击"**修改**"按钮，即可保存修改至上方表格数据区。

在上方表格数据区选中一条 PSM 记录，点击"**删除**"按钮，即可删除该条 PSM 数据。

（3）单击"**确定**"按钮，系统保存输入，退出 PSM 界面；单击"**取消**"按钮，放弃保存，退出该界面。

7. 支柱

操作界面：如图 4 - 12 - 8 所示。

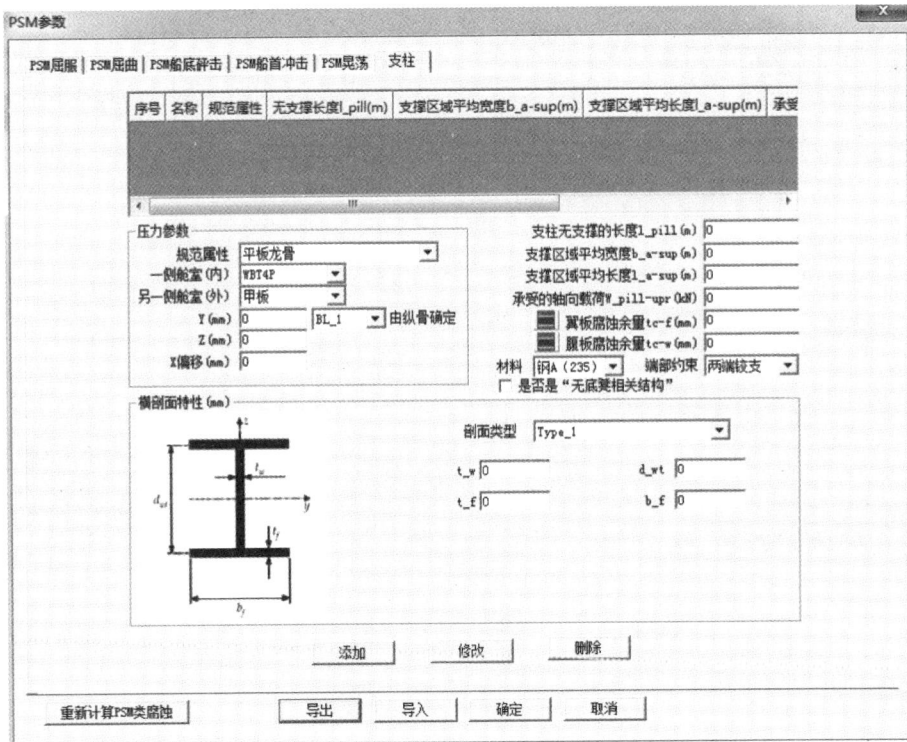

图 4 - 12 - 8

操作步骤：

（1）先输入压力计算参数（各参数含义请参考压力计算工具），点击压力计算。

①t_w：腹板厚度。

②d_wt：腹板高度。

③t_f：翼板厚度。

④b_f：翼板宽度。

（2）添加/修改/删除。

一个主要支撑构件数据填写完毕后，点击"**添加**"按钮，则在上方表格数据区添加一条主要支撑构件记录。

在上方表格数据区选中一条 PSM 记录，则可以在下方输入区进行数据修改，点击"**修改**"按钮，即可保存修改至上方表格数据区。

在上方表格数据区选中一条 PSM 记录，点击"**删除**"按钮，即可删除该条 PSM 数据。

（3）单击"**确定**"按钮，系统保存输入，退出 PSM 界面；单击"**取消**"按钮，放弃保存，退出该界面。

4.13　横剖面舱室关联

进入方式：单击 按钮，进入横剖面舱室关联界面，关联该剖面的舱室布置情况。

操作界面：如图 4 - 13 - 1 所示。

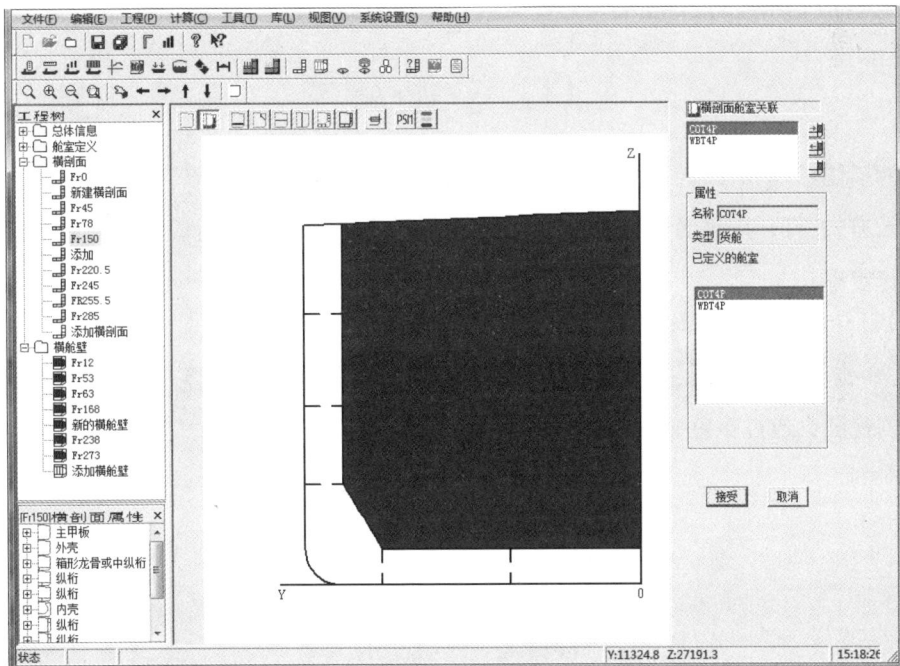

图 4 - 13 - 1

操作步骤：

舱室关联：

（1）按住键盘上的 **Ctrl** 键，在绘图区选择需要关联的舱室（可多选）。

（2）系统会根据第 3 章舱室定义的输入数据在已关联舱室栏中自动显示该剖面所在舱室的关联情况，用户可在已关联舱室栏中选择舱室名称。

（3）单击按钮 ，完成一个舱室关联。重复步骤（1）到步骤（3）完成多个舱室关联。

（4）单击"**接受**"按钮，舱室关联完毕，系统保存结果，退出界面；单击"**取消**"按钮，系统放弃保存,退出界面。

注:

①在"横剖面舱室关联"对话框打开时,不允许用户进行舱室定义,提示用户"请先退出横剖面舱室关联界面"。

②"横剖面舱室关联"对话框单击"接受"按钮时,直接将舱室关联信息保存到数据库。

删除舱室关联:

(1)在横剖面舱室关联栏中选中需要删除的舱室关联,单击 ⊟ 按钮,进行删除操作,可重复操作完成多项删除工作。

(2)单击"**接受**"按钮,系统保存结果,退出界面;单击"**取消**"按钮,放弃保存,退出界面。

修改舱室关联:

在横剖面舱室关联栏中选中需要修改的舱室关联,单击 ⊟ 按钮,操作步骤可参见舱室关联步骤(1)到步骤(3),重新编辑舱室关联。

4.14 数据检查

功能描述:对横剖面进行前处理数据检查。

进入方式:打开任意剖面视图,单击视图工具栏中 ▤ 图标,进行横剖面的数据检查。

操作步骤:

(1)打开剖面编辑视图界面。

(2)单击视图工具栏 ▤ 图标,显示数据检查界面(图4-14-1),根据所选检查内容,系统左侧视图会通过颜色显示各项数据。

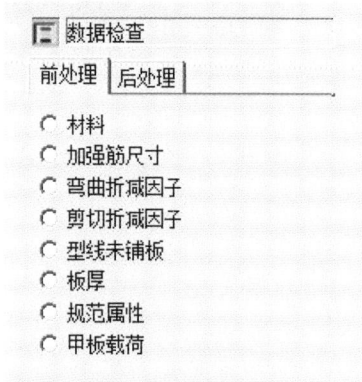

图4-14-1

注:此处模型检查功能对应界面中的前处理功能,界面中的后处理功能需要进行剖面计算后才能查看。

4.15　计算横剖面

进入方式：

(1)菜单—计算—运算—横剖面；

(2)在工具条中单击图标 。

操作步骤：

(1)在**弯矩剪力**界面中的编辑框中填入相应数值(图4-15-1)。

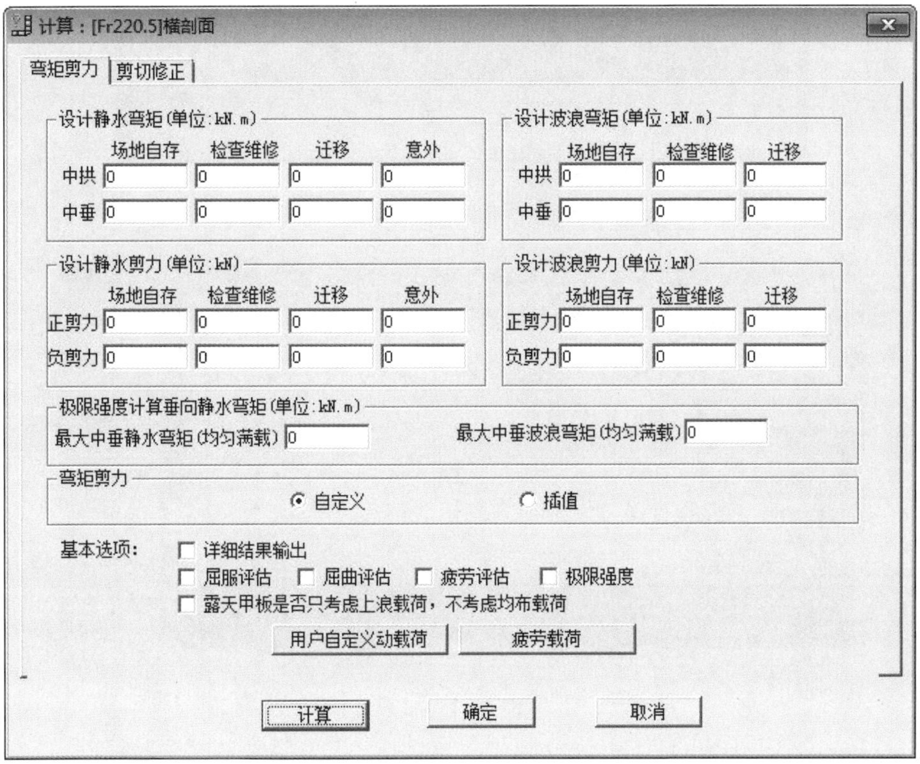

图4-15-1

①设计静水弯矩(场地自存、检查维修、迁移、意外情况下的中拱和中垂)。

②设计波浪弯矩(场地自存、检查维修、迁移情况下的中拱和中垂)。

③设计静水剪力(场地自存、检查维修、迁移、意外情况下的中拱和中垂最大正剪力和最小负剪力)。

④设计波浪剪力(场地自存、检查维修、迁移情况下的最大正剪力和最小负剪力)。

⑤极限强度计算垂向静水弯矩(最大中垂静水弯矩(均匀满载)和最大中垂波浪弯矩(均匀满载))。

⑥点击"**用户自定义动载荷**"按钮,进入**用户自定义动载荷工况**界面,输入动载荷工况信息,包含作业模式及对应吃水标识和吃水值数据,界面如图4-15-2所示。选中任一动载荷工况,点击"**详情**"按钮,即可进入**用户自定义动载荷**输入界面,如图4-15-3所示,即

可输入当前工况下的用户直接预报动载荷。

⑦点击"**疲劳载荷**"按钮,输入各个吃水对应的疲劳载荷数据,界面如图 4 – 15 – 4 所示。

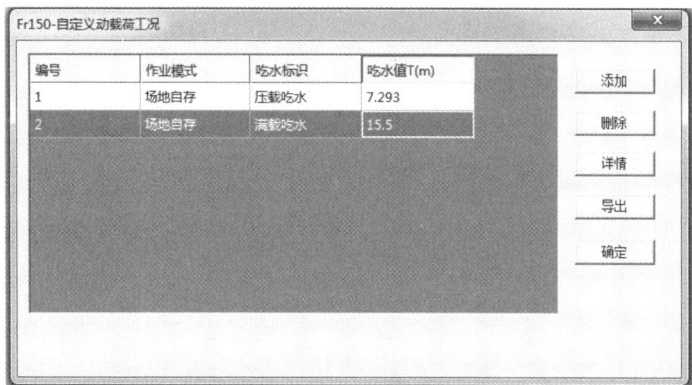

图 4 – 15 – 2

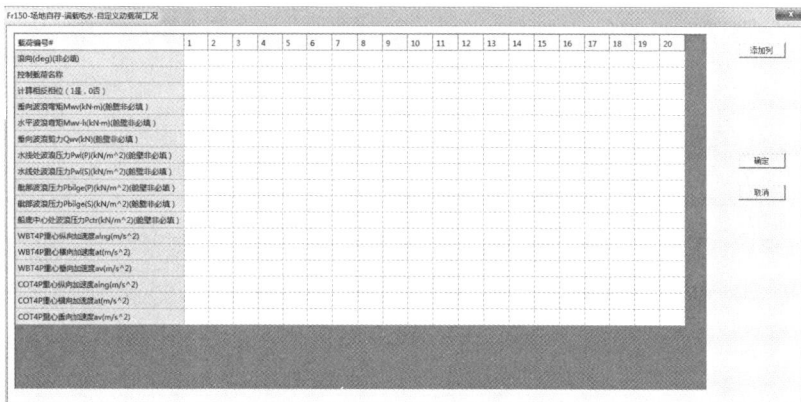

图 4 – 15 – 3

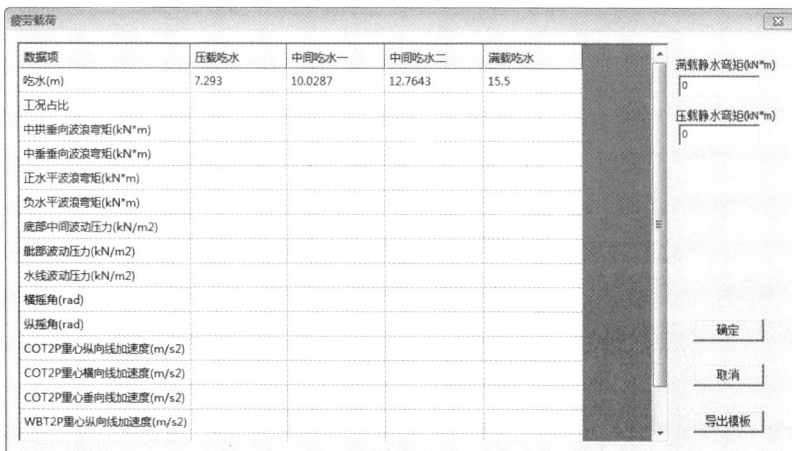

图 4 – 15 – 4

（2）若建模剖面需要进行剪力修正,点击**剪切修正**选项卡,输入图4-15-5所示相关数据。

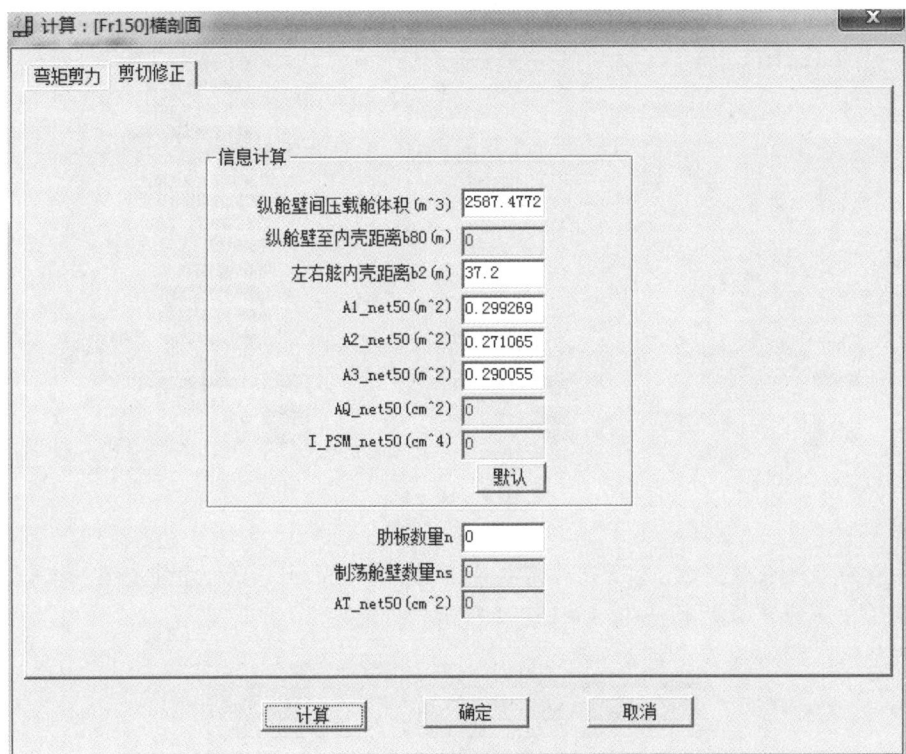

图4-15-5

（3）返回**弯矩剪力**界面,设置输出基本选项:详细结果输出、屈服评估、屈曲评估、疲劳评估以及极限强度及露天甲板是否只考虑上浪载荷,不考虑均布载荷,可多选。

（4）单击"**确定**"按钮,关闭保存,但不计算;单击"**取消**"按钮,关闭不保存;单击"**计算**"按钮,关闭保存并计算。

4.16　数据后处理

功能描述:对横剖面进行后处理数据检查。

进入方式:打开任意剖面视图,单击视图工具栏 图标,进行横剖面的数据后处理检查。

操作步骤:

（1）打开剖面编辑视图界面。

（2）单击视图工具栏 图标,显示数据检查界面(图4-16-1),根据所选检查内容,系统左侧视图会通过颜色显示各项数据。

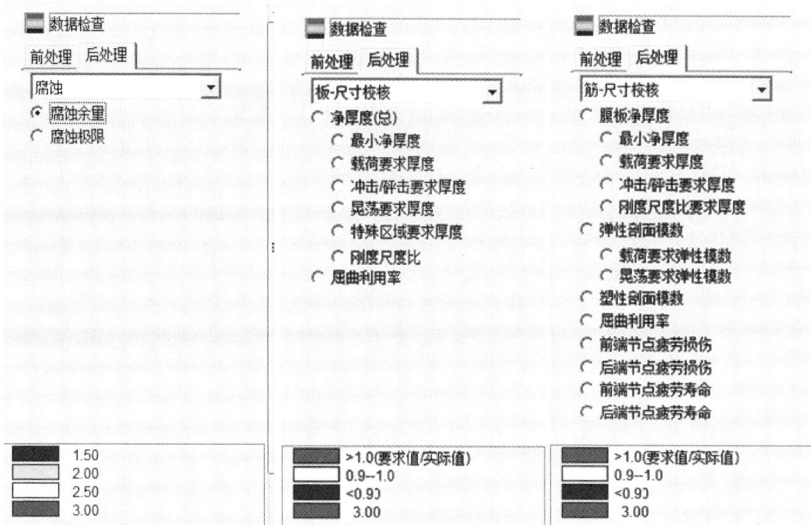

图 4 – 16 – 1

注:查看后处理数据时,必须先对需要检查的剖面进行计算后,才能查看,如果没有计算过,会给出未计算的提示,如图 4 – 16 – 2 所示。

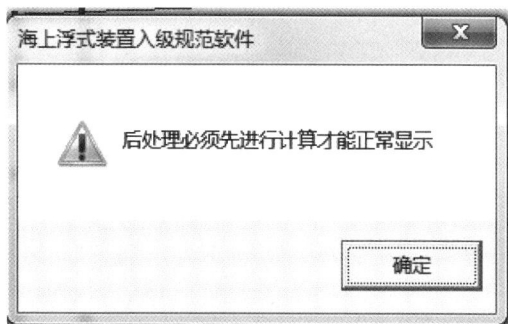

图 4 – 16 – 2

4.17　剖面极限强度校核

进入方式:菜单—计算—运算—剖面极限强度,弹出对话框,提示极限强度计算完成,点击"确定"按钮,弹出剖面极限强度校核结果。

结果界面:如图 4 – 17 – 1 所示。

(1)静水弯矩:完整条件下船体梁横剖面在中拱或中垂工况下的设计静水弯矩。

(2)波浪弯矩:完整条件下船体梁横剖面在中拱或中垂工况下的垂向波浪弯矩。

(3)Mu:所考虑的船体梁横剖面的极限弯曲能力。

(4)利用率:利用率 =(静水弯矩 + γW * 波浪弯矩)/(极限弯矩/γR)。

(5)是否满足:若利用率≤1.0,则满足;否则不满足。

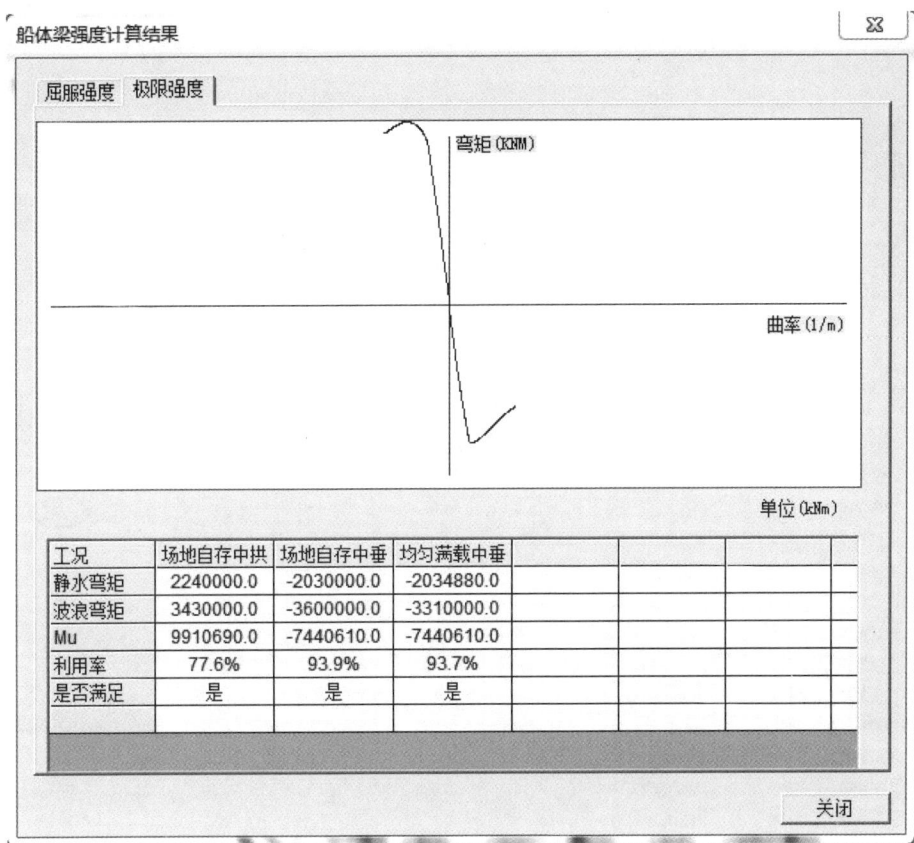

图 4 – 17 – 1

图 4 – 17 – 1 的上部显示了弯矩随曲率的变化。

4.18　计算报告输出

进入方式：

(1)**菜单—计算—报告预览；**

(2)在工具条中单击图标 ▤ 。

计算报告包括封面、目录、图、基础数据、横剖面、横舱壁结构尺寸和进水工况下双层底能力和货舱许用装载评估八个部分，报告计算结果内容只列出了最危险的工况，对于不满足规范要求的采用红色斜体输出(画圈部分)(图 4 – 18 – 1)。

计算报告操作界面：如图 4 – 18 – 2 所示。

▤：保存当前报告，将报告保存为 XML 文件。

▤ ▾：将当前报告以一个新文件名保存，将报告保存为 XML 文件。

🖨：打印报告，可直接打印成纸制文档，也可将其输出成 PDF 电子文档。

📇:左侧对象浏览(缩略图)。

⊕:放大。

⊖:缩小。

→ ←:上下翻页。

| 118 % ▼ |:定义/修改显示比例。

| 1 - 35 ▼ |:定位。

COMPASS-STRUCTURE-FPSO-SDP 计算报告

构件名称	EPP编号	tas-built	tvol-add	tcorr	toff-net	tr-net	决定要求	是否满足
内舷侧板_10_Y18600	内舷侧板10_134	14.0	0.0	2.0	12.0	12.0	DLS	是
内舷侧板_10_Y18600	内舷侧板10_135	14.0	0.0	2.0	12.0	12.0	DLS	是
内舷侧板_11_Y18600	内舷侧板11_136	13.5	0.0	2.0	11.5	12.0	DLS	否
内舷侧板_11_Y18600	内舷侧板11_137	13.5	0.0	2.0	11.5	11.5	DLS	是
内舷侧板_11_Y18600	内舷侧板11_138	13.5	0.0	2.0	11.5	11.5	DLS	是
内舷侧板_11_Y18600	内舷侧板11_139	13.5	0.0	2.0	11.5	11.0	DLS	是
内舷侧板_11_Y18600	内舷侧板11_140	13.5	0.0	2.0	11.5	10.5	DLS	是
内舷侧板_12_Y18600	内舷侧板12_141	12.5	0.0	2.0	10.5	10.5	DLS	是
内舷侧板_12_Y18600	内舷侧板12_142	12.5	0.0	2.0	10.5	10.5	DLS	是
内舷侧板_12_Y18600	内舷侧板12_143	12.5	0.0	2.0	10.5	10.0	DLS	是
内舷侧板_12_Y18600	内舷侧板12_144	12.5	0.0	2.0	10.5	9.5	DLS	是
内舷侧板_12_Y18600	内舷侧板12_145	12.5	0.0	2.0	10.5	9.5	DLS	是
内舷侧板_13_Y18600	内舷侧板13_146	12.0	0.0	2.0	10.0	9.5	DLS	是
内舷侧板_13_Y18600	内舷侧板13_147	12.0	0.0	2.0	10.0	9.0	最小	是
内舷侧板_13_Y18600	内舷侧板13_148	12.0	0.0	2.0	10.0	9.0	最小	是

图 4 – 18 – 1

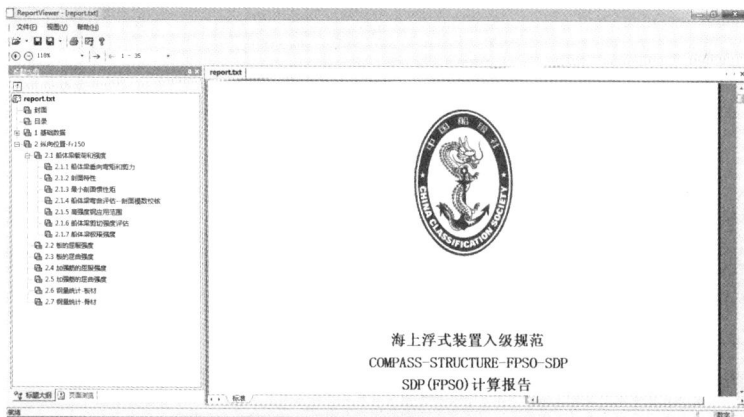

图 4 – 18 – 2

4.19 详细输出文件

详细报告包括所有的计算结果数据,文件采用文本格式,放置在模型所在盘:\工程文件夹\工程名_result 文件夹\横剖面\MidDetailOutput 文件夹下,包括板格和骨材的压力、局部强度、屈曲以及纵骨疲劳计算结果等(图 4 - 19 - 1)。

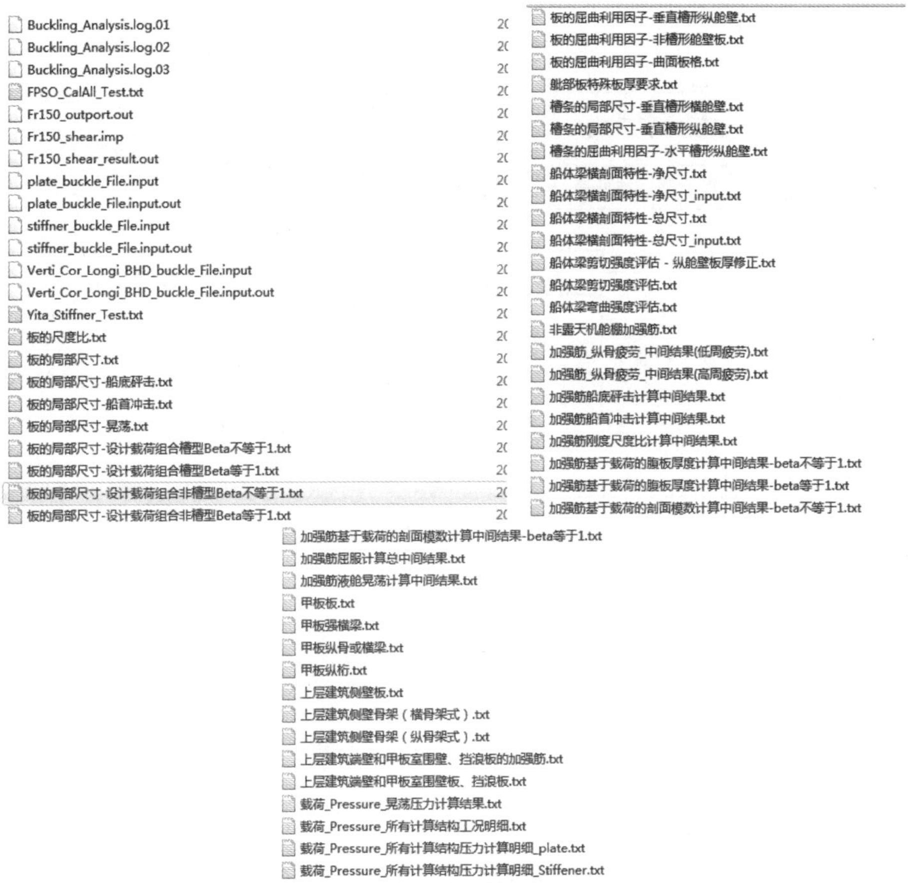

- Buckling_Analysis.log.01
- Buckling_Analysis.log.02
- Buckling_Analysis.log.03
- FPSO_CalAll_Test.txt
- Fr150_outport.out
- Fr150_shear.imp
- Fr150_shear_result.out
- plate_buckle_File.input
- plate_buckle_File.input.out
- stiffner_buckle_File.input
- stiffner_buckle_File.input.out
- Verti_Cor_Longi_BHD_buckle_File.input
- Verti_Cor_Longi_BHD_buckle_File.input.out
- Yita_Stiffner_Test.txt
- 板的尺度比.txt
- 板的局部尺寸.txt
- 板的局部尺寸-船底砰击.txt
- 板的局部尺寸-船首冲击.txt
- 板的局部尺寸-晃荡.txt
- 板的局部尺寸-设计载荷组合槽型Beta不等于1.txt
- 板的局部尺寸-设计载荷组合槽型Beta等于1.txt
- 板的局部尺寸-设计载荷组合非槽型Beta不等于1.txt
- 板的局部尺寸-设计载荷组合非槽型Beta等于1.txt

- 板的屈曲利用因子-垂直槽形舱壁.txt
- 板的屈曲利用因子-非槽形舱壁板.txt
- 板的屈曲利用因子-曲面板格.txt
- 舭部板特殊板厚要求.txt
- 槽条的局部尺寸-垂直槽形横舱壁.txt
- 槽条的局部尺寸-垂直槽形舱壁.txt
- 槽条的屈曲利用因子-水平槽形舱壁.txt
- 船体梁横剖面特性-净尺寸.txt
- 船体梁横剖面特性-净尺寸_input.txt
- 船体梁横剖面特性-总尺寸.txt
- 船体梁横剖面特性-总尺寸_input.txt
- 船体梁剪切强度评估 - 纵舱壁板厚修正.txt
- 船体梁剪切强度评估.txt
- 船体梁弯曲强度评估.txt
- 非露天机舱棚加强筋.txt
- 加强筋_纵骨疲劳_中间结果(低周疲劳).txt
- 加强筋_纵骨疲劳_中间结果(高周疲劳).txt
- 加强筋船底砰击计算中间结果.txt
- 加强筋船首冲击计算中间结果.txt
- 加强筋刚度尺度比计算中间结果.txt
- 加强筋基于载荷的腹板厚度计算中间结果-beta不等于1.txt
- 加强筋基于载荷的腹板厚度计算中间结果-beta等于1.txt
- 加强筋基于载荷的剖面模数计算中间结果-beta不等于1.txt

下栏:
- 加强筋基于载荷的剖面模数计算中间结果-beta等于1.txt
- 加强筋屈服计算总中间结果.txt
- 加强筋液舱晃荡计算中间结果.txt
- 甲板板.txt
- 甲板强横梁.txt
- 甲板纵骨或横梁.txt
- 甲板纵桁.txt
- 上层建筑侧壁板.txt
- 上层建筑侧壁骨架(横骨架式).txt
- 上层建筑侧壁骨架(纵骨架式).txt
- 上层建筑端壁和甲板室围壁、挡浪板的加强筋.txt
- 上层建筑端壁和甲板室围壁板、挡浪板.txt
- 载荷_Pressure_晃荡压力计算结果.txt
- 载荷_Pressure_所有计算结构工况明细.txt
- 载荷_Pressure_所有计算结构压力计算明细_plate.txt
- 载荷_Pressure_所有计算结构压力计算明细_Stiffener.txt

图 4 - 19 - 1

第5章 横舱壁模型建立与计算

横舱壁建模及分析流程如图5-0-1所示。

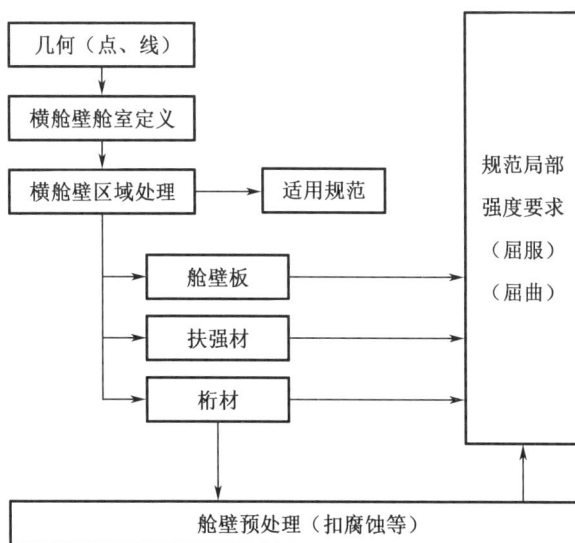

图5-0-1

5.1 添加一个新的横舱壁

进入方式：

（1）**工程树—横舱壁—添加一个横舱壁；**

（2）在工具条中单击**添加一个横舱壁**图标▥。

操作界面： 如图5-1-1所示。

操作步骤：

（1）**新建**选项卡：

①在**名称**编辑栏中键入新建横舱壁名称。

②在**肋位号**编辑栏中键入该横舱壁所在的肋位号，系统将根据肋位表自动在**距尾垂线距离（m）**编辑栏中给出该横舱壁纵向距船中的距离。

③在**扶强材间距（mm）**编辑栏中输入纵骨间距，该值将作为新建骨材间距的默认值，建议输入分布最多的一类。

④在**扶强材跨距（mm）**编辑栏中输入纵骨跨距，该值将作为新建骨材跨距的默认值，建议输入分布最多的一类。

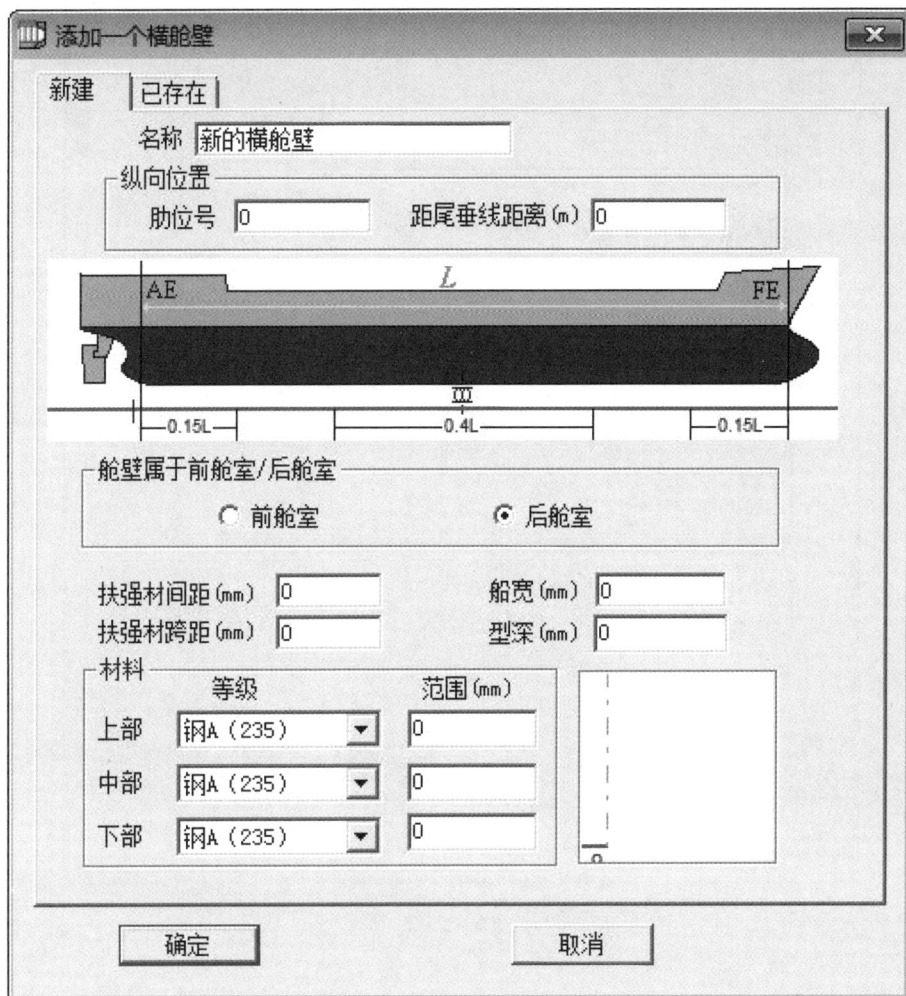

图 5-1-1

⑤系统自动根据船舶主尺度界面中输入的信息在横舱壁船宽编辑栏给出船宽,在横舱壁型深编辑栏给出型深。若当前剖面船宽/甲板边线高度不同于型宽/型深,则按实际输入。

⑥系统自动根据材料界面中输入的信息在材料栏中给出船用钢材料等级沿型深方向的分布,用户可进行再编辑。

⑦完成输入后单击"确定"按钮,系统自动保存结果,进入横舱壁向导界面;单击"取消"按钮,放弃保存,退出该界面。

(2)已存在选项卡:复制一个已存在的横舱壁,然后在此横舱壁上进行修改,快速生成新的横舱壁,如图 5-1-2 所示。

①在项目栏中选择已存在的项目,在横剖面栏中自动显示该项目中所有的横舱壁。选择将复制的横舱壁,项目和横舱壁都不可多选。

②单击"确定"按钮,弹出对话框,如图 5-1-3 所示,再单击"确定"按钮,复制该横舱壁并退出界面,复制成功。

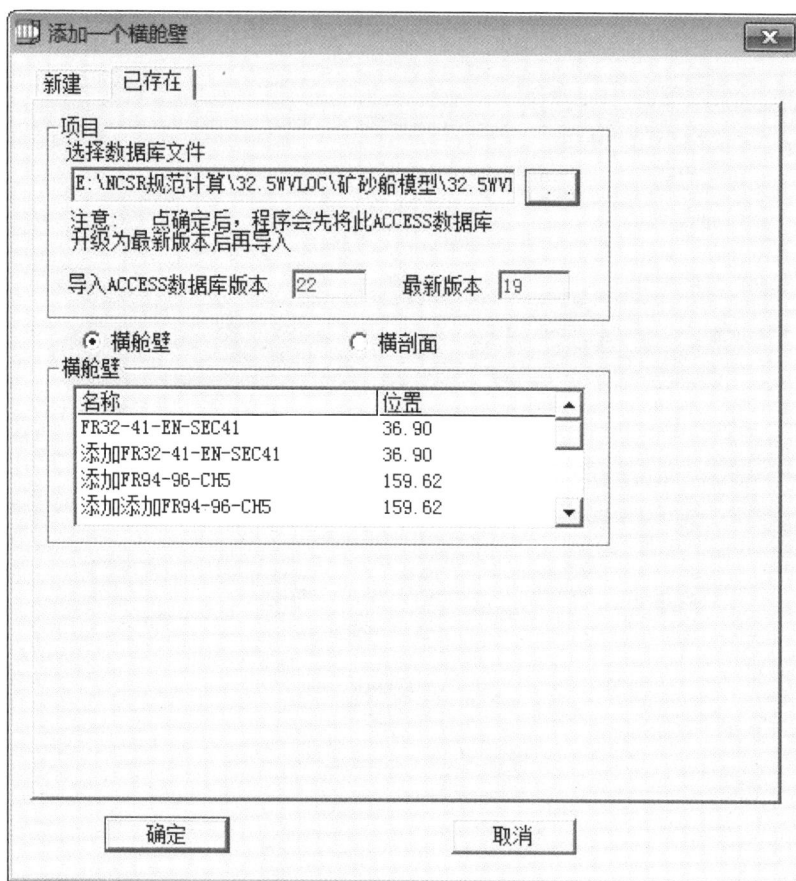

图 5-1-2

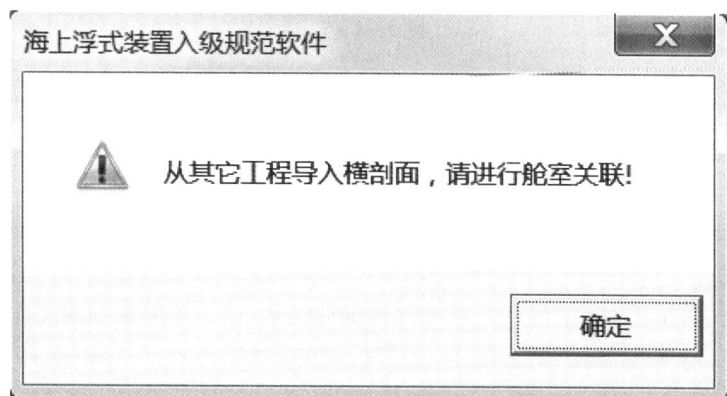

图 5-1-3

注:
①选择"已存在"时,应确保选取的模板横剖面或横舱壁已经保存。
②通过"复制已存在的横剖面"创建生成的新的横剖面的名称由系统自动生成,用户可

以点击工程属性按钮 ⊞ 修改名称。

③用户对横剖面进行的操作(新建、修改等),只有在单击界面主菜单栏中的"文件"菜单项中的"保存工程"时,才能进行横剖面信息的保存。

④从本工程内导入剖面的时候,保留剖面舱室关联信息。

⑤从其他工程导入剖面的时候,不保留剖面舱室关联信息,提示用户进行舱室关联。

横舱壁的工具条:如图5-1-4所示。

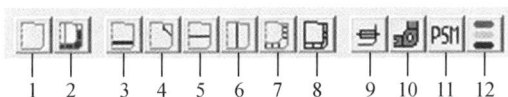

1—甲板和外壳;2—舱室关联;3—内底板,内壳板;4—顶边舱;
5—舱内甲板;6—纵向舱壁;7—双层底纵桁和双舷侧纵桁;8—舱口围板;
9—纵向构件;10—横向构件;11—主要支撑构件;12—数据检查。

图5-1-4

5.2 创建横舱壁外壳型线

进入方式:

(1)在添加一个横剖面界面单击"确定"按钮,系统自动进入**横舱壁向导**界面;

(2)在工程树单击新建的横剖面,在工具条中单击**甲板和外壳**图标 ▢。

操作界面:如图5-2-1所示。

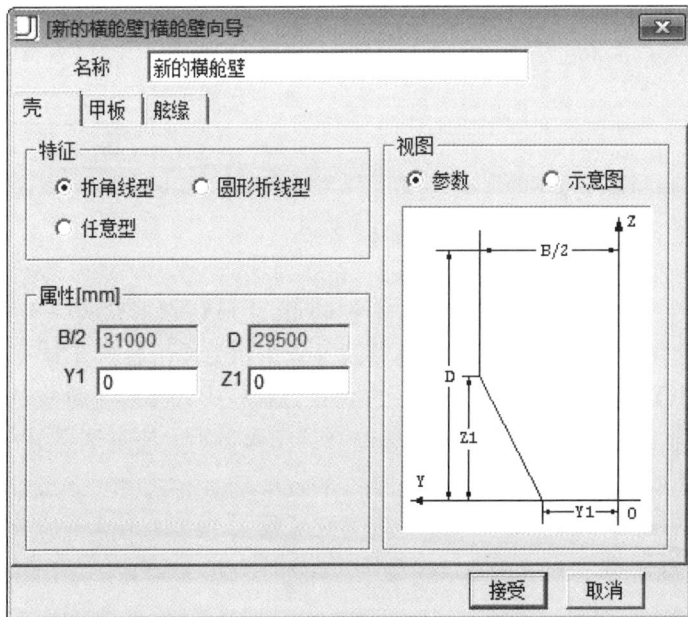

图5-2-1

操作步骤:

(1)单击"壳"选项卡(图 5 – 2 – 1),在**特征**选择栏中选择所建剖面对应的壳形式;在**属性**选择栏中输入控制参数;在**视图**中可以看到图形显示。

①折角线型(图 5 – 2 – 1)。

Y1:水平船底半宽。

Z1:舷侧斜边高度。

②圆形折线型(图 5 – 2 – 2)。

Y1:水平船底半宽。

Z1:舷侧斜边高度。

B0:舷侧斜边宽度。

H0:舭部升高。

R:舭部半径。

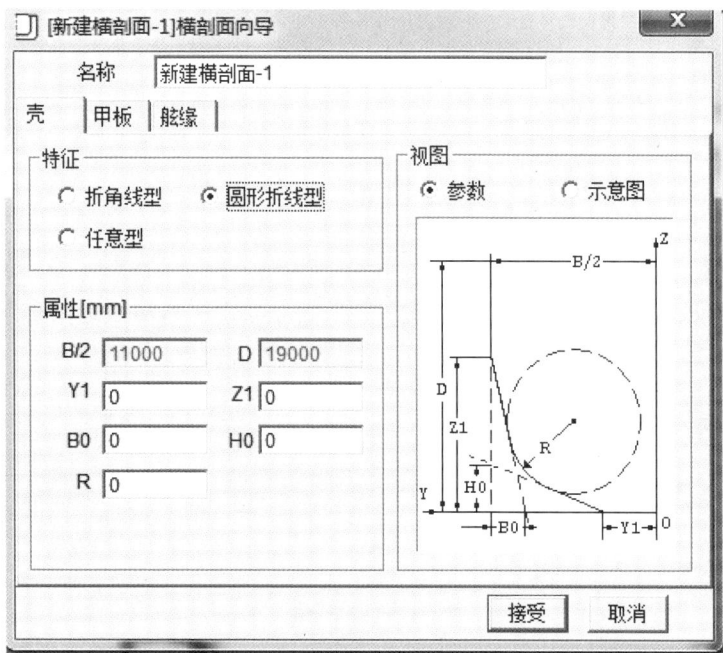

图 5 – 2 – 2

③任意型(图 5 – 2 – 3),通过输入若干控制点,生成任意形状的壳形式。可通过 c:\secprof. txt 数据文件导入控制点坐标,具体格式在点击相关按钮后会有提示。

(2)单击"甲板"选项卡(图 5 – 2 – 4),在**特征**选择栏中选择所建舱壁对应的甲板形式;在**属性**选择栏中输入控制参数;在**视图**中可以看到图形显示。注意这里显示的只是甲板的形式,舷缘的具体形式在下一步定义。

①折角线型(图 5 – 2 – 4)。

b/2:水平甲板半宽。

h:梁拱高度。

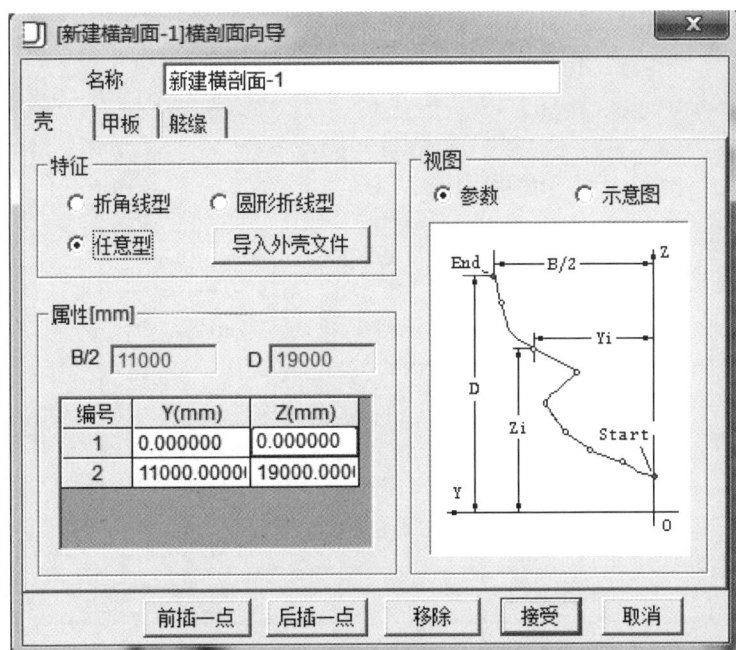

图 5 - 2 - 3

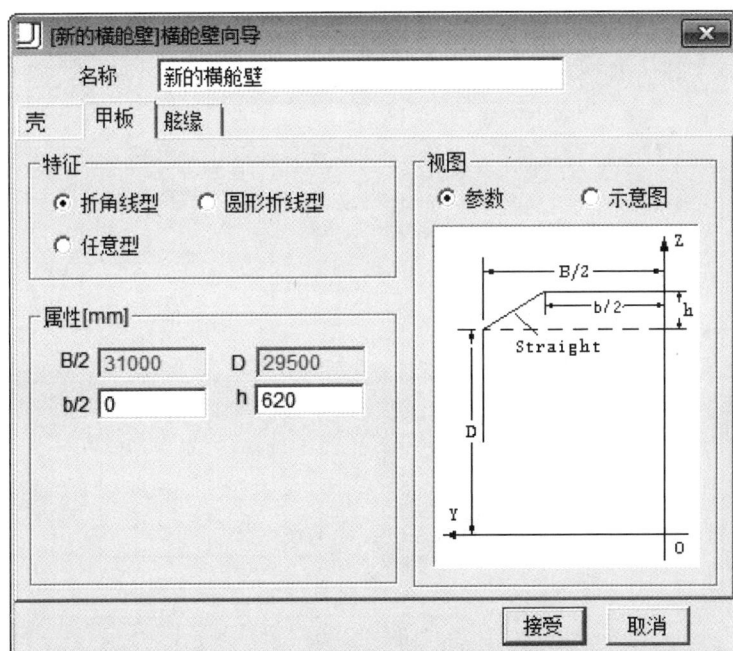

图 5 - 2 - 4

②圆形折线型(图 5 - 2 - 5)。

b/2:水平甲板半宽。

h:梁拱高度。

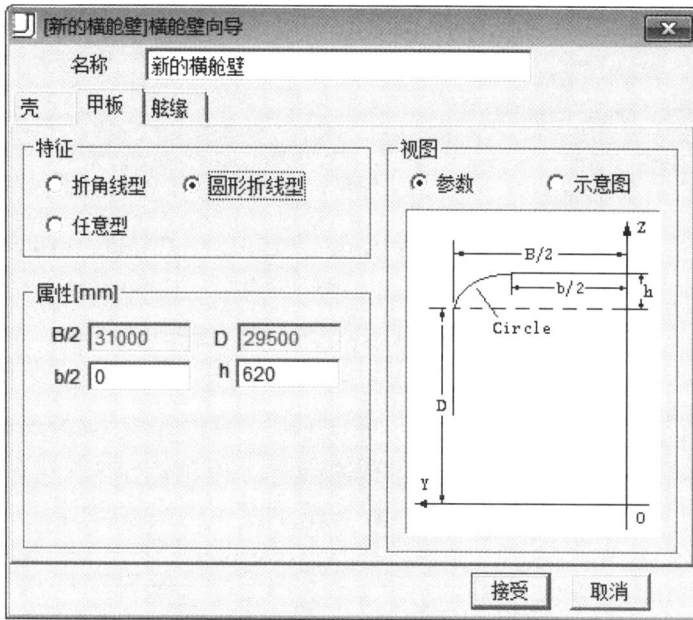

图 5 - 2 - 5

③任意型(图 5 - 2 - 6),通过输入若干控制点,生成任意形状的壳形式。

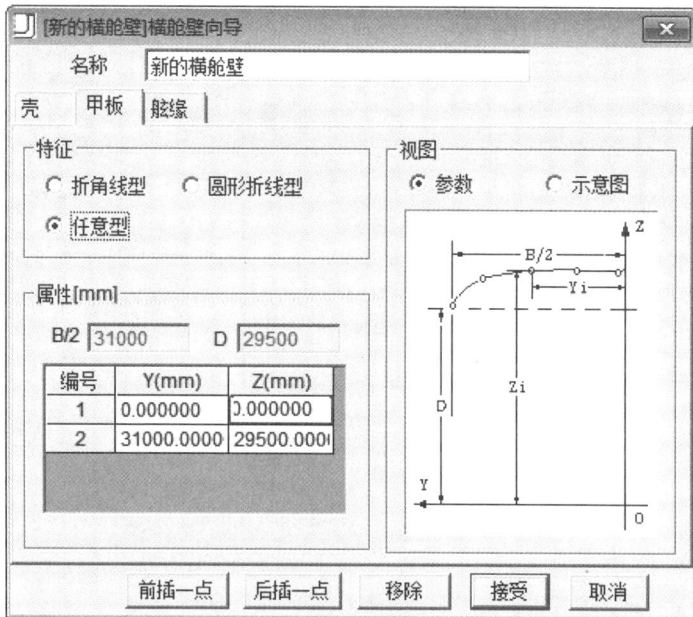

图 5 - 2 - 6

(3)单击"**舷缘**"选项卡(图 5 - 2 - 7),在**特征**选择栏中选择所建舱壁对应的舷缘形式;在**属性**选择栏中输入控制参数;在**视图**中可以看到图形显示。

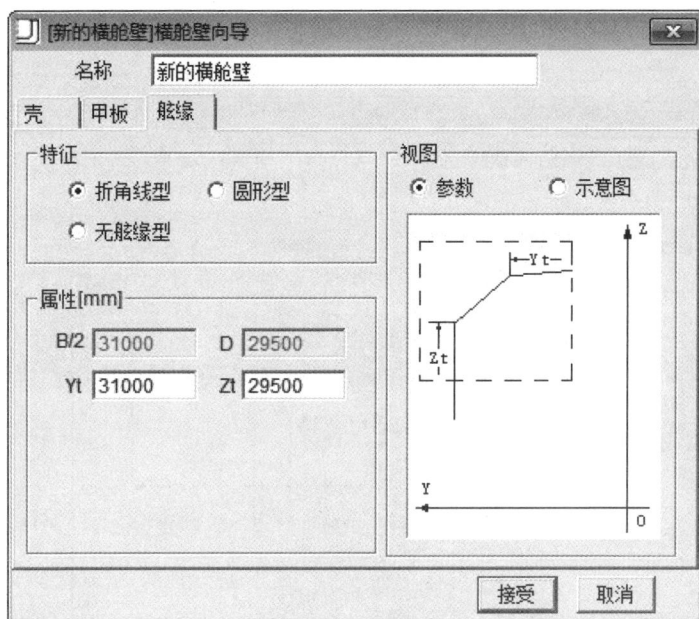

图 5 - 2 - 7

①折角线型(图5-2-7)。

Yt:折点距中纵剖线的距离。

Zt:折点距基线的距离。

②圆形型(图5-2-8)。

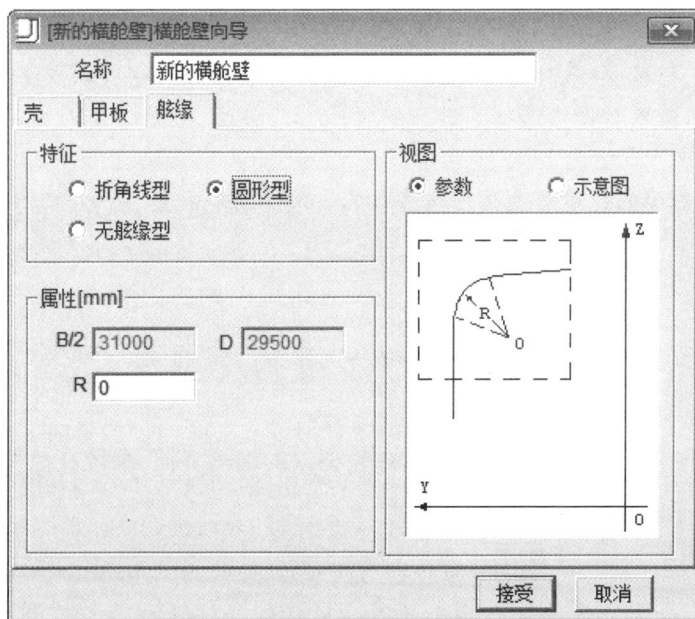

图 5 - 2 - 8

R:舷缘圆弧半径。

③无舷缘型(图5-2-9)。

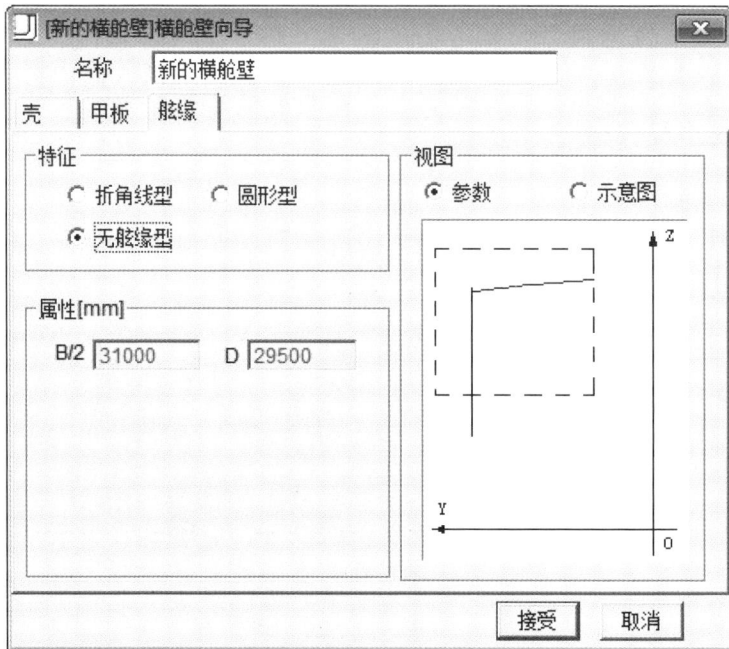

图5-2-9

注:

①删除外板型线可能导致模型损坏,因此不允许删除。但可使用删除点的方法编辑外板型线,用 进行编辑。

②在定义壳、甲板、舷缘时需注意:三个选项卡都定义好后,才可以点击"接受",进行保存,否则不能对未输入数据的选项卡进行编辑;点击"接受"之后不能对所有选项卡内容进行修改。

③壳、甲板、舷缘的显示都是在完成选项卡参数填写并点击"接受"之后,在视图区以图形方式显示。

5.3 创建横舱壁内壳型线

进入方式:选择绘图区 按钮,进入内壳型线的编辑界面,系统在绘图区域的左边显示内壳型线编辑子工具条。

操作界面:如图5-3-1所示。

操作步骤:

(1)根据实船情况,在内壳型线编辑子工具条中单击相应的按钮。

:平面内底板; :折角内底板; :内底板和内壳板; :内底板,内壳板和顶边舱；⬜:箱形Ⅰ(内底板＋内壳板)；⬜:箱形Ⅱ(内底板＋内壳板＋顶边舱)；⬜:任意形状。

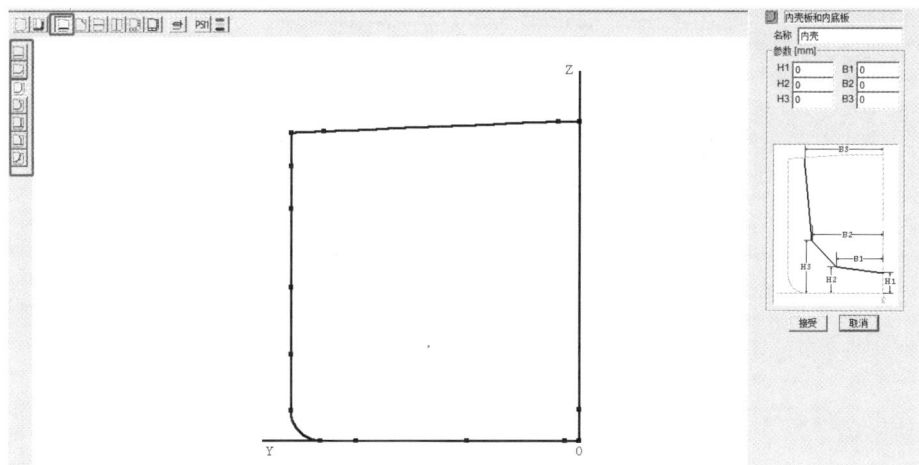

图 5 - 3 - 1

(2)在绘图区右侧输入相关的控制参数。(因参数在程序界面中有图示说明,较易理解,故略述)

(3)单击"**接受**"按钮,系统保存数据,退回原界面;单击"**取消**"按钮,放弃保存,退出该界面。

5.4　创建横舱壁顶边舱型线

进入方式: 单击 ⬜ 按钮,进入顶边舱的编辑界面,系统在绘图区域的左边出现顶边舱型线编辑子工具条。

操作界面: 如图 5 - 4 - 1 所示。

操作步骤:

(1)根据实船情况,在顶边舱型线编辑子工具条中单击相应的按钮。

⬜:典型顶边舱；⬜:具有平底的顶边舱；⬜:顶边舱；⬜:任意形顶边舱。

(2)在绘图区右侧输入相关的控制参数。(因参数在程序界面中有图示说明,较易理解,故略述)

(3)单击"**接受**"按钮,系统保存数据,退回原界面;单击"**取消**"按钮,放弃保存,退出该界面。

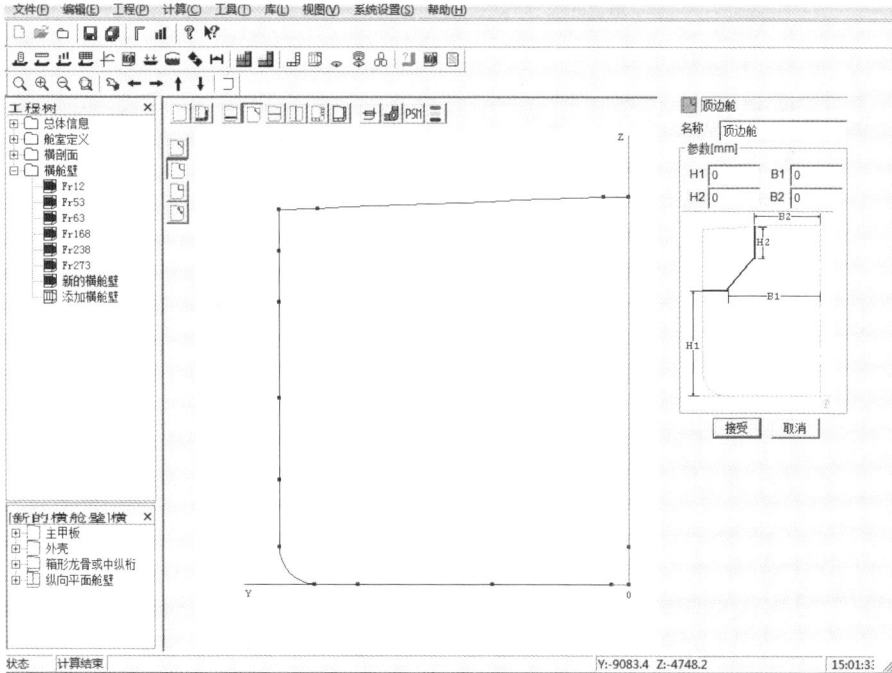

图 5 – 4 – 1

5.5 创建横舱壁舱内甲板型线

进入方式:单击 ▣ 按钮,进入中间甲板的编辑界面,系统在绘图区域的左边出现中间甲板型线编辑子工具条。

操作界面:如图 5 – 5 – 1 所示。

操作步骤:

(1)根据实船情况,在中间甲板型线编辑子工具条中单击相应的按钮。

▣:单壳船舱内甲板; ▣:双壳船舱内甲板; ▣:任意形舱内甲板。

(2)在绘图区右侧输入相关的控制参数。(参数说明见程序界面图示)

(3)单击"**接受**"按钮,系统保存数据,退回主界面;单击"**取消**"按钮,放弃保存,退出该界面。

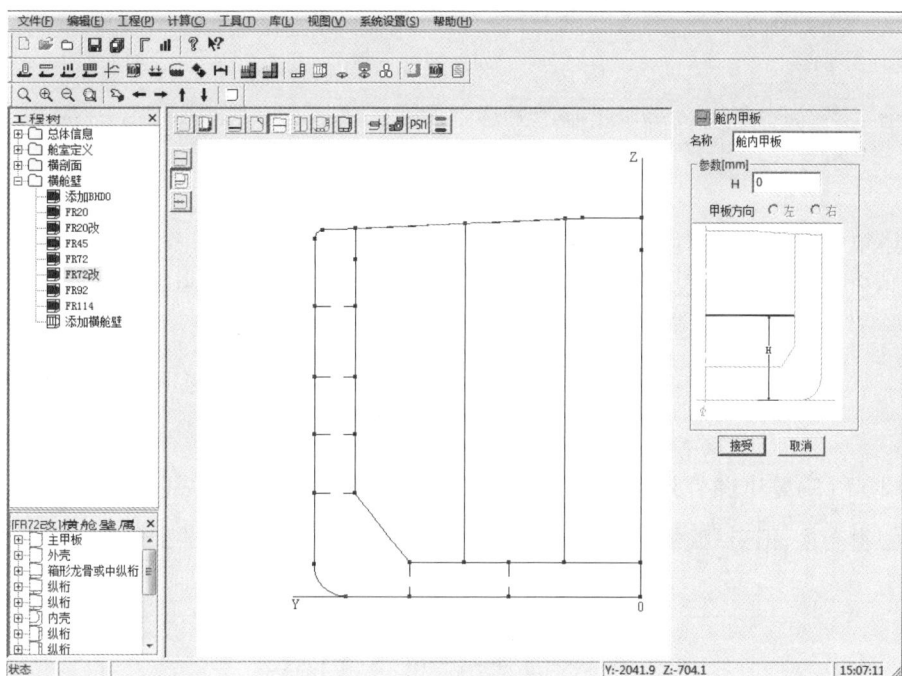

图 5 - 5 - 1

5.6　创建横舱壁纵向舱壁型线

进入方式：单击 ▯ 按钮，进入纵向舱壁的编辑界面，系统在绘图区域的左边显示纵向舱壁型线编辑子工具条。

操作界面：如图 5 - 6 - 1 所示。

操作步骤：

（1）根据实船情况，在纵向舱壁型线编辑子工具条中单击相应的按钮。

▯：单底平面纵舱壁；▯：双层底平面纵舱壁；▯：单底水平槽形纵舱壁；▯：双层底水平槽形纵舱壁；▯：双层底垂直槽形纵舱壁；▯：单底任意形状纵舱壁；▯：双层底任意形状纵舱壁。

（2）在绘图区右侧输入相关的控制参数。以创建双层底垂直槽形纵舱壁为例，如图 5 - 6 - 1 所示。（其他类型纵舱壁参数说明见程序界面图示）

Yb：垂直槽形纵舱壁的位置。

点击"**凳**"，可以设置凳的参数，如图 5 - 6 - 2 所示。

①St1：顶凳下封板的宽度。

②St2：顶凳斜板在 Y 轴上投影的长度。

③Ht：顶凳高度。

④A_dl：纵舱壁顶凳型线包围的横截面面积。

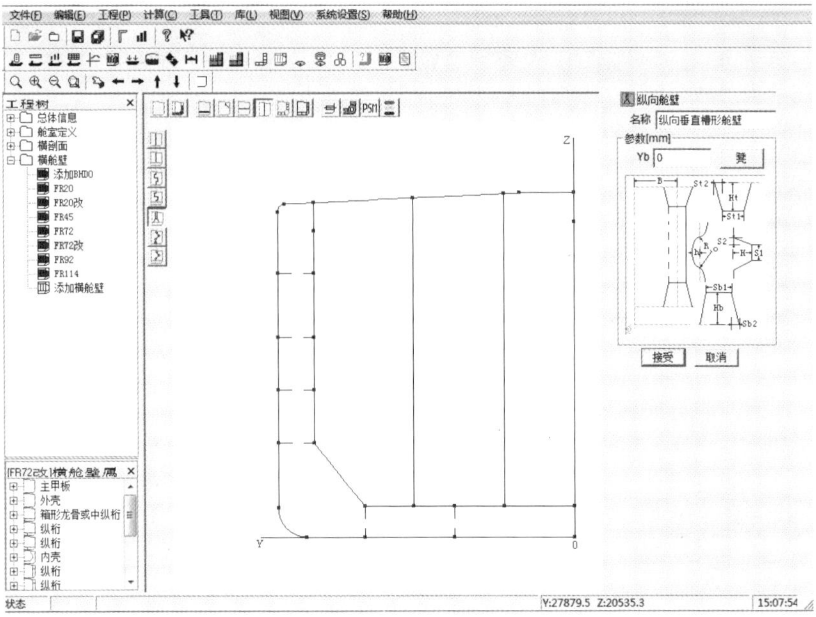
文件(F) 编辑(E) 工程(P) 计算(C) 工具(T) 库(L) 视图(V) 系统设置(S) 帮助(H)
工程树
总体信息
舱室定义
横剖面
横舱壁
添加BHD0
FR20
FR20改
FR45
FR72
FR72改
FR92
FR114
添加横舱壁
[FR72改]横舱壁属
主甲板
外壳
箱形龙骨或中纵桁
纵桁
纵桁
内壳
纵桁
纵桁
纵向舱壁
名称 纵向垂直槽形舱壁
参数[mm]
Yb 0
凳
接受
取消
状态
Y:27879.5 Z:20535.3
15:07:54

图 5 – 6 – 1

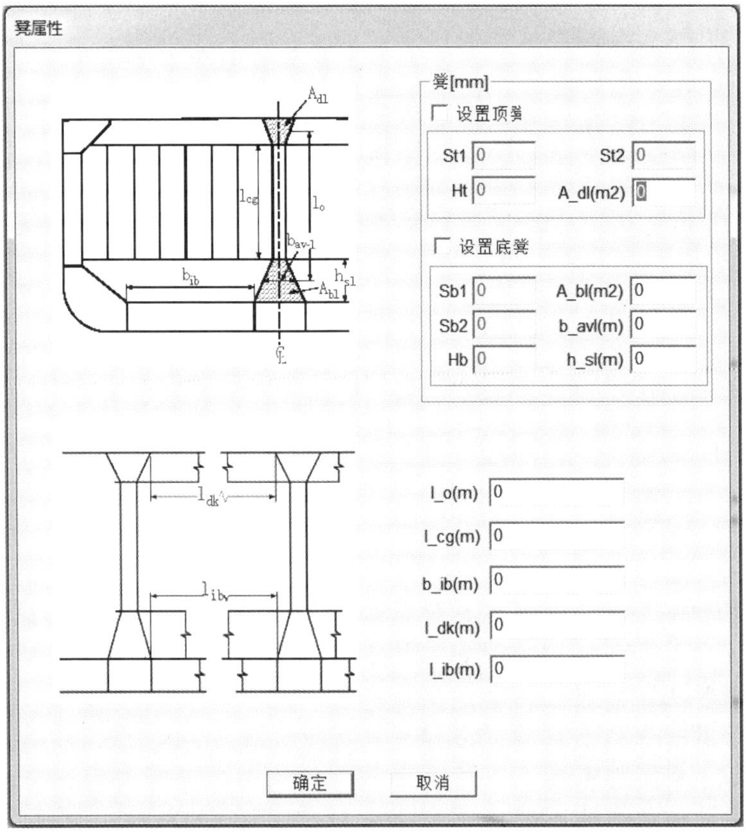
凳属性
凳[mm]
设置顶凳
St1 0
St2 0
Ht 0
A_dl(m2) 0
设置底凳
Sb1 0
A_bl(m2) 0
Sb2 0
b_avl(m) 0
Hb 0
h_sl(m) 0
l_o(m) 0
l_cg(m) 0
b_ib(m) 0
l_dk(m) 0
l_ib(m) 0
确定
取消

图 5 – 6 – 2

⑤Sb1:底凳上封板的宽度。

⑥Sb2:底凳斜板在 Y 轴上投影的长度。

⑦A_bl:纵舱壁底凳型线包围的横截面面积。

⑧b_avl:纵舱壁底凳平均宽度。

⑨h_sl:纵舱壁底凳高度。

⑩l_o:槽形有效弯曲跨距,从底凳高度中点或底端(无底凳时)至顶凳高度中点或顶端(无顶凳时)。

⑪l_cg:槽形长度,定义为底凳到顶凳的距离,或若无底凳/顶凳,则取到底端/顶端的距离。

⑫b_ib:底边舱之间或底边舱与底凳中心线之间,在内底平面处量取的货油舱宽度。

⑬l_dk:横舱壁顶凳之间或横舱壁槽条翼板(若横舱壁未设置顶凳)之间,在甲板平面处量取的货油舱长度。

⑭l_ib:横舱壁底凳之间在内底平面处量取的货油舱长度。

(3)单击"**确定**"按钮,系统保存数据,退回主界面;单击"**取消**"按钮,放弃保存,退出界面。

5.7　创建横舱壁双层底纵桁和双舷侧纵桁型线

进入方式:单击 ▢ 按钮,进入双层底纵桁和双舷侧纵桁的编辑界面,系统在绘图区域的左边出现双层底纵桁和双舷侧纵桁型线编辑子工具条。

操作界面:如图 5 – 7 – 1 所示。

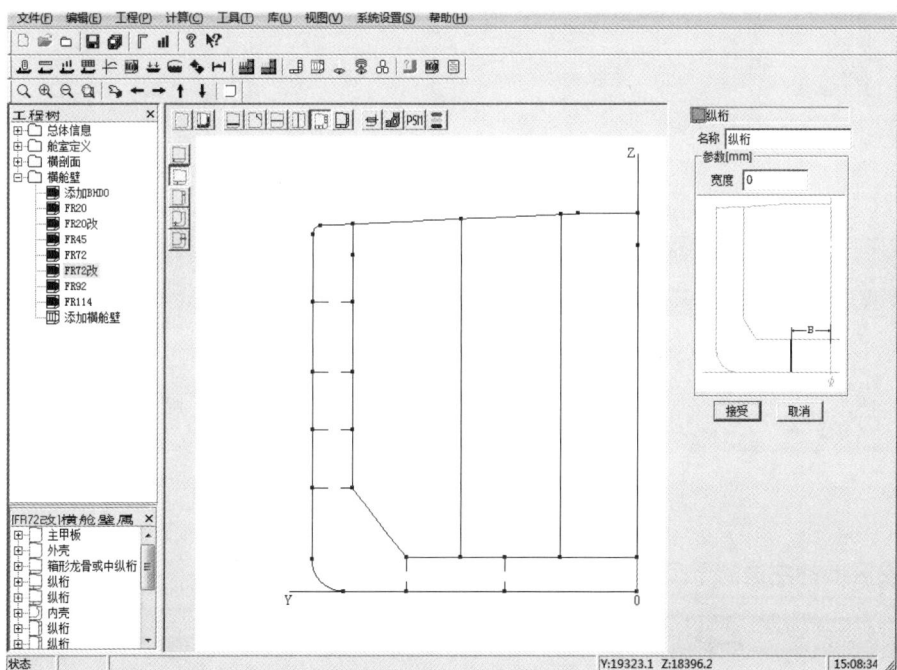

图 5 – 7 – 1

操作步骤:

(1)根据实船情况,在双层底纵桁和双舷侧纵桁型线编辑子工具条中单击相应的按钮。

![箱形龙骨按钮]:箱形龙骨;![双层底旁桁材按钮]:双层底旁桁材;![双舷侧纵桁按钮]:双舷侧纵桁;![任意形双层底纵桁按钮]:任意形双层底纵桁;![任意形双舷侧纵桁按钮]:任意形双舷侧纵桁。

(2)在绘图区右侧输入相关的控制参数。(参数说明见程序界面图示)

(3)单击"**接受**"按钮,系统保存数据,退回主界面;单击"**取消**"按钮,放弃保存,退出界面。

5.8 编辑与修改型线

进入方式:单击 ![按钮] 按钮,系统在绘图区域的左边出现子工具条。在子工具条中,单击 ![按钮] 按钮,鼠标变成按钮图标的形状。在绘图区鼠标处的型线自动变成红色,单击鼠标左键,则选定红色型线,系统自动进入该型线编辑界面。

操作界面:如图 5 - 8 - 1 所示。

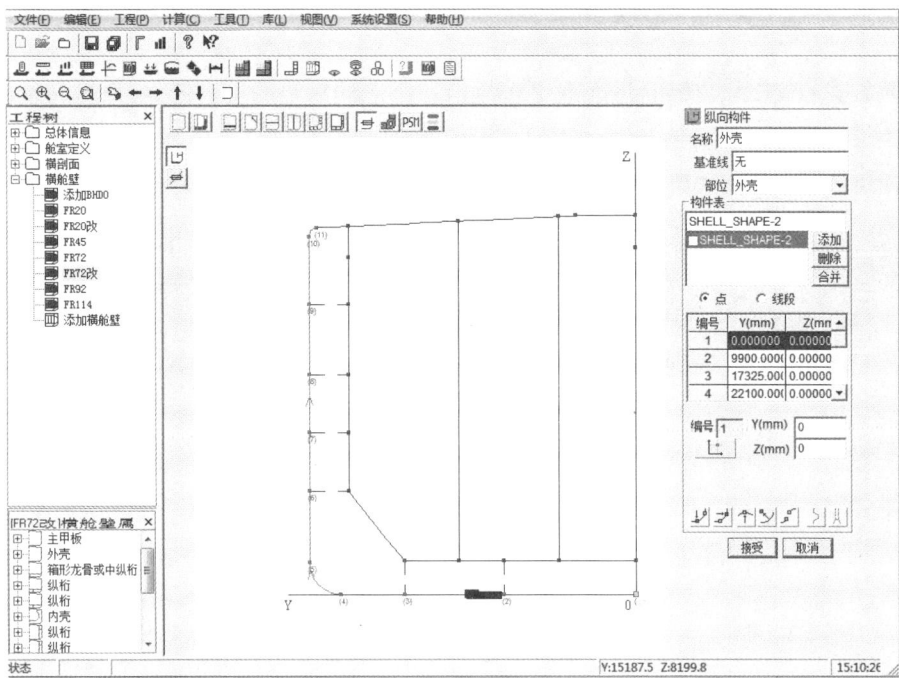

图 5 - 8 - 1

绘图区域的左边的子工具条:

![按钮]:选择构件; ![按钮]:选择型线。

操作步骤:

增加型线:

单击"**添加**"按钮,选中定位点1,单击"**移动点**"按钮 ，在Y、Z编辑框中输入定位点的坐标值,再次单击"**移动点**"按钮,系统自动在绘图区的(Y,Z)处生成该点,按此操作依次定义两个点,则可增加一条新的型线。若型线是由两个以上的点构成的,则可参考插入点操作,添加其他的点;若不能确定点的坐标值,单击"**移动点**"按钮,选中定位点1,用鼠标在绘图区单击需定位处,系统自动将点拖至该处,按此操作依次定义两个点。若添加两个以上的点,可参考插入点操作。

删除型线:

在**构件表**栏中选中要删除的型线,单击"**删除**"按钮,删除型线。(注:程序规定不能删除外板型线,所以此功能对外板型线操作无效)。确认操作成功单击"**确认**"按钮。

合并型线:

在**构件表**栏中选中两条要合并的相邻型线(选中其左边的单选框),按型线的箭头走向顺序选取型线,单击"**合并**"按钮,重复以上步骤可合并多条型线。

对选中的型线进行点操作:

(1)根据操作的需要,选择如下点操作按钮。

：前插入点按钮,在被选点前插入一新的点。

：后插入点按钮,在被选点后插入一新的点。

：移动点按钮,移动一被选点。

：删除点按钮,从直线上移除一点。

：拆分型线按钮,在一点处分开直线。

(2)根据需要输入新的点坐标。

：坐标点由屏幕上(Y,Z)点确定;

：坐标点由固定的Y值(例如Y=a直线)与型线相交确定;

：坐标点由固定的Z值(例如Z=b直线)与型线相交确定;

：坐标点是屏幕上已存在的节点。

(3)再次单击要操作的点操作按钮。

对选中的型线进行线段操作:

(1)单击**线段**单选框,出现如图5-8-2所示的操作界面。

(2)选中需进行修改的线段,可对其进行如下相关操作。

①类型:系统给出三种类型,即**直线**、**圆弧**、**开孔**,若要改变线段的几何属性,选中线段,在类型的下拉列表中选择相应类型。

②半径:若线段的几何属性是圆弧,可在此编辑框中填入该圆弧半径。

③规范:表示该结构在规范中相对应的位置。若系统自动给定的规范位置不符合用户要求,则可在规范的下拉列表中选择对应项。

注:当规范选择为"强力甲板"时,可指定该段甲板型线为"露天"或"非露天"。

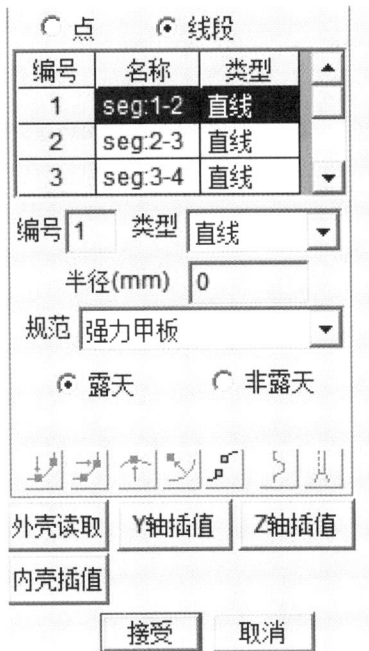

图 5 - 8 - 2

5.9 横舱壁舱室关联

进入方式:单击 ▥ 按钮,进入横舱壁舱室关联界面,关联该横舱壁的舱室布置情况。

操作界面:如图 5 - 9 - 1 所示。

操作步骤:

舱室关联:

(1)按住键盘上的 **Ctrl** 键,在绘图区选择需要关联的舱室(可多选)。

(2)系统会根据第 3 章舱室定义的输入数据在已关联舱室栏中自动显示该剖面所在舱室的关联情况,用户可在已关联舱室栏中选择舱室名称。

(3)单击按钮 ▤ ,完成一个舱室关联。重复步骤(1)到步骤(3)完成多个舱室关联。

(4)单击"**接受**"按钮,舱室关联完毕,系统保存结果,退出界面;单击"**取消**"按钮,系统放弃保存,退出界面。

注:

①在"横舱壁舱室关联"对话框打开时,不允许用户进行舱室定义,提示用户"请先退出横剖面舱室关联界面";

②"横舱壁舱室关联"对话框单击"接受"按钮时,直接将舱室关联信息保存到数据库。

删除舱室关联:

(1)在横舱壁舱室关联栏中选中需要删除的舱室关联。单击按钮 ▤ ,进行删除操作,可重复操作完成多项删除工作。

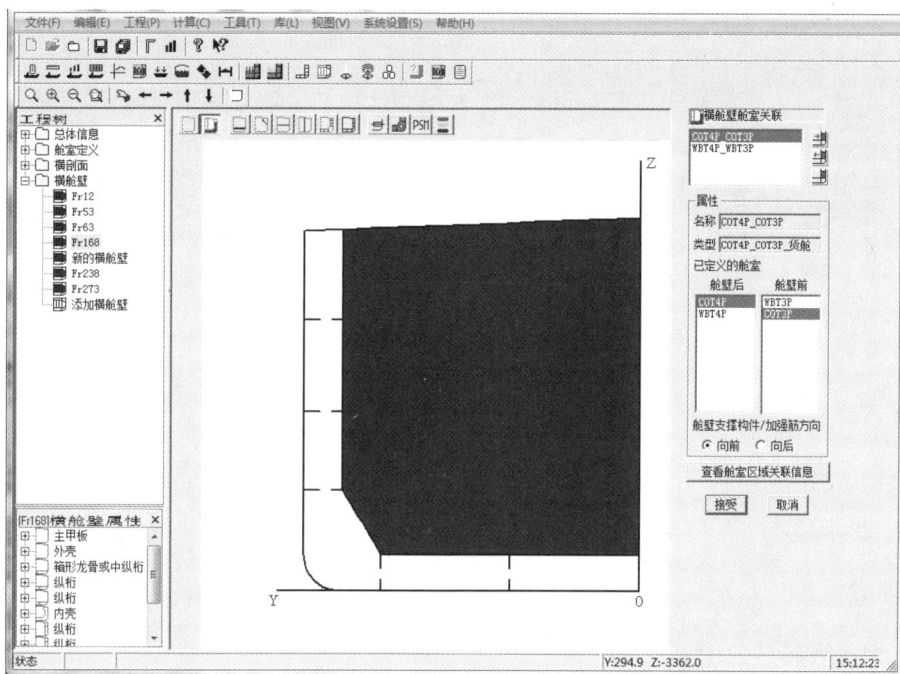

图 5 - 9 - 1

(2)单击"**接受**"按钮,系统保存结果,退出界面;单击"**取消**"按钮,系统放弃保存,退出界面。

修改舱室关联:

在横舱壁舱室关联栏中选中需要修改的舱室关联,单击按钮![button],操作步骤可参见关联舱室步骤(1)到步骤(3),重新编辑舱室关联。

5.10 布置横向构件

进入方式:单击![button]按钮,进入横向构件编辑界面。

绘图区域的左边的子工具条:

![button]:横向区域选择;![button]:横向区域编辑;![button]:横向板编辑;![button]:横向加强筋编辑;![button]:水平桁材编辑;![button]:垂直桁材编辑。

横向区域选择操作界面:如图 5 - 10 - 1 所示。

操作步骤:

选择横向区域:

鼠标点击右侧区域列表,对所要进行编辑的区域进行选择。

横向区域编辑操作界面:如图 5 - 10 - 2 所示。

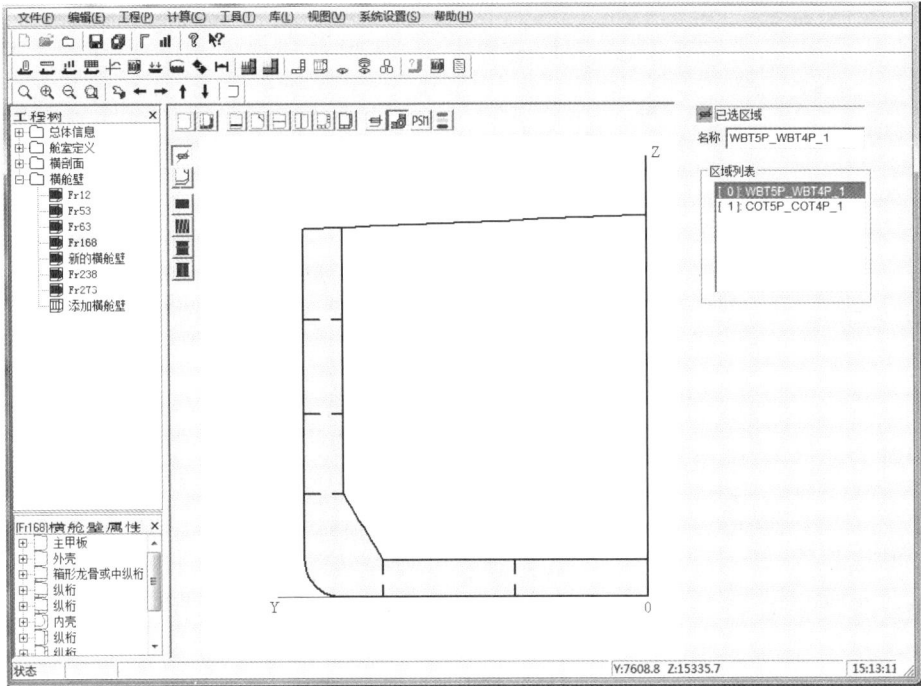

图 5 - 10 - 1

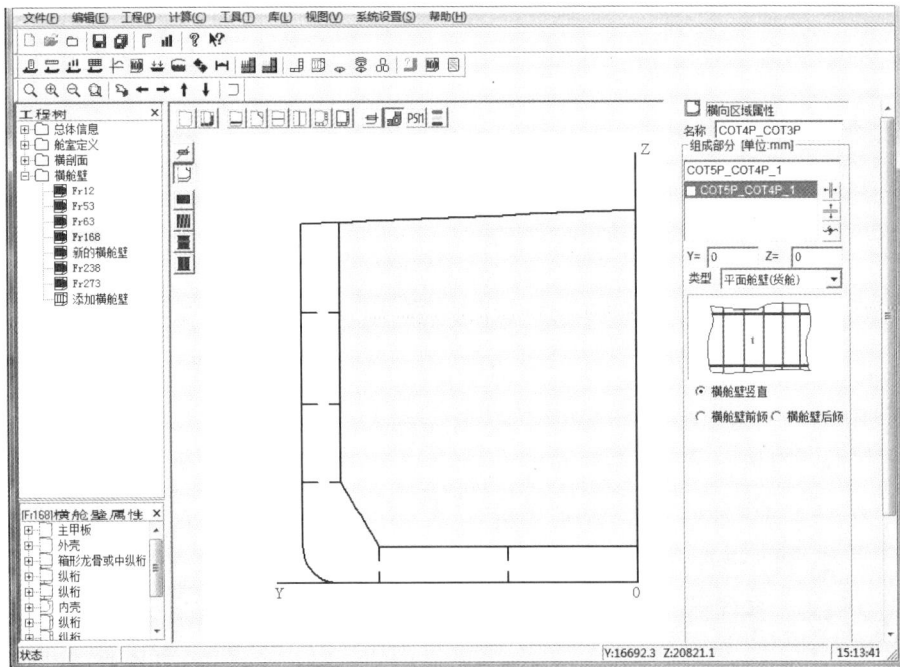

图 5 - 10 - 2

操作步骤：

划分横向区：

（1）：沿垂直方向分开被选区域。

（2）：沿水平方向分开被选区域。

（3）：合并两个被选区域。

（4）Y、Z值：所要划分区域的水平和垂直距离。

（5）类型：定义所划分各个区域的舱壁类型（平面舱壁（货舱）/水平槽形/垂直槽形/顶凳/底凳/双舷侧内横隔板/双层底实肋板/底边舱内横隔板/顶边舱内横隔板/其他位置）。

（6）若定义为水平槽形或垂直槽形需要进行槽条定义，如图 5 - 10 - 3 所示，在槽条定义界面需要选择有无卸货板/封槽板，需要输入起始点 y 坐标，如有卸货板，需输入卸货板倾角，还需要判断槽条副本是否被腹板支持，添加槽条并对槽条的相关数据进行定义或者选择对应的槽条进行删除。

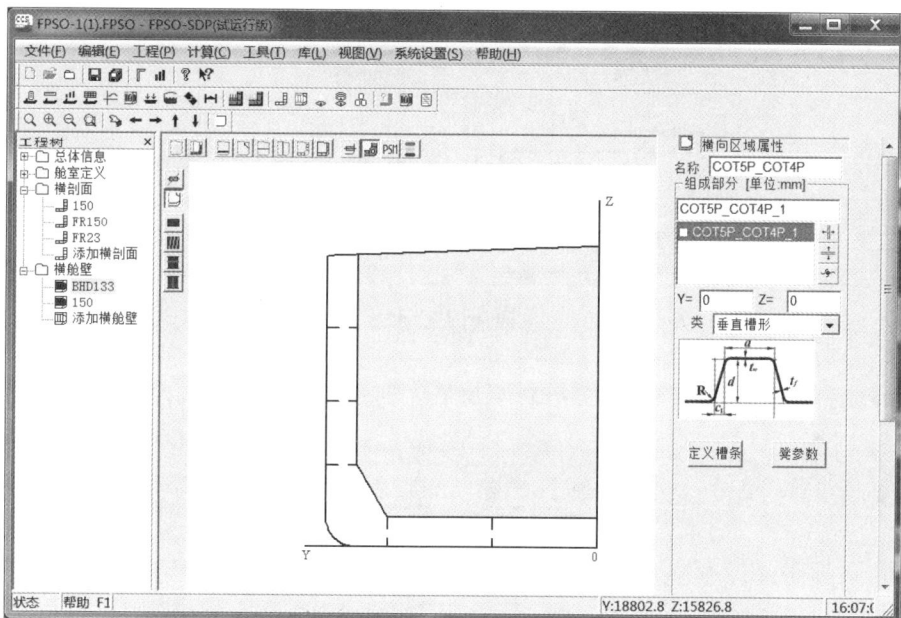

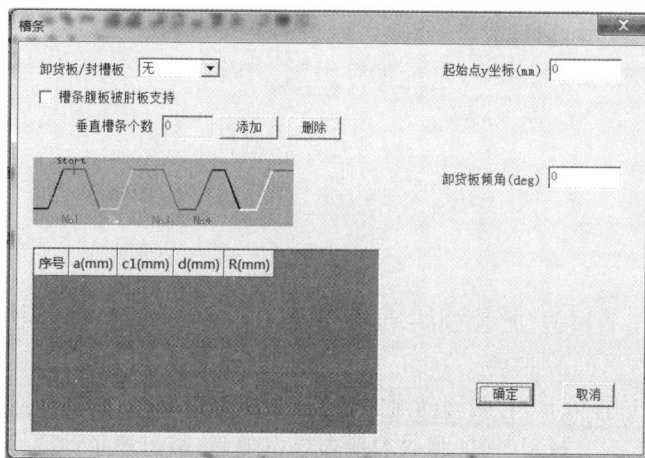

图 5 - 10 - 3

（7）若定义为顶底凳,则需要进行顶凳或底凳定义,如图 5 – 10 – 4 所示。

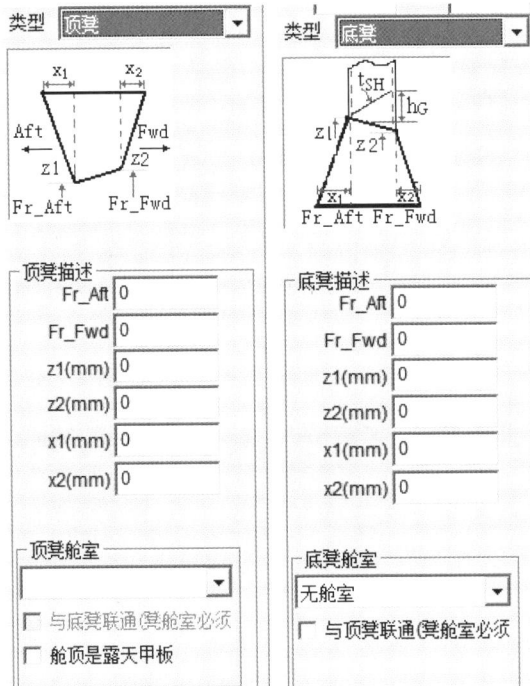

图 5 – 10 – 4

（8）若定义为双层底实肋板,需进行双层底实肋板相关数据定义,界面如图 5 – 10 – 5 所示。

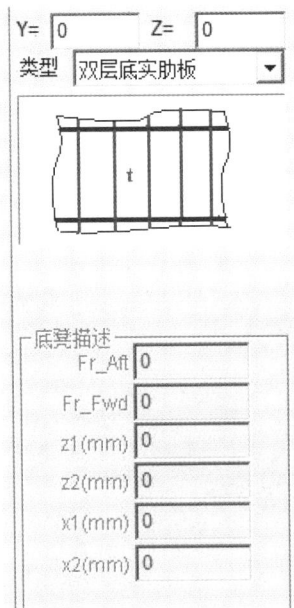

图 5 – 10 – 5

单击"**接受**"按钮,保存结果,退出横向区域编辑界面。

注:划分横向区域在选择类型下方有是否水密(或油密)和是否用作支柱选项,在定义完成后续进行选择。

横向板编辑操作界面:如图 5 – 10 – 6 所示。

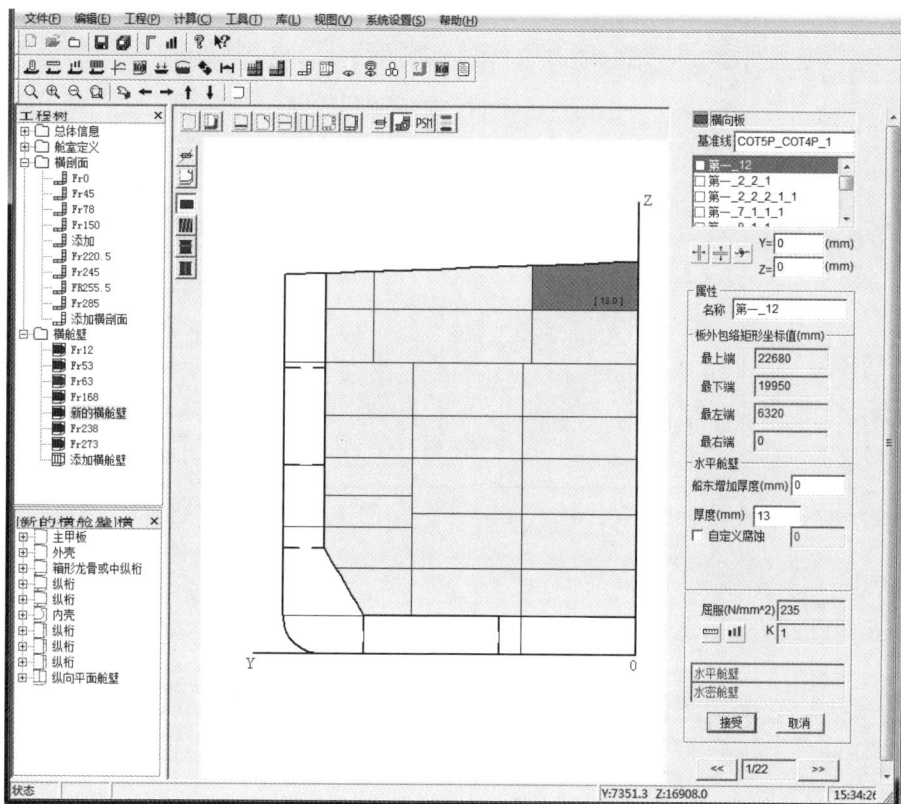

图 5 – 10 – 6

操作步骤:

划分横向板:

(1) ⊷⊩ :沿垂直方向分开被选区域。

(2) ⊥ :沿水平方向分开被选区域。

(3) ⇥ :合并两个被选区域。

(4)Y、Z 值:所要划分区域的水平和垂直距离。

(5)划分完横向板后输入船东增加厚度和厚度数据。

(6) ⅢⅠ :选择横向板属性。

划分完横向板后,单击"**接受**"按钮,保存结果,退出横向板编辑界面。

注:划分横向板时会出现不规则或者折线分割的情况,这类情况只能将其大致划分为多个矩形横向板作为有效替代。

横向加强筋编辑操作界面:如图 5 – 10 – 7 所示。

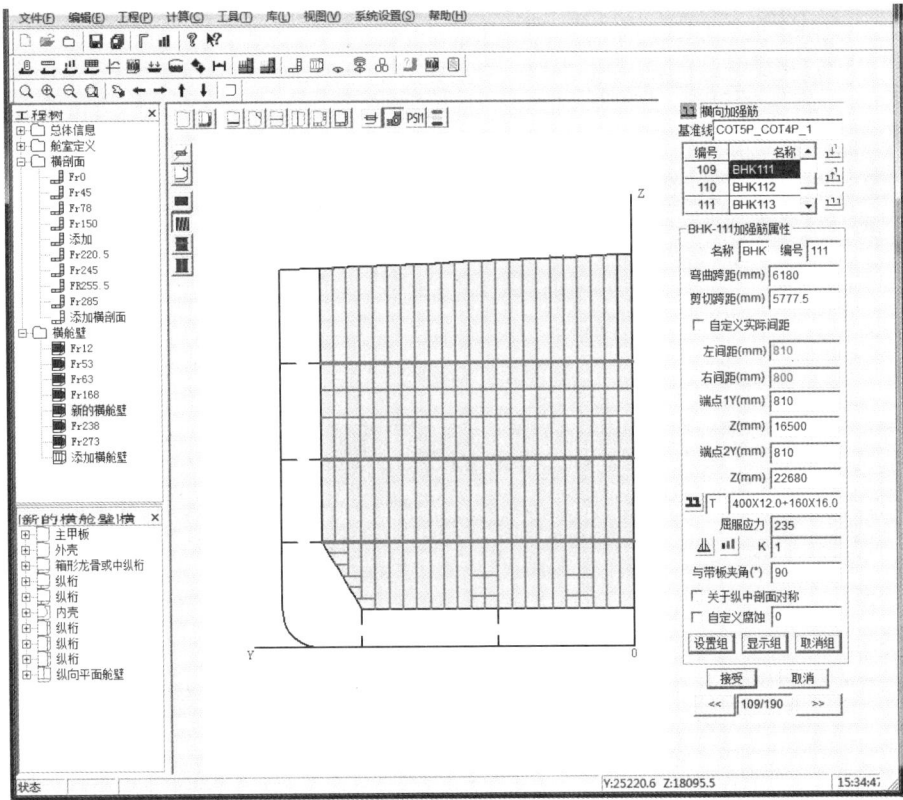

图 5 – 10 – 7

操作步骤:

(1)单击插入加强筋 ⬆ 按钮,进入插入加强筋界面(图 5 – 10 – 8)。用户可单击 **11** 按钮,定义加强筋的型材特性后,再次单击插入加强筋按钮 ⬆,进入插入纵骨界面,⬆ 可以删除错误或多余的横向加强筋,**11** 可以修改横向加强筋的位置和属性。

(2)同时软件自动计算选中或匹配型材(表示为选中状态)的相关参数,对于原来不存在的型材,系统会自动保存在库中。若所需插入的加强筋数据在型材库中没有相关参数,可以自行在型材库中添加,相关操作参考横剖面添加纵骨部分。

(3)名称:输入加强筋的名称、编号。例如,加强筋名称 SL,加强筋编号从 33 到 62,系统自动计算纵骨数目 30。

(4)间距:输入加强筋间距。

(5)布置方向:在布置方向下拉列表框中选择加强筋的布置方向。在下拉列表中有四种加强筋布置方向:Y 轴正方向、Z 轴正方向、Y 轴负方向、Z 轴负方向。选中其中一种,系统将自动按照选定的方向布置加强筋。

(6)端点 1Y,Z,端点 2Y,Z:输入值为加强筋两边端点位置,无方向要求。

(7) ⅡⅡ:选择加强筋属性。

图 5 - 10 - 8

（8）输入加强筋与带板夹角度数。

（9）选择加强筋是否关于纵中剖面对称。

（10）选择加强筋是否与肘板链接。

5.11　主要支撑构件

功能描述:计算横舱壁主要支撑构件的屈服、屈曲和晃荡要求。

进入方式:单击 PSM 按钮。

操作界面:如图 5 – 11 – 1 所示。

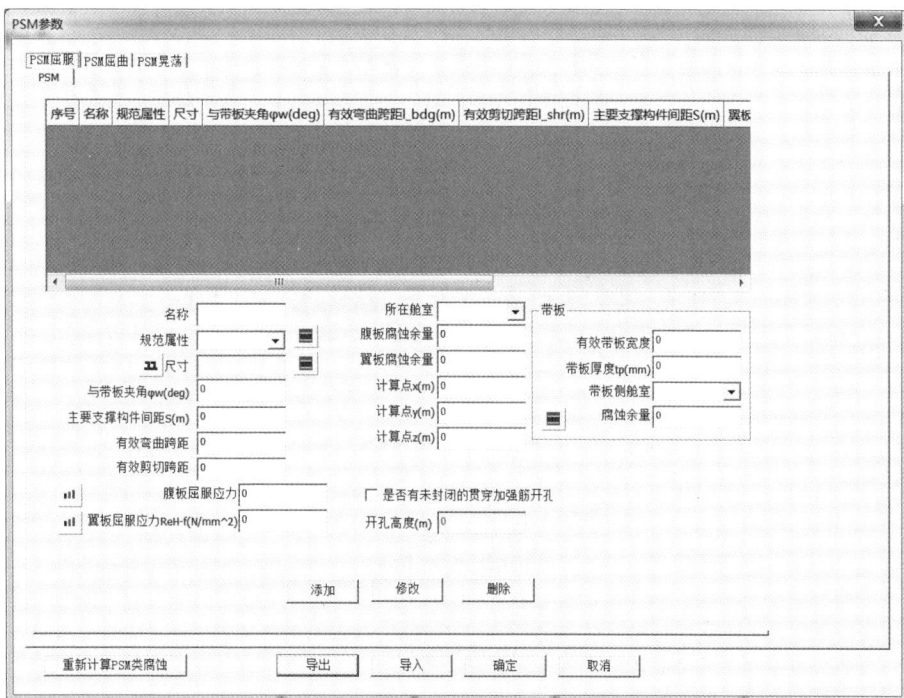

图 5 – 11 – 1

注:重新计算 PSM 类腐蚀功能主要用于通过腐蚀率计算腐蚀余量的结构,进行腐蚀余量的重新计算,如用户自定义的腐蚀余量,则不能更新。

1. PSM 屈服

操作界面:如图 5 – 11 – 1 所示。

(1)输入如下参数。

①φw:与带板夹角。

②S:主要支撑构件间距。

③l_bdg:有效弯曲跨距。

④l_shr:有效剪切跨距。

⑤tc – w:腹板腐蚀余量。

⑥tc – f:翼板腐蚀余量。

⑦计算点坐标。

⑧是否有未封闭的贯穿加强筋开孔：如存在加强筋贯穿孔未封闭，则勾选该选项，并输入贯穿孔开孔高度。

带板数据：

⑨b_eff：有效带板宽度。

⑩tp：带板厚度。

⑪带板侧舱室：选择带板背离主要支撑构件一侧的舱室。

⑫tc：带板腐蚀余量。

（2）添加/修改/删除。

一个主要支撑构件数据填写完毕后，点击"**添加**"按钮，则在上方表格数据区添加一条主要支撑构件记录。

在上方表格数据区选中一条 PSM 记录，则可以在下方输入区进行数据修改，点击"**修改**"按钮，即可保存修改至上方表格数据区。

在上方表格数据区选中一条 PSM 记录，点击"**删除**"按钮，即可删除该条 PSM 数据。

（3）单击"**确定**"按钮，保存输入，退出界面；单击"**取消**"按钮，放弃保存，退出该界面。

2. PSM 屈曲

操作界面：如图 5 – 11 – 2 所示。

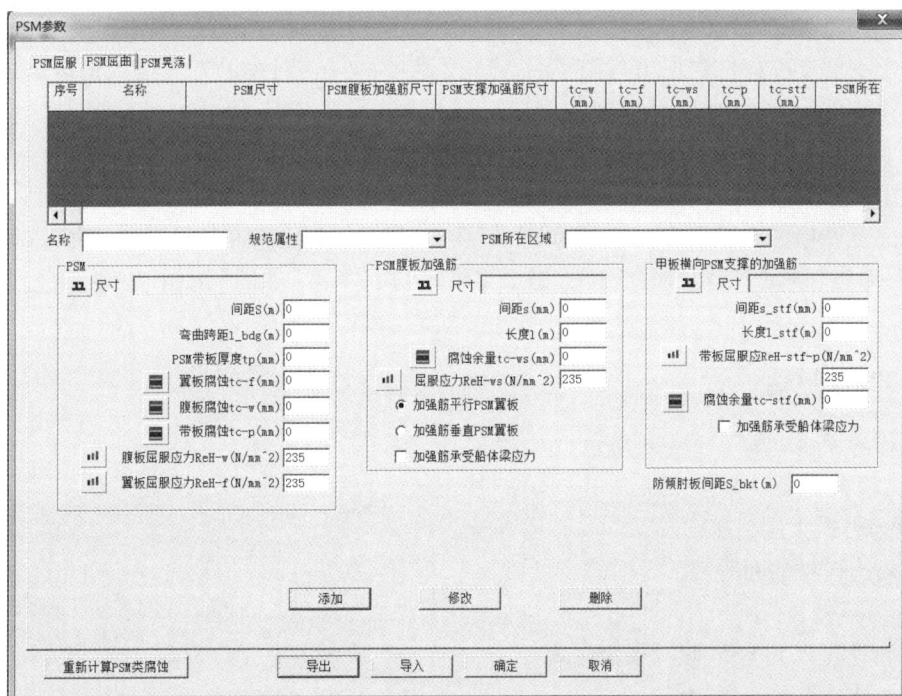

图 5 – 11 – 2

（1）输入界面中参数，如图 5 – 11 – 2 所示，然后单击"**添加**"按钮。

①填写名称、PSM 尺寸、PSM 腹板加强筋尺寸、PSM 支撑加强筋尺寸、PSM 翼板腐蚀、

PSM 腹板腐蚀、加强筋腐蚀、PSM 带板腐蚀、支撑加强筋腐蚀、PSM 位置、PSM 带板厚度。

②PSM 所在区域:货油舱区域、液舱边界或船体外廓,其他区域。

③l－bdg:PSM 弯曲跨距。

④S:PSM 间距。

⑤s:PSM 腹板加强筋间距。

⑥l:PSM 腹板加强筋长度。

⑦s_stf:甲板横向 PSM 支撑的加强筋间距。

⑧l_stf:甲板横向 PSM 支撑的加强筋长度。

⑨腹板屈服应力。

⑩翼板屈服应力。

⑪带板屈服应力。

⑫tc－f:翼板腐蚀。

⑬tc－w:腹板腐蚀。

⑭tc－p:带板腐蚀。

⑮tc－ws:腐蚀余量。

⑯tc－stf:腐蚀余量。

⑰加强筋平行 PSM 翼板/加强筋垂直 PSM 翼板。

⑱S_bkt:防倾肘板间距。

⑲加强筋是否承受船体梁应力。

(2)添加/修改/删除。

一个主要支撑构件数据填写完毕后,点击"**添加**"按钮,则在上方表格数据区添加一条主要支撑构件记录。

在上方表格数据区选中一条 PSM 记录,则可以在下方输入区进行数据修改,点击"**修改**"按钮,即可保存修改至上方表格数据区。

在上方表格数据区选中一条 PSM 记录,点击"**删除**"按钮,即可删除该条 PSM 数据。

(3)单击"**确定**"按钮,保存输入,退出 **PSM** 界面;单击"**取消**"按钮,放弃保存,退出该界面。

3. PSM 晃荡

操作界面:如图 5－11－3 所示。

(1)输入界面中参数,然后单击"**添加**"按钮。

①Pslh:最大晃荡压力。

②s:扶强材的间距。

③lp:板格长。

④h:计算点到 PSM 腹板根部距离。

⑤z:计算点的 z 坐标。

⑥h:中点。

⑦l_trip:防倾肘板的长度。

⑧s_trip:防倾肘板或其他主要支撑构件或舱壁之间的平均间距。

⑨Swf/Sgrd:至舱壁距离。

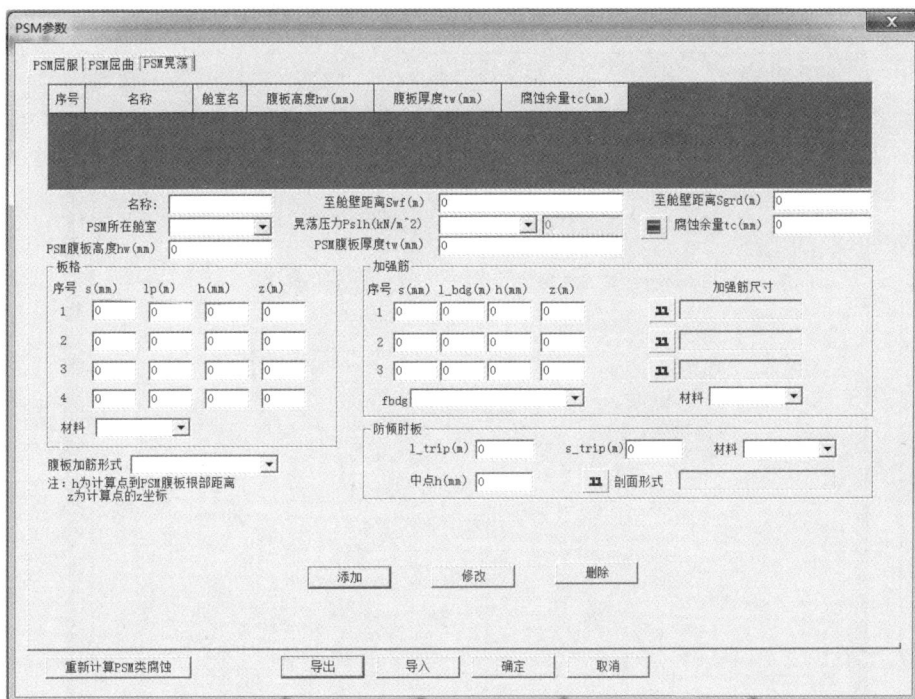

图 5 – 11 – 3

⑩fbdg:两端转动位移固定、一端或两端自由转动、两端转动位移固定、一端自由转动。

（2）添加/修改/删除。

一个主要支撑构件数据填写完毕后,点击"**添加**"按钮,则在上方表格数据区添加一条主要支撑构件记录。

在上方表格数据区选中一条 PSM 记录,则可以在下方输入区进行数据修改,点击"**修改**"按钮,即可保存修改至上方表格数据区。

在上方表格数据区选中一条 PSM 记录,点击"**删除**"按钮,即可删除该条 PSM 数据。

（3）单击"**确定**"按钮,保存输入,退出 PSM 界面;单击"**取消**"按钮,放弃保存,退出该界面。

5.12 计算横舱壁

进入方式:

（1）**菜单—计算—运算—横舱壁**;

（2）在工具条中单击图标 ；

（3）进入舱壁计算界面,如图 5 – 12 – 1 所示。

（4）点击"**用户自定义动载荷**",进入用户自定义动载荷工况界面,输入动载荷工况信息,包含作业模式及吃水标识和吃水值数据,界面如图 5 – 12 – 2 所示。选中任一动载荷工况,点击"**详情**"按钮,即可进入用户自定义动载荷输入界面,如图 5 – 12 – 3 所示,即可输入当前工况下的用户直接预报动载荷。点击"**确定**"后退出用户自定义动载荷界面。

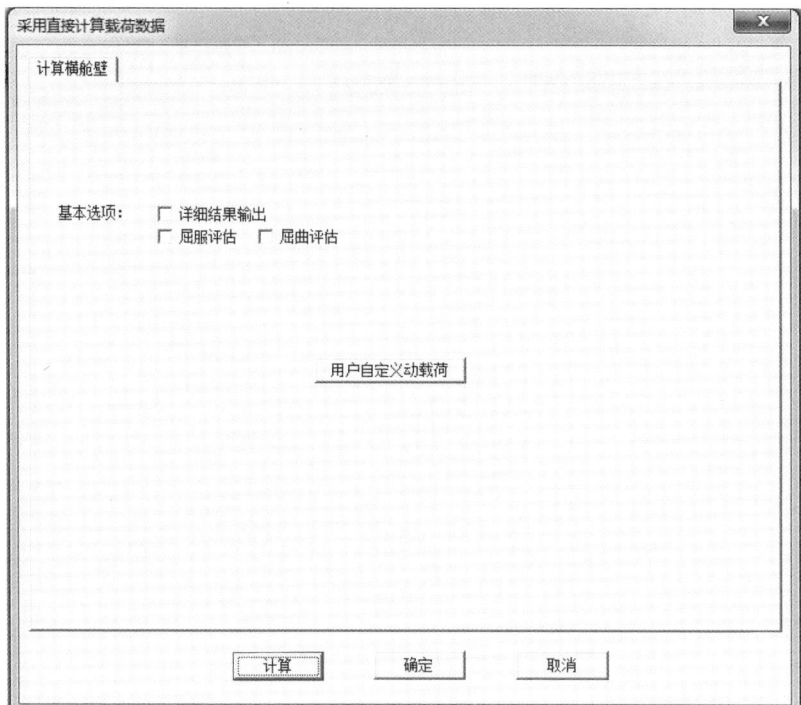

图 5 - 12 - 1

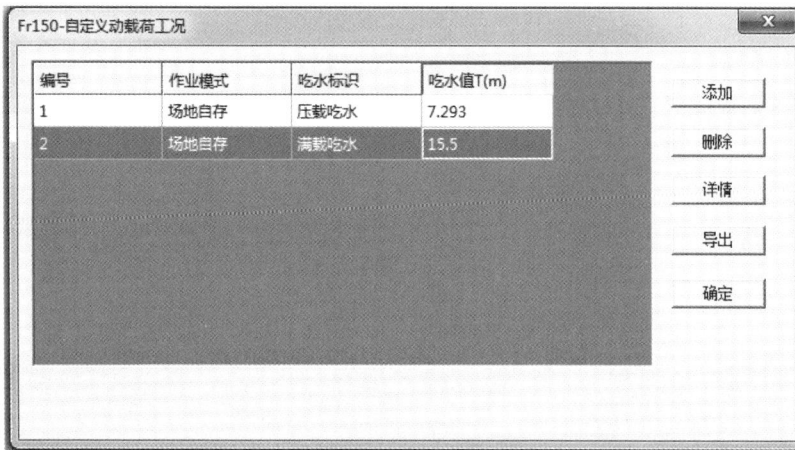

图 5 - 12 - 2

(5)点击"**计算**",程序自动进行横舱壁计算,计算完成后弹出提示。

注:横舱壁报告输出已包含在横剖面计算报告输出中。

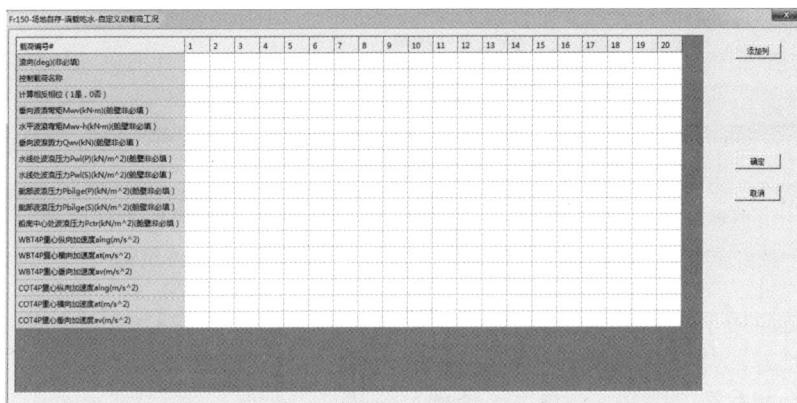

图 5 – 12 – 3

5.13　详细输出文件

　　详细报告包括所有的计算结果数据,文件采用文本格式,放置在模型所在盘:\工程文件夹\工程名_result 文件夹\横剖面\MidDetailOutput 文件夹下,包括板格和骨材的压力、局部强度、屈曲以及纵骨的疲劳计算结果等,类似于横剖面。

第6章 系 统 工 具

6.1 船 底 砰 击 校 核

功能描述: 用于计算校核船底砰击作用下剖面船体外板和局部加强筋的构件尺寸。包含基本参数、砰击载荷、船体外板、局部加强筋构件的计算参数输入。

进入方式: 菜单—工具—船底砰击校核。

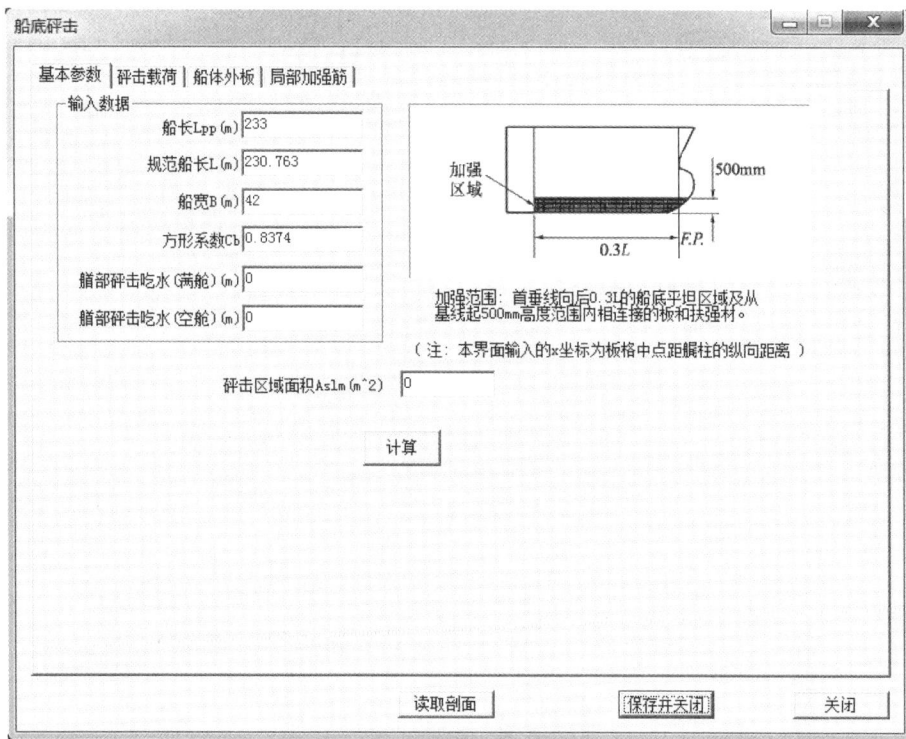

图 6 - 1 - 1

操作步骤:

(1)定义**基本参数**。

选择"**基本参数**"选项卡,进入基本参数定义界面,如图 6 - 1 - 1 所示。(若当前已打开一个工程,则会从当前工程中自动读入相关参数,仅需补充两个艏部砰击吃水)

①Lpp:垂线间长。

②L:规范船长,其定义见《海上浮式装置入级规范》第 1 部分第 1 章第 4 节[3.1.1]。

③B:船宽。

④Cb:方形系数。

⑤艏部砰击吃水(满舱):船底砰击区域的压载舱为满舱时,首垂线处的设计砰击压载吃水。

⑥艏部砰击吃水(空舱):船底砰击区域的压载舱为空舱时,首垂线处的设计砰击压载吃水。

⑦数据都填完之后,单击"**计算**"按钮,得出**砰击区域面积 Aslm** 文本框中。

(2)定义**砰击载荷**。

选择"**砰击载荷**"选项卡,进入砰击载荷定义界面,如图 6 - 1 - 2 所示,依次输入各砰击工况下的相应数据,默认至少输入船底砰击区域的压载舱为空舱和满载两种计算工况,也允许用户根据设计需要增加计算工况。

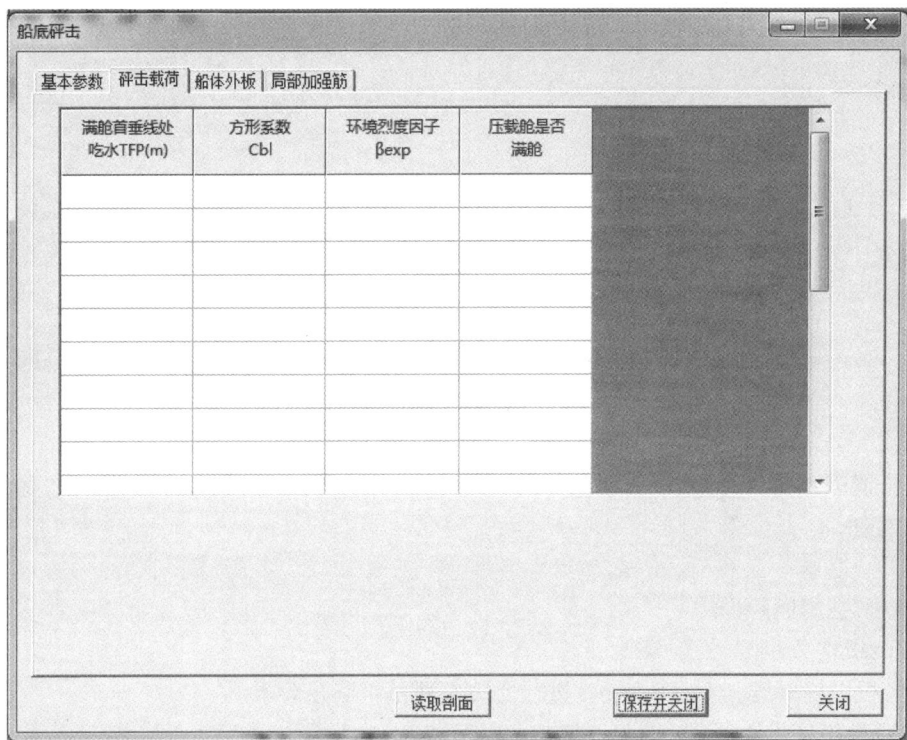

图 6 - 1 - 2

①满舱首垂线处压载吃水 TFP:当前工况下首垂线处的设计砰击压载吃水。当**压载舱是否满舱**选项为"是"时,对应此处应当填写船底砰击区域的压载舱为满舱时的首垂线处的设计砰击压载吃水。当**压载舱是否满舱**选项为"否"时,对应此处应当填写船底砰击区域的压载舱为空舱时的首垂线处的设计砰击压载吃水。

②方形系数 Cbl:当前工况下的方形系数。

③环境烈度因子 βexp:当前计算工况对应的环境烈度因子。

④压载舱是否满舱:当前计算工况下船底砰击区域的压载舱是否为满舱。

(3)定义**船体外板**。

选择"**船体外板**"选项卡,进入船体外板定义界面,如图 6 - 1 - 3 所示。

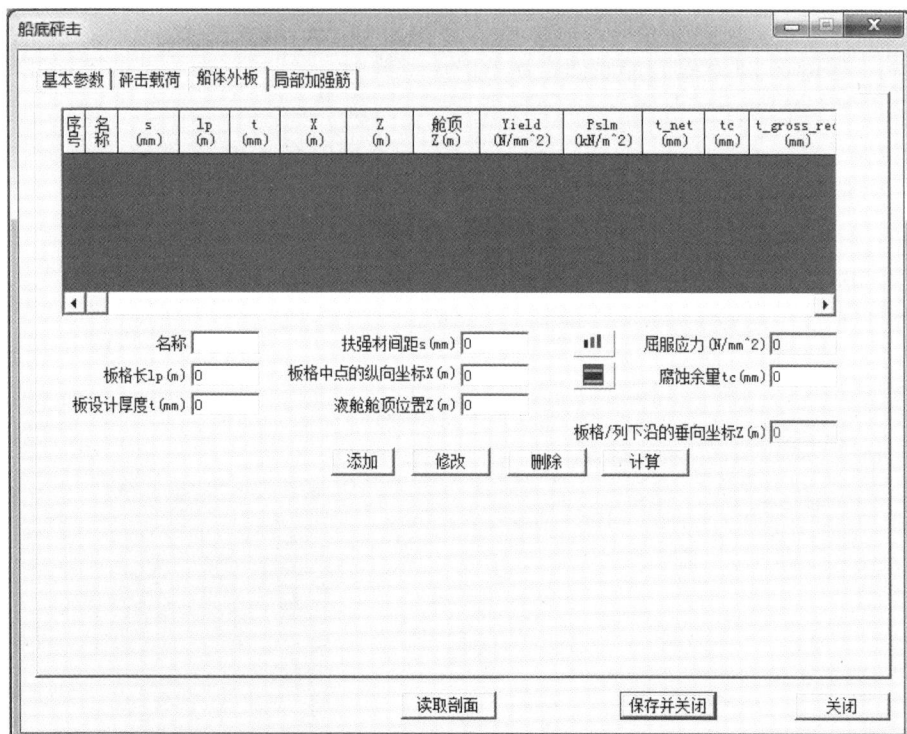

图 6 - 1 - 3

点击**读取剖面**,即可获取关联剖面的下述计算数据。若需要手动校核则点击"**添加**"或"**修改**"按钮。

①外板名称。

②s:扶强材间距。

③lp:板格长。

④t:板设计厚度,与 t_gross_req 进行比较判断是否满足要求。

⑤X:板格中点距艉柱的距离。

⑥液舱舱顶位置 Z:板所处的液舱的舱顶高度。

⑦Yield:屈服应力。

⑧Pslm:载荷计算点处的船底砰击压力。

⑨t_net:船体外板的净厚度。

⑩tc:腐蚀增量。

⑪t_gross_req:船体外板的总要求厚度。

⑫单击 **▮▮▮** 按钮,如图 6 - 1 - 4 所示,选择材料强度。或在下面的输入框内输入材料强度。请确保输入值的正确性,否则将得到错误的计算结果。

⑬腐蚀余量 tc。如图 6 - 1 - 5 所示,请确保输入值的正确性,否则将得到错误的计算结果。

⑭添加记录。单击"**添加**"按钮。

⑮校核板是否满足规范要求。单击"**计算**"按钮。

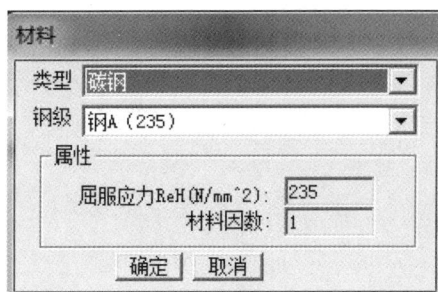

图 6 - 1 - 4

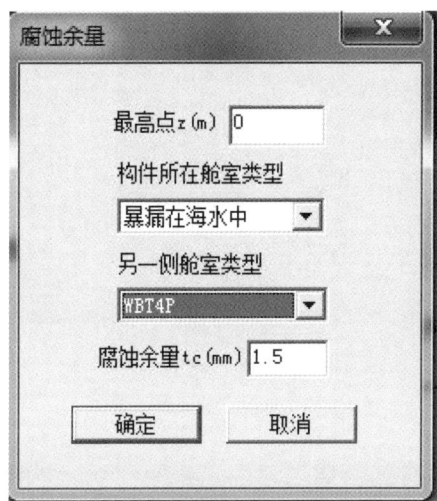

图 6 - 1 - 5

⑯修改记录。单击已有的记录,然后在图6-1-3中的输入框内修改输入值,最后单击"**修改**"按钮,完成修改。

⑰删除记录。单击选中已有的记录,然后单击"**删除**"按钮,删除该记录。

(4)定义**局部加强筋**。

选择"**局部加强筋**"选项卡,进入局部加强筋定义界面,如图6-1-6所示。

点击"**读取剖面**",即可获取关联剖面的下述计算数据。若需要手动校核则点击"**添加**"或"**修改**"按钮。

①加强筋名称。

②单击 **11** 按钮,在弹出的型材库界面中选择纵骨或横梁的剖面形状。不扣除腐蚀增量,如图6-1-7所示。

③s:扶强材间距。

④l_stf:扶强材有效长度。

⑤d_shr:腹板有效高度,见《海上浮式装置入级规范》第1部分第3章第7节[1.4.3]。

⑥l_bdg:加强筋有效弯曲跨距。

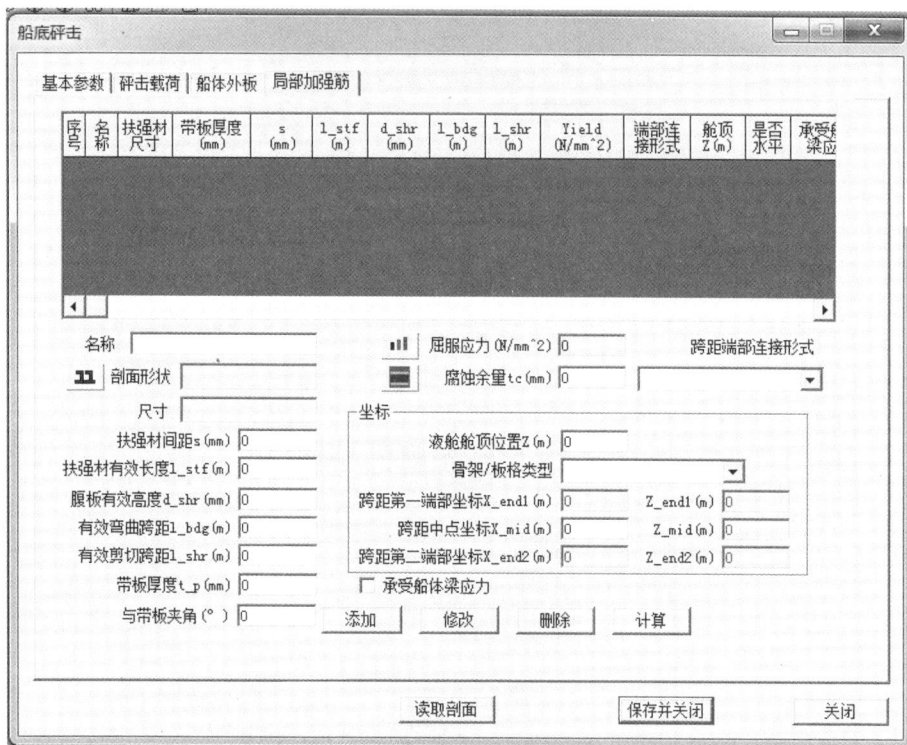

图 6 - 1 - 6

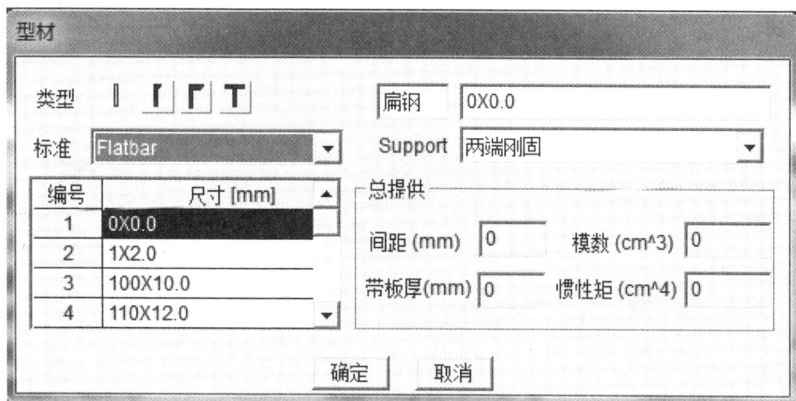

图 6 - 1 - 7

⑦l_shr:有效剪切跨距。

⑧t_p:带板厚度。

⑨单击 ▮▮▮ 按钮,选择材料强度。或在右侧的输入框内输入材料强度。请确保输入值的正确性,否则将得到错误的计算结果。

⑩腐蚀余量 tc。请确保输入值的正确性,否则将得到错误的计算结果。

⑪选择跨距端部连接形式。

⑫液舱舱顶位置 Z，加强筋处的液舱的舱顶高度。

⑬选择骨架类型。

⑭X_mid：加强筋跨距中点坐标。

⑮若加强筋需承受船体梁应力，则勾选**承受船体梁应力**。

⑯Yield：屈服应力。

⑰Pslm：载荷计算点处的船底砰击压力。

⑱Z_net：加强筋净塑性剖面模数提供值。

⑲Z_pl_net：加强筋净塑性剖面模数要求值。

⑳tc：腐蚀余量。

㉑添加记录。单击"**添加**"按钮。

㉒校核板是否满足规范要求。单击"**计算**"按钮。

㉓修改记录。单击已有的记录，然后在图 6 - 1 - 6 中的输入框内修改输入值，最后单击"**修改**"按钮，完成修改。

㉔删除记录。单击选中已有的记录，然后单击"**删除**"按钮，删除该记录。

（5）**数据读取与保存**。

①点击操作界面上"**读取剖面**"，在"**船体外板**"和"**局部加强筋**"两个选项卡中，可以读取当前剖面的相关数据，并自动填入，用户需要补充缺失数据后，才可以正确计算。

②点击操作界面上"**保存并关闭**"，界面中的所有数据都会保存到当前剖面中。

③计算剖面时，会自动计算船底砰击并把结果输出到输出报告中。

6.2 船首冲击校核

功能描述：用于计算校核船首冲击作用下剖面船体外板和局部加强筋的构件尺寸。包含基本参数、冲击载荷、船体外板、局部加强筋构件的计算参数输入。

进入方式：菜单—工具—船首冲击校核。

操作步骤：

（1）定义**基本参数**。

选择"**基本参数**"选项卡，进入基本参数定义界面，如图 6 - 2 - 1 所示。（若当前已打开一个工程，则会从当前工程中自动读入相关参数，此选项卡中数据为主尺度和建模时输入的默认数据，若有变动可自行修改。）

①Lpp：两柱间长。

②L：规范船长，其定义见《海上浮式装置入级规范》第二篇相关内容。

③B：船宽。

④Cb：方形系数。

⑤Z：甲板边线最高处高度。

⑥T_sc：结构吃水。

⑦T_bal：最小设计压载吃水。

⑧V：服务航速。

⑨完成参数输入后点击"**计算**"按钮，得出**冲击区域面积**数据。

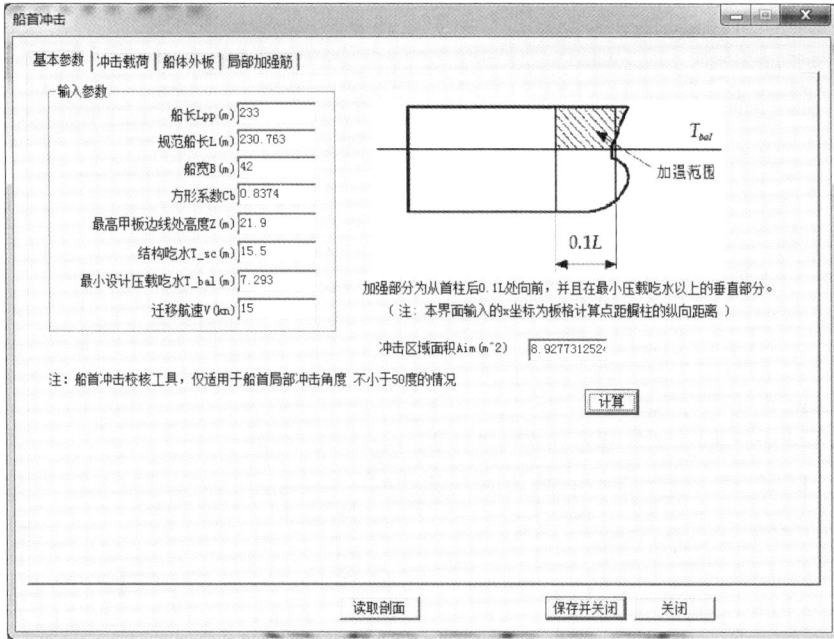

图 6-2-1

（2）定义冲击载荷。

选择"冲击载荷"选项卡，进入冲击载荷定义界面，如图 6-2-2 所示，依次输入各冲击计算工况下的外部海水压力环境烈度因子。

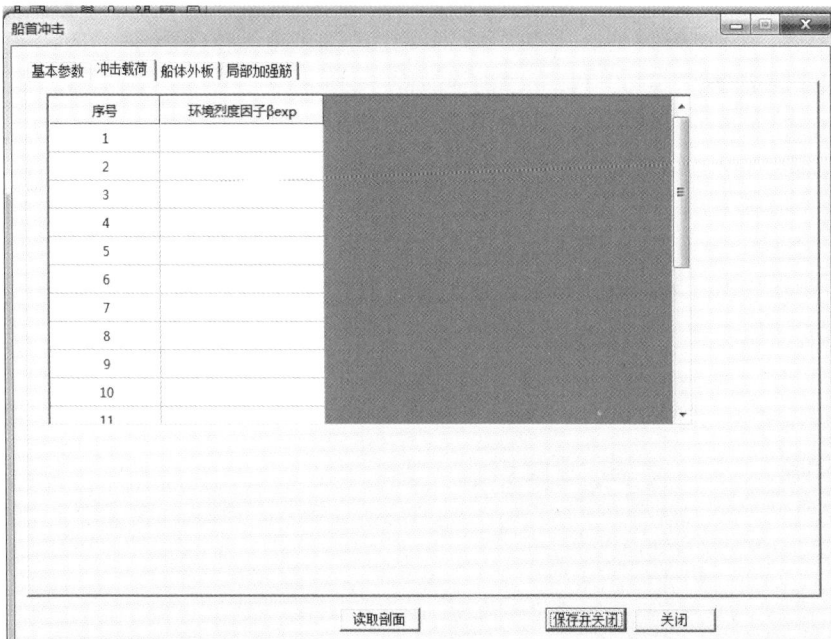

图 6-2-2

环境烈度因子 βexp:计算工况对应的外部海水压力环境烈度因子。

（3）定义**船体外板**。

选择"**船体外板**"选项卡,进入船体外板定义界面,如图6-2-3所示。

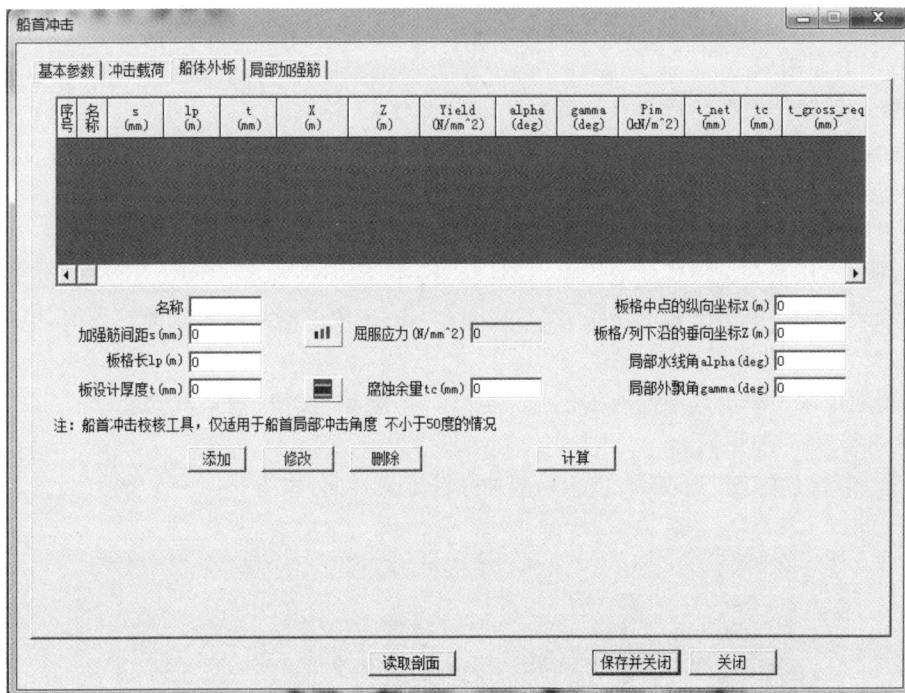

图 6-2-3

点击**读取剖面**,即可获取关联剖面的下述计算数据。若需要手动校核则点击**添加**或**修改**。

①外板名称。

②s:加强筋间距。

③lp:板格长。

④单击 ▮▮▮ 按钮,如图6-2-4所示,选择材料强度。或在右侧的输入框内输入材料强度。请确保输入值的正确性,否则将得到错误的计算结果。

图 6-2-4

⑤腐蚀余量 tc。请确保输入值的正确性,否则将得到错误的计算结果。

⑥X:板格中点距舭柱的距离。

⑦Z:板格/列下沿的垂向坐标。

⑧alpha:板格计算点处局部水线角。

⑨gamma:板格计算点处局部外飘角。

⑩Yield:屈服应力。

⑪Pim:船体外板载荷计算点处的船底砰击压力。

⑫t_net:船体外板的净厚度。

⑬t_gross_req:船体外板的总要求厚度。

⑭添加记录。单击"**添加**"按钮。

⑮校核板是否满足规范要求。单击"**计算**"按钮。

⑯修改记录。单击已有的记录,然后在图 6 – 2 – 3 中的输入框内修改输入值,最后单击修改按钮,完成修改。

⑰删除记录。单击选中已有的记录,然后单击"**删除**"按钮,删除该记录。

(4)定义**局部加强筋**。

选择"**局部加强筋**"选项卡,进入局部加强筋定义界面,如图 6 – 2 – 5 所示。

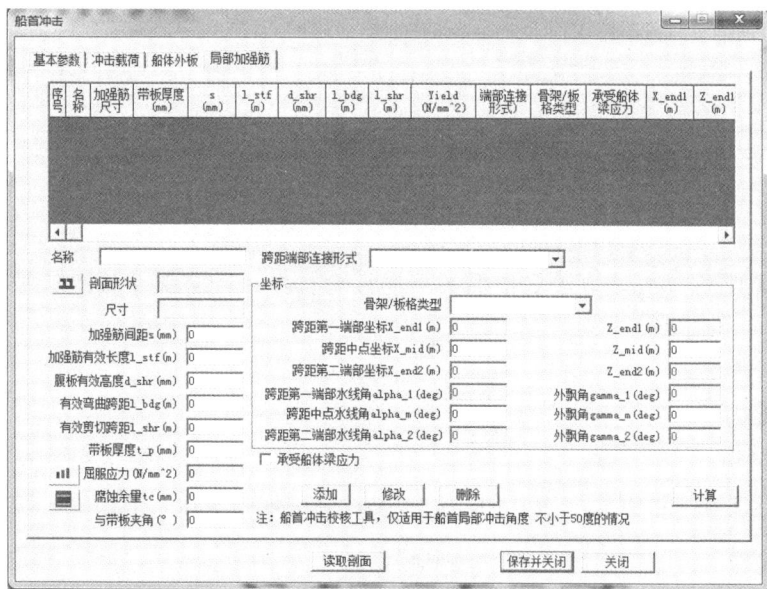

图 6 – 2 – 5

点击**读取剖面**,即可获取关联剖面的下述计算数据。若需要手动校核则点击"**添加**"或"**修改**"按钮。

①加强筋名称。

②单击 **11** 按钮,在弹出的型材库界面中选择纵骨或横梁的剖面形状。不扣除腐蚀增量。

③s:加强筋间距。

④l_stf:加强筋有效长度。

⑤d_shr:腹板有效高度。

⑥l_bdg:加强筋有效弯曲跨距。

⑦l_shr:加强筋有效剪切跨距。

⑧t_p:加强筋带板总厚度。

⑨单击 ▐▋▌ 按钮,选择材料强度。或在右侧的输入框内输入材料强度。请确保输入值的正确性,否则将得到错误的计算结果。

⑩单击 ▬▬ 按钮,选择构件所处舱室,系统将根据舱室环境自动计算腐蚀增量。或在右侧的输入框内输入腐蚀增量。请确保输入值的正确性,否则将得到错误的计算结果。

⑪选择跨距端部连接形式。

⑫选择骨架类型。

⑬X_mid:加强筋跨距中点纵坐标。

⑭Z_mid:加强筋跨距中点垂向坐标。

⑮alpha_m:加强筋跨距中点处水线角。

⑯gamma_m:加强筋跨距终点处外飘角。

⑰若加强筋为垂直布置,则还需要输入跨距两端 X 坐标、Z 坐标和局部水线角、外飘角。

⑱若加强筋需承受船体梁应力,则勾选**承受船体梁应力**。

⑲Yield:屈服应力。

⑳Pim:给出的载荷计算点处的船底砰击压力。

㉑Z_pl_net:有效净剖面模数。

㉒tc:腐蚀增量。

㉓t_net:净提供厚度。

㉔t_gross:总提供厚度。

㉕t_w_net:腹板的净要求厚度。

㉖t_w_net_gross:腹板的总要求厚度。

㉗t_f_net:面板的净厚度要求值。

㉘t_f_gross:面板的总厚度要求值。

㉙I_net:最小净惯性矩提供值。

㉚I_net_req:最小净惯性矩要求值。

㉛添加记录。单击"**添加**"按钮。

㉜校核板是否满足规范要求。单击"**计算**"按钮。

㉝修改记录。单击已有的记录,然后在图 6-2-5 中的输入框内修改输入值,最后单击"**修改**"按钮,完成修改。

㉞删除记录。单击选中已有的记录,然后单击"**删除**"按钮,删除该记录。

（5）**数据读取与保存**。

①点击操作界面上"**读取剖面**",在"**船体外板**"和"**局部加强筋**"两个选项卡中,可以读取当前剖面的相关数据,并自动填入,用户需要补充缺失数据后,才可以正确计算;

②点击操作界面上"保存并关闭",界面中的所有数据都会保存到当前剖面中;

③计算剖面时,会自动计算船底砰击并把结果输出到输出报告中。

6.3 剪力流/剪应力分布

功能描述:船体梁横剖面在 1 N 的剪力作用下,剪力流和剪应力的分布情况。

进入方式:菜单—工具—剪力流—剪应力分布。

注:

①在计算剪力流/剪应力分布时,须先进行剖面计算。

②剪力流分布图的 Y 坐标轴向右为正向,与 SDP 模型的建模方向一致。

操作界面:如图 6 - 3 - 1 所示。

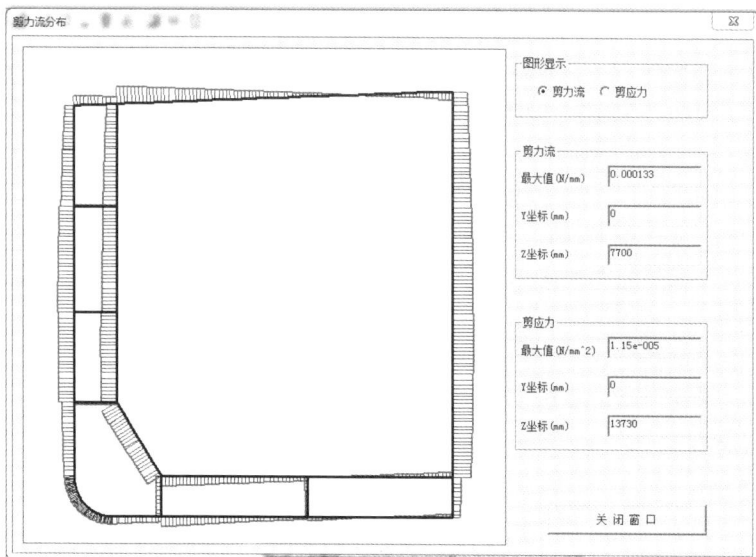

图 6 - 3 - 1

图 6 - 3 - 1 左部显示了剪力流/剪应力的分布情况,右部显示了剪力流和剪应力的最大值及其位置。

6.4 压力计算工具

功能描述:计算剖面/舱壁详细压力结果。

进入方式:菜单—工具—压力计算工具。

操作界面:如图 6 - 4 - 1 所示。

操作步骤:

(1)选择剖面/舱壁;

(2)选择纵骨,得出 Y、Z 值;

(3)选择纵骨后自动选择对应的计算规范和载荷源;

(4)点击计算,得出计算结果。

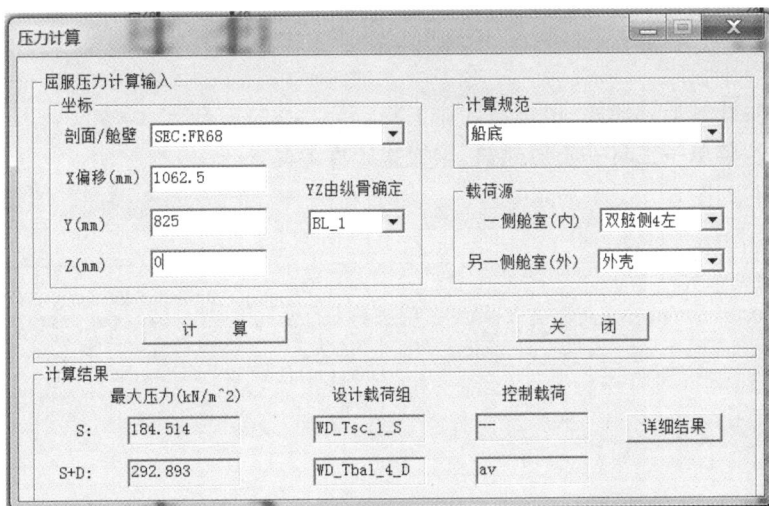

图 6 - 4 - 1

点击**详细结果**可以得到计算的详细结果,如图 6 - 4 - 2 所示。

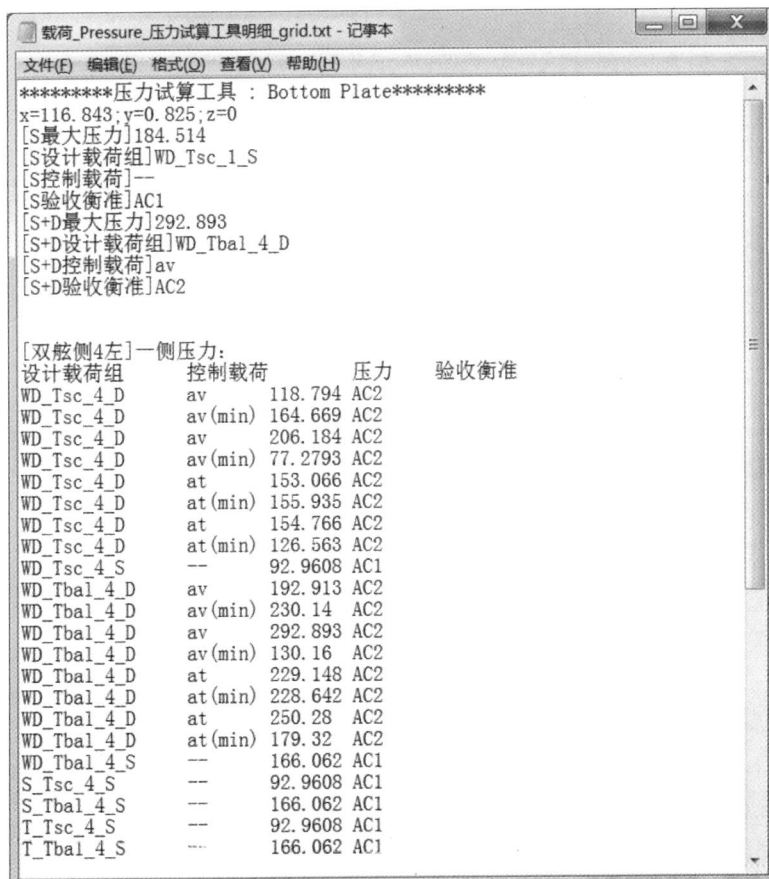

图 6 - 4 - 2

6.5　上层建筑、甲板室计算工具

功能描述:计算上层建筑、甲板室计算工具。

进入方式:菜单—工具—上层建筑、甲板室计算工具。

操作界面:如图 6 – 5 – 1 所示。

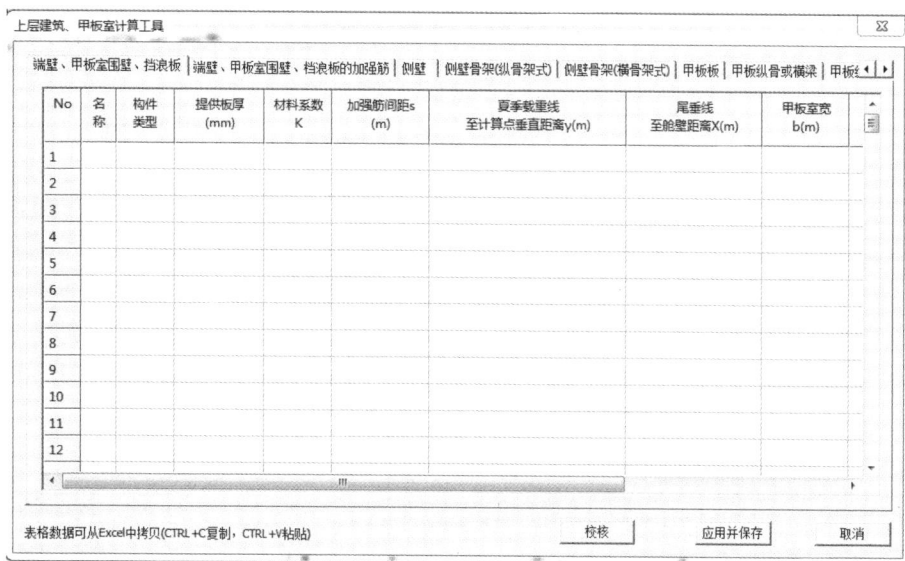

图 6 – 5 – 1

操作步骤:

(1)输入参数。

①上层建筑端壁和甲板室围壁板、挡浪板(图 6 – 5 – 2):

a. 计算结构类型:列表:

● 最下层无保护前端壁;

● 第二层无保护前端壁;

● 第三层及以上无保护前端壁;

● 有保护前端壁;

● 位于船中以后的后端壁;

● 位于船中以前的后端壁;

● 侧壁。

b. t:上层建筑端壁、甲板室围壁、挡浪板提供板厚。

c. K:材料系数,根据材料屈服极限进行换算。

d. s:加强筋间距。

e. γ:自夏季载重线至加强筋跨距中点或至板格中心的垂直距离。

f. X:尾垂线至所考虑舱壁的距离;在确定甲板室侧壁的构件尺寸时,应将甲板室分成长度大致相等而不超过 0.15L 的若干部分,而 X 则应量至每一部分长度的中点。

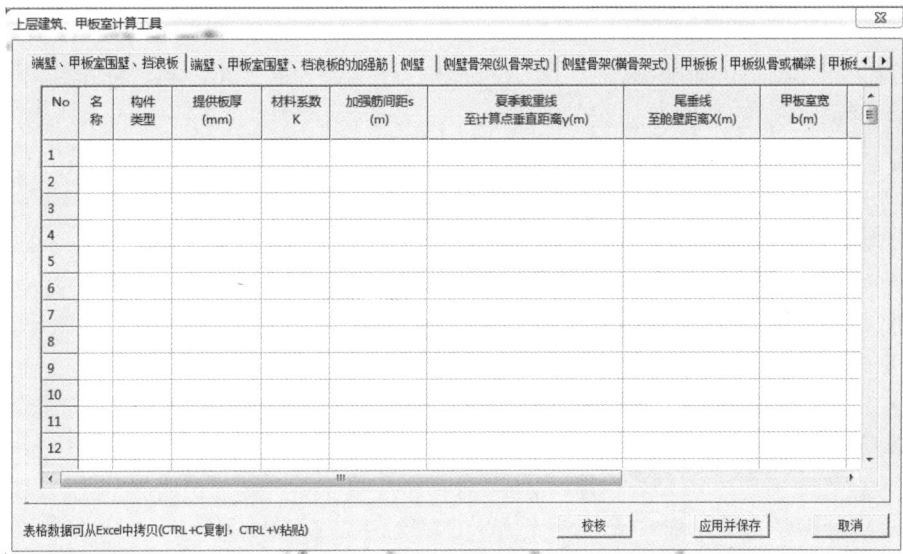

图 6 − 5 − 2

g. b：所考虑位置的甲板室宽。

h. B1：船舶的露天甲板在所考虑位置处的最大实际宽度。

②上层建筑端壁、甲板室围壁、挡浪板的加强筋（图 6 − 5 − 3）：

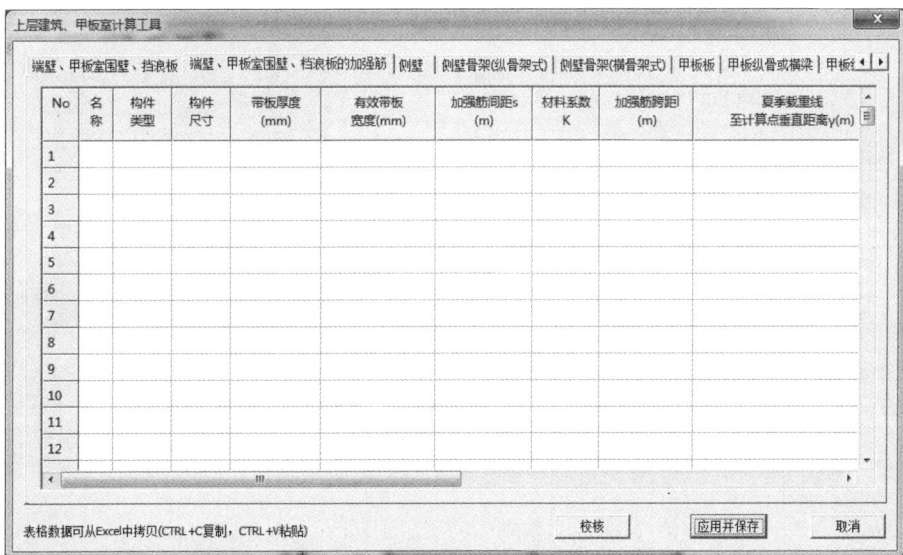

图 6 − 5 − 3

a. 计算结构类型：列表：

●最下层无保护前端壁；

●第二层无保护前端壁；

●第三层及以上无保护前端壁；

●有保护前端壁;

●位于船中以后的后端壁;

●位于船中以前的后端壁;

●侧壁。

b. 构件尺寸:在型材库中选择加强筋剖面尺寸。

c. 带板厚度:加强筋的带板厚度。

d. 有效带板宽度:加强筋的有效带板宽度,用于计算加强筋提供剖面模数。

e. s:加强筋间距。

f. K:材料系数,根据材料屈服极限进行换算。

g. 加强筋跨距:应取为甲板间高度,但在任何情况下取值不应小于2.0 m。

h. γ:自夏季载重线至加强筋跨距中点或至板格中心的垂直距离。

i. X:尾垂线至所考虑舱壁的距离;在确定甲板室侧壁的构件尺寸时,应将甲板室分成长度大致相等而不超过0.15L的若干部分,而X则应量至每一部分长度的中点。

j. b:所考虑位置的甲板室宽。

k. B1:船舶的露天甲板在所考虑位置处的最大实际宽度。

③上层建筑侧壁(图6-5-4):

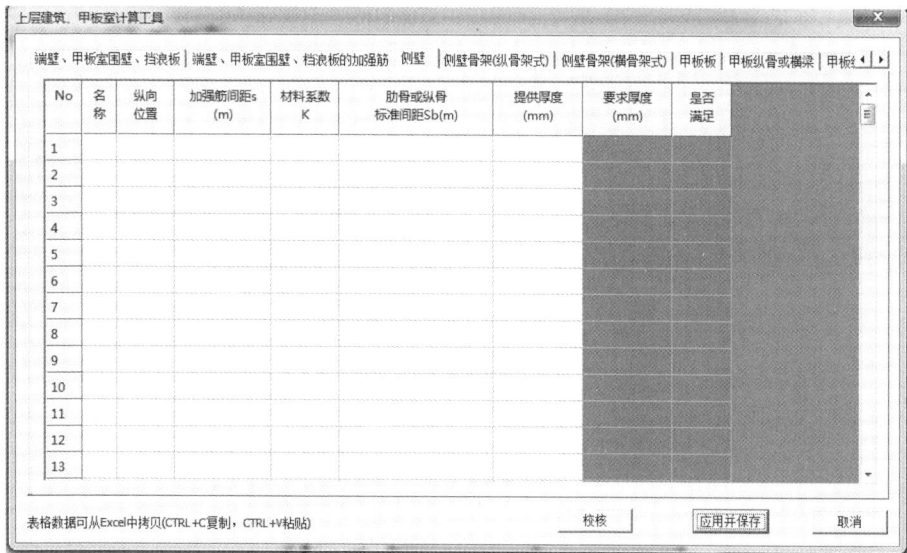

图6-5-4

a. 纵向位置:首楼/桥楼/尾楼,选择列表形式。

b. S:加强筋间距。

c. K:材料系数,根据材料屈服极限进行换算。

d. Sb:肋骨或纵骨的标准间距;完成参数输入后点击计算,得出校核结果是否满足。

e. 提供厚度:上层建筑侧壁板提供厚度。

④上层建筑侧壁骨架(纵骨架式)(图6-5-5):

a. 类型:计算结构类型,列表:纵骨/强肋骨。

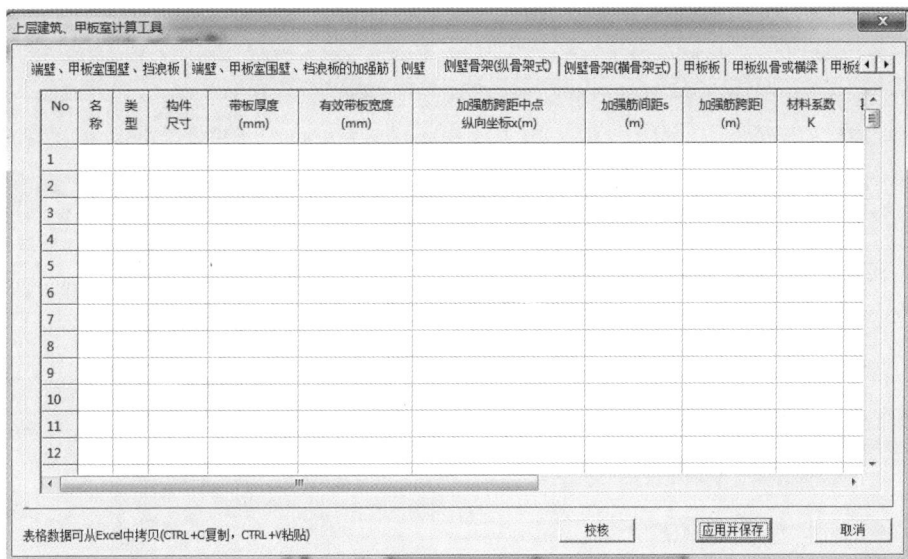

图 6 - 5 - 5

b. 构件尺寸:纵骨/强肋骨剖面尺寸,从型材库选取。

c. 带板厚度:纵骨/强肋骨带板厚度。

d. 有效带板宽度:纵骨/强肋骨的有效带板宽度。

e. X:纵骨/强肋骨跨距中点纵向坐标。

f. S:纵骨/强肋骨间距。

g. L:纵骨/强肋骨跨距,取不小于 1.5 m。

h. K:材料系数,根据材料屈服极限进行换算。

i. Hb:勘划载重线所要求的最小船首高度。

⑤上层建筑侧壁骨架(横骨架式)(图 6 - 5 - 6):

a. 构件尺寸:肋骨构件尺寸,从型材库选取。

b. 带板厚度:肋骨的带板厚度。

c. 有效带板宽度:肋骨的有效带板宽度。

d. 肋骨位置:列表:首楼/桥楼/尾楼。

e. S:肋骨间距。

f. L:肋骨跨距,对于甲板间肋骨,当其实际距跨距小于 2.6 m 时,应取 l = 2.6 m,对于上层建筑肋骨当其实际跨距小于 2.3 m 时,应取 l = 2.3 m。

g. K:材料系数,根据材料屈服极限进行换算。

⑥甲板板(图 6 - 5 - 7):

a. 纵向位置:首楼甲板/除首楼外的上层建筑甲板/甲板室甲板,选择列表形式。

b. 甲板层数:当前计算甲板所在层数。

c. 是否内部干燥处所甲板:是/否,勾选项。

d. S:甲板纵骨和横梁间距。

e. K:材料系数,根据材料屈服极限进行换算。

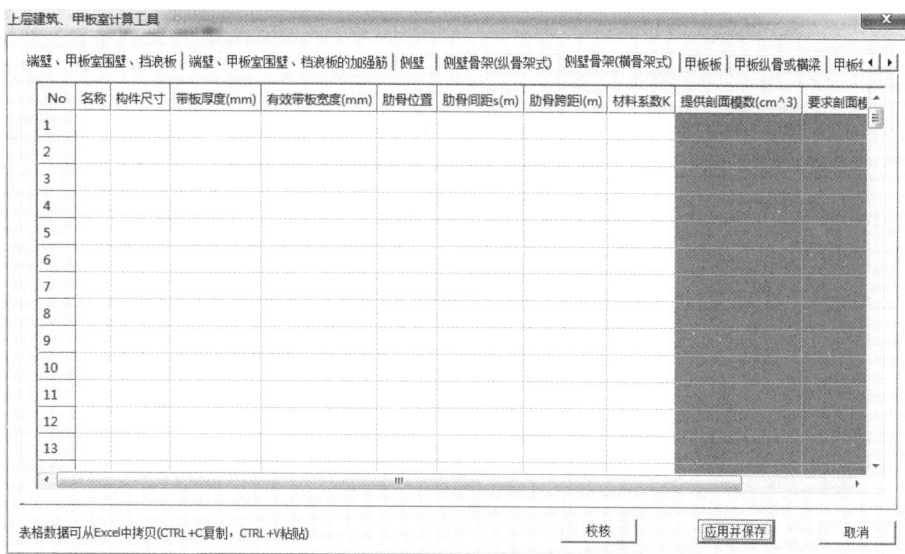

图 6-5-6

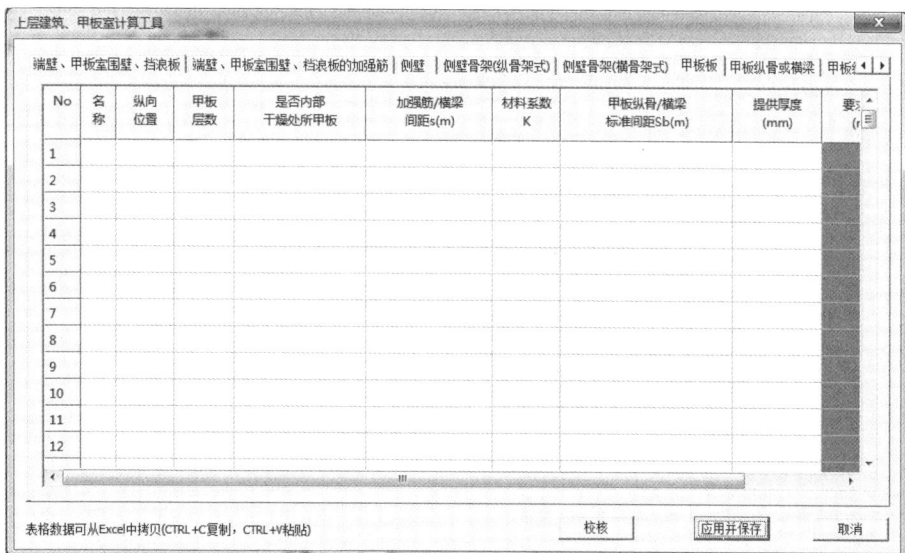

图 6-5-7

f. Sb:甲板纵骨和横梁标准间距。

g. t:甲板厚度提供值。

⑦甲板纵骨或横梁(图 6-5-8):

a. 构件尺寸:加强筋的剖面尺寸,从型材库选取。

b. 带板厚度:加强筋的带板厚度。

c. 带板宽度:加强筋的带板宽度。

d. 甲板层数:当前计算甲板纵骨或横梁的带板所在层数。

图 6 - 5 - 8

e. S:甲板纵骨或横梁间距。

f. L:甲板纵骨或横梁跨距。

g. K:材料系数,根据材料屈服极限进行换算。

⑧甲板纵桁(图 6 - 5 - 9):

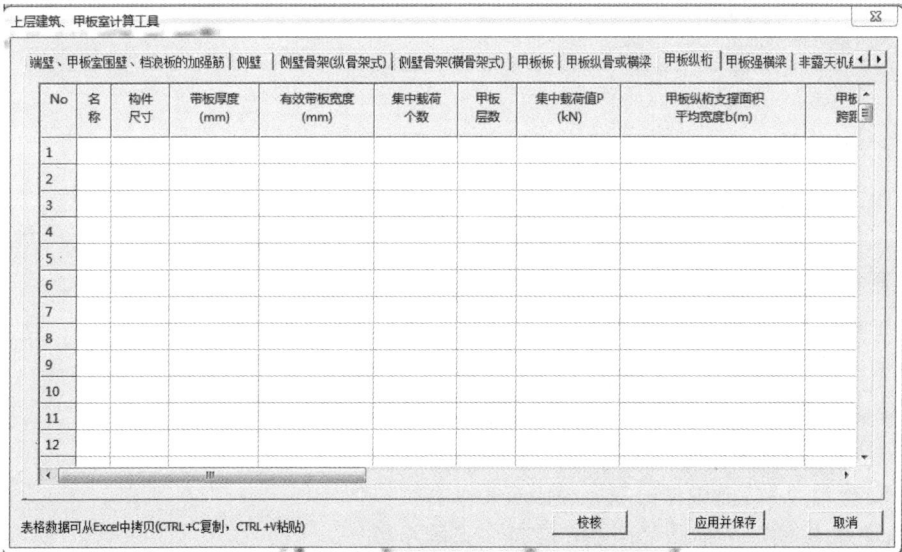

图 6 - 5 - 9

a. 构件尺寸:甲板纵桁的剖面尺寸。

b. 带板厚度:甲板纵桁的带板厚度。

c. 有效带板宽度:甲板纵桁的有效宽度。

d. 甲板层数:甲板所在层数。

e. 集中载荷个数:所承受集中载荷个数,0,1,2 及以上,列表选择。

f. 集中载荷值 P:如果载荷数量是 1,需要输入的集中载荷的值。

g. b:甲板纵桁支承面积的平均宽度。

h. l:甲板纵桁跨距。

i. K:材料系数,根据材料屈服极限进行换算。

j. a:P 的作用点至纵桁/强横梁两支点较远一点的距离。

⑨甲板强横梁(图 6-5-10):

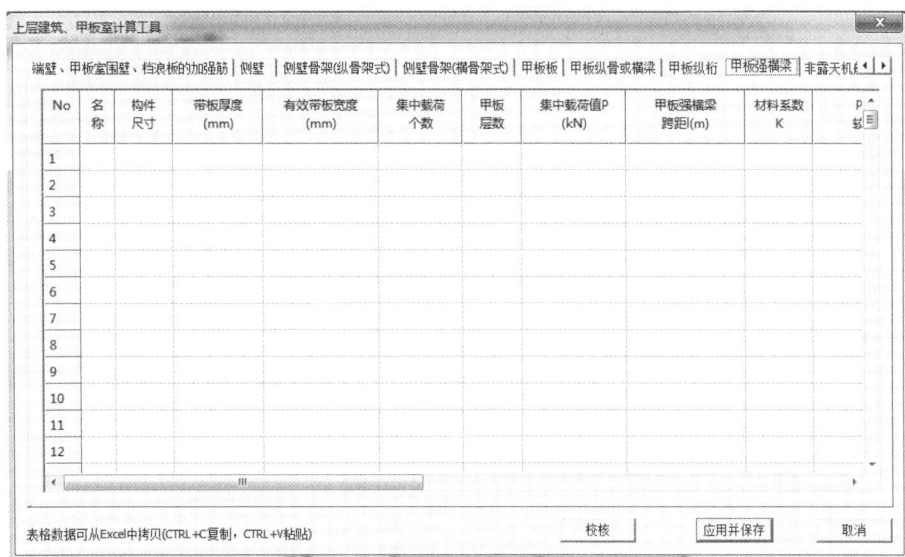

图 6-5-10

a. 构件尺寸:甲板强横梁的剖面尺寸。

b. 带板厚度:甲板强横梁的带板厚度。

c. 有效带板宽度:甲板强横梁的有效宽度。

d. 甲板层数:甲板所在层数。

e. 集中载荷个数:所承受集中载荷个数,0,1,2 及以上,列表选择。

f. 集中载荷值 P:如果载荷数量是 1,需要输入的集中载荷的值。

g. l:强横梁跨距。

h. K:材料系数,根据材料屈服极限进行换算。

i. a:P 的作用点至强横梁两支点较远一点的距离。

j. S:强横梁间距。

⑩非露天机舱棚加强筋(图 6-5-11):

a. 构件尺寸:加强筋的剖面尺寸,从型材库选取。

b. 带板厚度:加强筋的带板厚度。

c. 有效带板宽度:加强筋的有效带板宽度。

图 6 - 5 - 11

d. 纵向位置:货舱区域/居住舱室区域/其他,选择列表形式。

e. S:加强筋间距。

f. L:加强筋跨距。

g. K:材料系数。

(2)完成参数输入后点击"**校核**",得出校核结果是否满足。

6.6 规范动载荷包络值

功能描述:输入规范动载荷包络数据导出工具。

进入方式:菜单—工具—规范动载荷包络值。

操作界面:如图 6 - 6 - 1 所示。

操作步骤:

(1)点击"**添加剖面**"。

①肋位号。

②水线处宽度。点击控件,弹出**水线处宽度**输入界面,依次输入不同计算吃水以及对应的水线处宽度。确定后,返回规范动载荷包络值输入界面。

③平底宽度。

④中底高度。

⑤剖面形心位置。

(2)如需删除剖面,点击"**删除剖面**"。

(3)点击"**添加关联舱室/甲板**"。

①名称。

②类型。

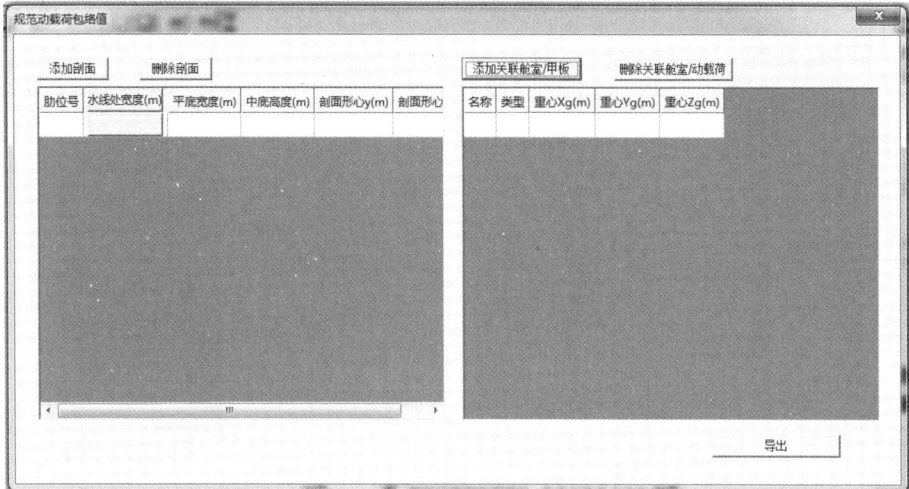

图 6 - 6 - 1

③重心位置。

（4）如需删除舱室或甲板，点击"**删除关联舱室/动载荷**"。输入完成后点击"**导出**"，将输入的规范动载荷包络值导出。

第7章 库

7.1 型 材 库

功能描述：创建型材,查看型材属性。

进入方式：

（1）**菜单—库—型材库（模板中）**,如图7-1-1所示,点击弹出界面如图7-1-2所示;

（2）**菜单—库—型材库（当前工程）**,打开工程才可见,如图7-1-3所示,点击弹出界面如图7-1-4所示。

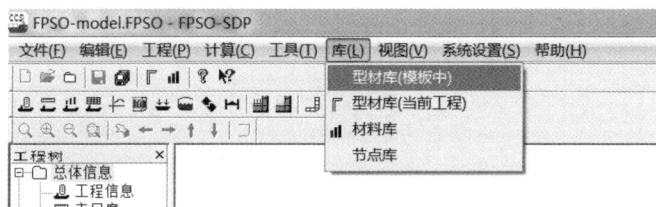

图7-1-1

单击 ⌐ 按钮,型材库（当前工程）,打开工程才可见。

操作界面：

型材库（模板中）,如图7-1-2所示。

型材库（当前工程）,如图7-1-4所示,红色标记为当前工程中增加的型材。

操作步骤：

添加型材:

（1）用户根据不同的需求,选择不同形式的型材。图示中共有4种型材供选择:扁钢、球扁钢、角钢、T型钢。

（2）用户根据需要在 **Standard** 下拉列表中,选择型材所对应的标准。

（3）单击"**Add**"按钮,在现有型材下面新增一行,输入数据。

（4）单击"**Save**"按钮,保存数据结果。

删除型材:

（1）用户根据不同的需求,选择不同形式的型材。图示中共有4种型材供选择:扁钢、球扁钢、角钢、T型钢。

（2）用户根据需要在 **Standard** 下拉列表中,选择型材所对应的标准。

（3）单击需删除的型材,单击"**Delete**"按钮。

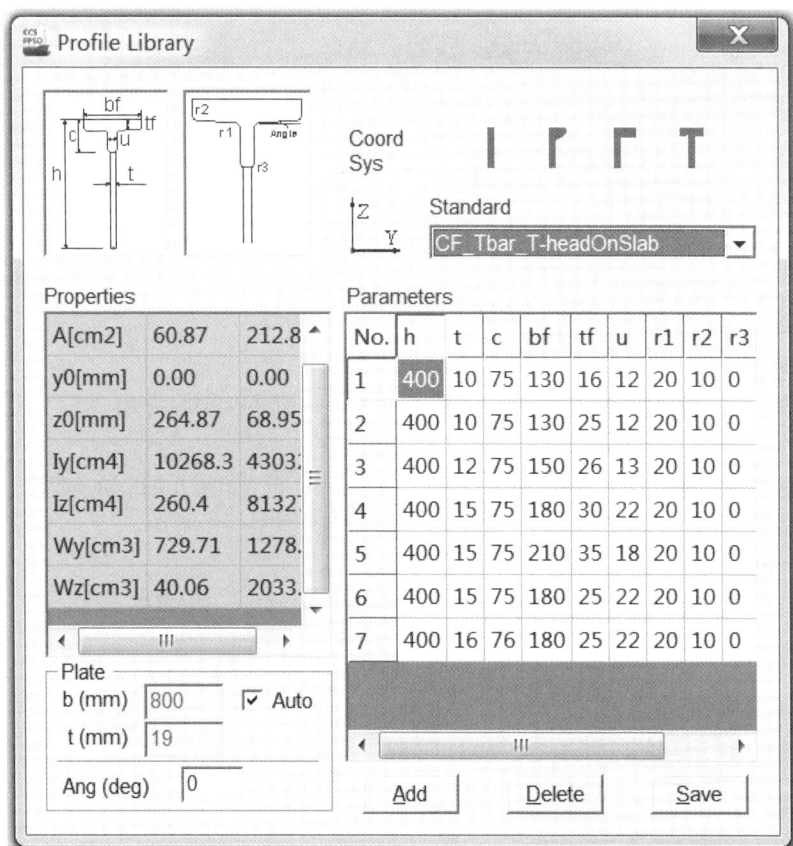

图 7 - 1 - 2

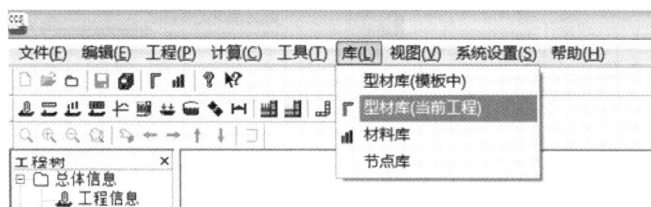

图 7 - 1 - 3

查看型材属性：

（1）用户根据不同的需求，选择不同形式的型材。图示中共有 4 种型材供选择：扁钢、球扁钢、角钢、T 型钢。

（2）用户根据需要在 **Standard** 下拉列表中，选择型材所对应的标准。

（3）单击感兴趣的型材，在界面左下角输入带板宽度 b、厚度 t 和带板与型材间的夹角，系统自动显示出型材的属性，如面积、型心坐标等。

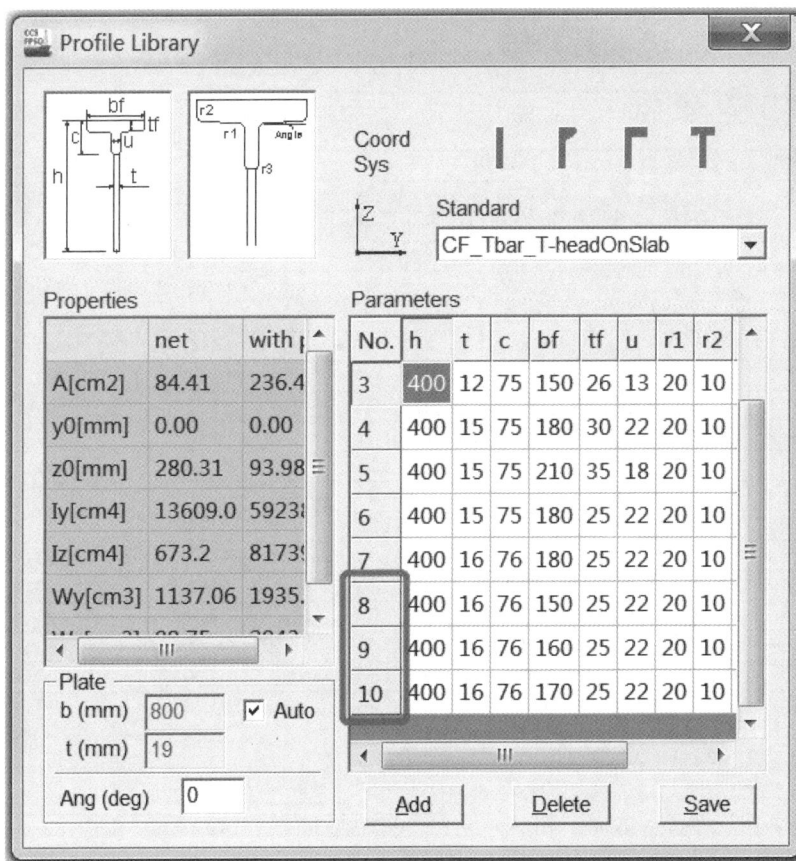

图 7 - 1 - 4

7.2 材 料 库

功能描述:创建材料。

进入方式:

(1)菜单—库—材料库。

(2)单击 ▮▮ 按钮。

操作界面:如图 7 - 2 - 1 所示。

操作步骤:

添加材料:

(1)单击"**添加**"按钮,输入材料参数:名称、等级、屈服应力、材料系数、极限拉伸应力、泊松比等。

(2)单击"**确定**"按钮,保存并退出;单击"**取消**"按钮,放弃保存并退出。

删除材料:

(1)选择要删除的材料,单击"**删除**"按钮。

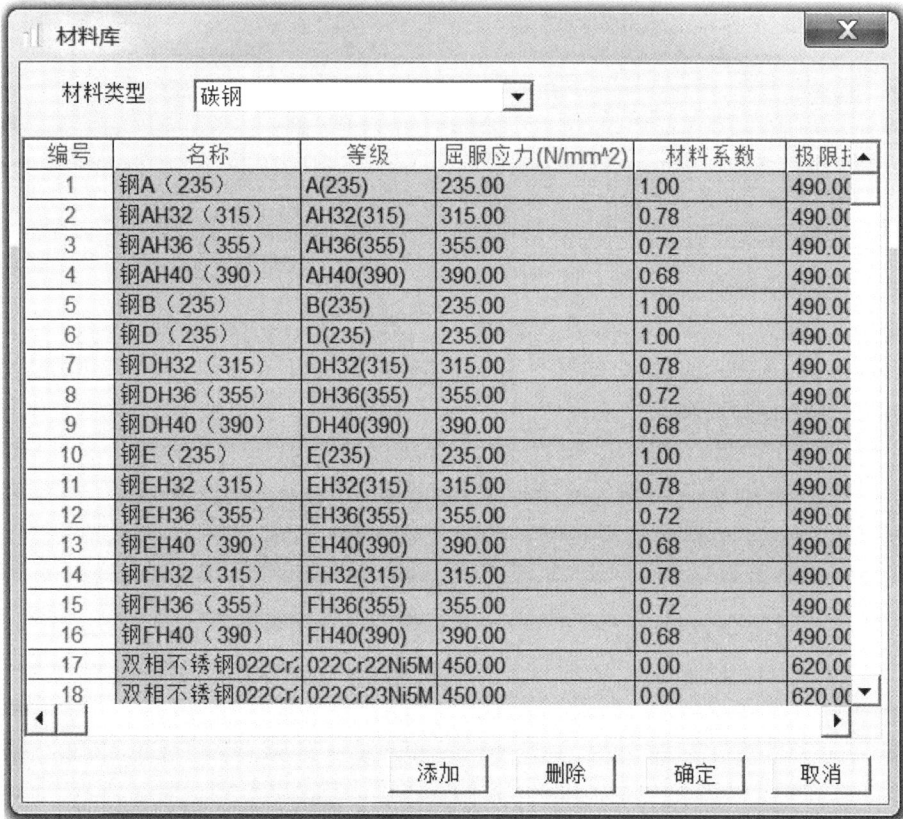

图 7 - 2 - 1

（2）单击"**确定**"按钮,保存并退出;单击"**取消**"按钮,放弃保存并退出。

7.3 节 点 库

功能描述:创建纵骨端部节点。

进入方式:菜单—库—节点库。

操作界面:如图 7 - 3 - 1 所示。

操作步骤:

插入节点:

（1）在左侧选择并输入相关信息后,点击"**插入**"按钮,把节点插入库中。注意,前后端节点需分别插入。

（2）点击"**保存**"按钮,保存节点库。

（3）单击"**确定**"按钮,保存并退出当前界面;单击"**取消**"按钮,退出当前界面。

删除节点:

（1）选择要删除的节点,单击"**删除**"按钮。

其他操作同上。

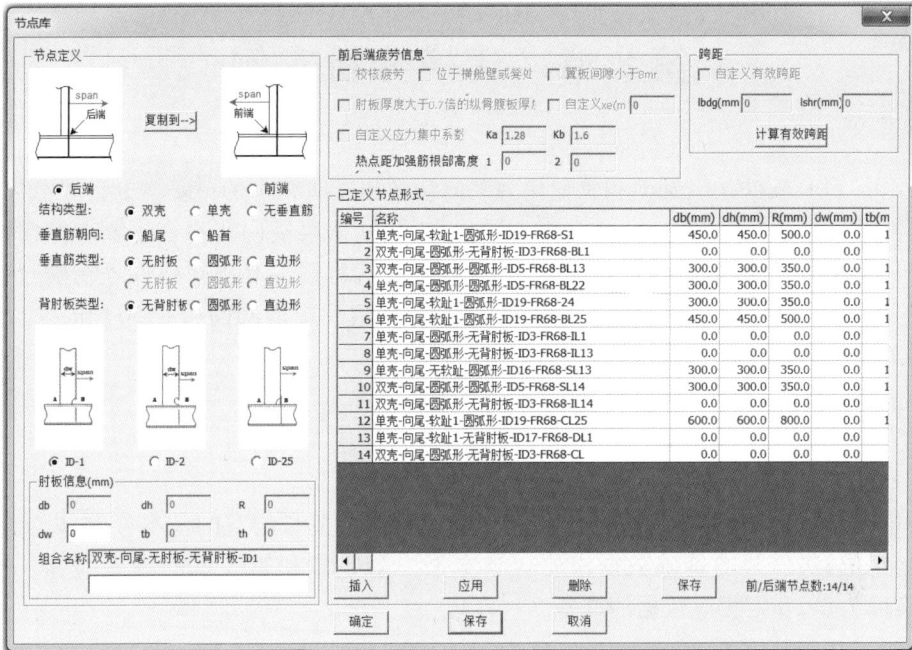

图 7 – 3 – 1

第8章　建模分析实例

FPSO – SDP 软件是以剖面和舱壁作为纵向结构和横向结构的最基本的计算载体,通常纵向构件及其局部支撑构件、纵向主要支撑构件、强框架等横向非水密主要支撑构件在横剖面中进行建模分析,水密横舱壁及局部支撑构件、横舱壁主要支撑构件等在横舱壁中进行建模分析。其本章以某一 FPSO 工程实船为例,介绍一个横剖面(FR150)和一个横舱壁(BHD133)的建模分析过程。

8.1　基础数据准备

不论是计算剖面还是舱壁的计算,均需基于船舶和关联舱室的基本参数,以及相应的载荷参数。这些公共的基础数据主要包含本书中第 2 章和第 3 章的相关内容。本节以 FPSO 实船为例,介绍相应数据的准备。

1. 新建一个工程

在指定目录下,新建一个示例实船的 FPSO 工程"FPSO – 1. FPSO"(图 8 – 1 – 1)。

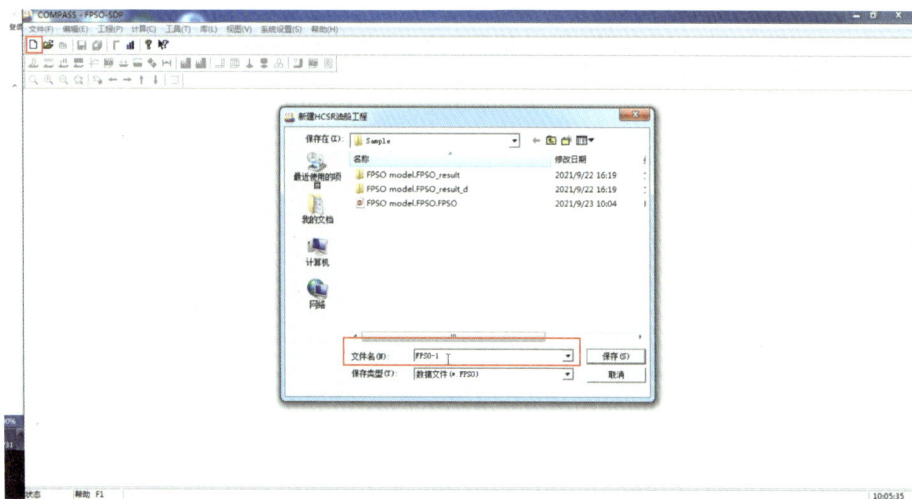

图 8 – 1 – 1

2. 总体信息输入

在该工程的左侧工程树导航栏中,点开总体信息前的" ＋ "(图 8 – 1 – 2),双击打开树状列表中的工程信息、主尺度、材料、肋位表(图 8 – 1 – 3 至图 8 – 1 – 6)等各船舶基本参数选项,逐一根据分析内容进行相应数据的输入。也可通过上一步、下一步进行各模块的切换。

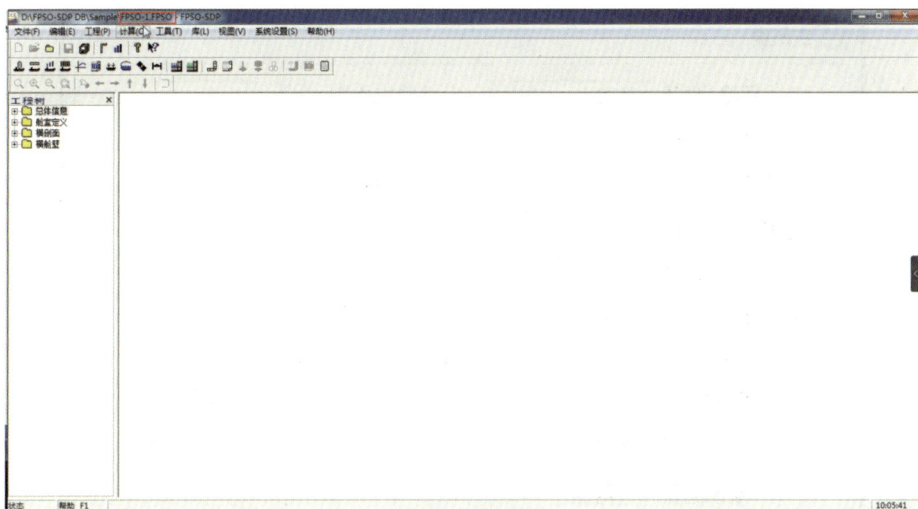

图 8 - 1 - 2

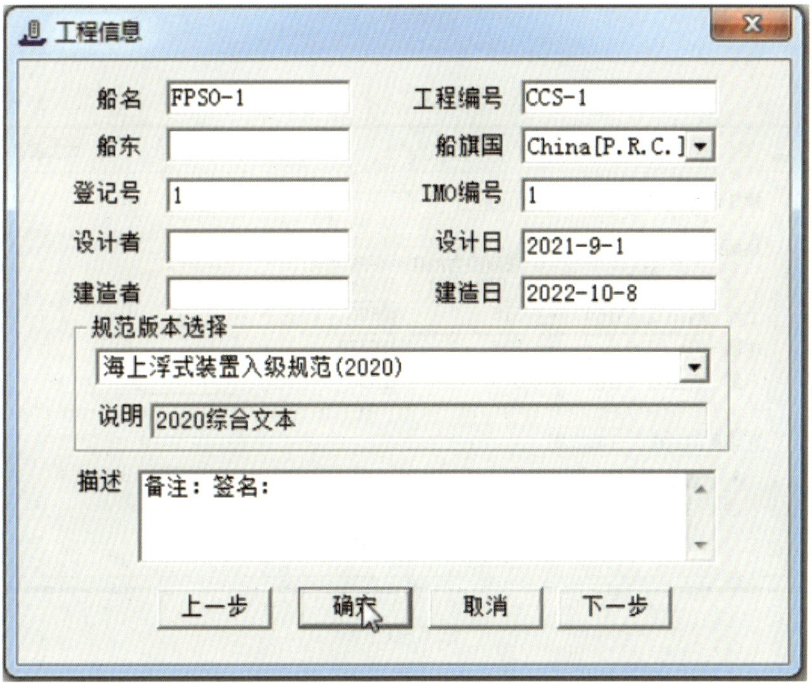

图 8 - 1 - 3

　　船体梁载荷界面,点击"**数据输入**"按钮(图8-1-7),即可进入数据输入界面,需要输入不同作业模式下的静水弯矩、静水剪力、波浪弯矩、波浪剪力、均匀满载弯矩等载荷(图8-1-8)。这些船体梁载荷数据在纵向范围上,应当至少包含所需要计算的剖面/舱壁纵向位置。

　　完成数据输入后,确定返回船体梁载荷界面,即可分类显示弯矩剪力曲线图(图8-1-9),方便用户进行数据校验。

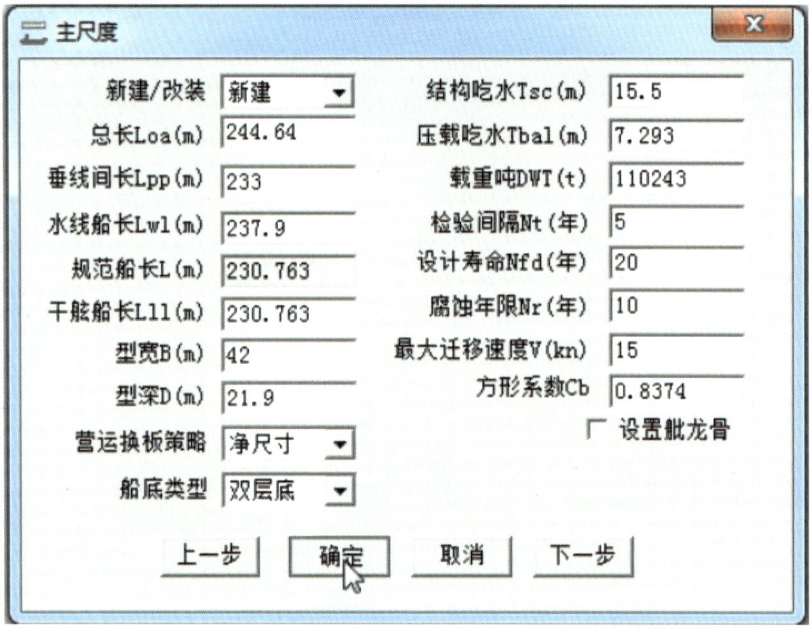

图 8 - 1 - 4

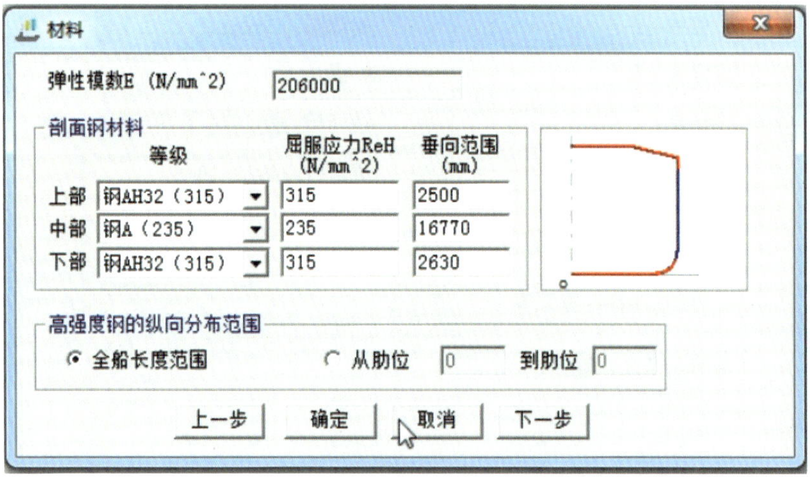

图 8 - 1 - 5

　　横舱壁信息(图 8 - 1 - 10)数据主要用于确定计算剖面和舱壁的结构区域,需要至少包含船体主要分区(船首、货舱、机器处所、船尾)的边界舱壁位置,以及主要货舱舱壁位置。本实例中输入了全船范围内所有主要横舱壁的信息。

　　本实例中根据甲板载荷图,依次输入全船范围内的甲板静载荷数据(图 8 - 1 - 11)。如果仅需计算少数剖面和舱壁,可以仅输入跨这些剖面和舱壁的甲板静载荷即可。

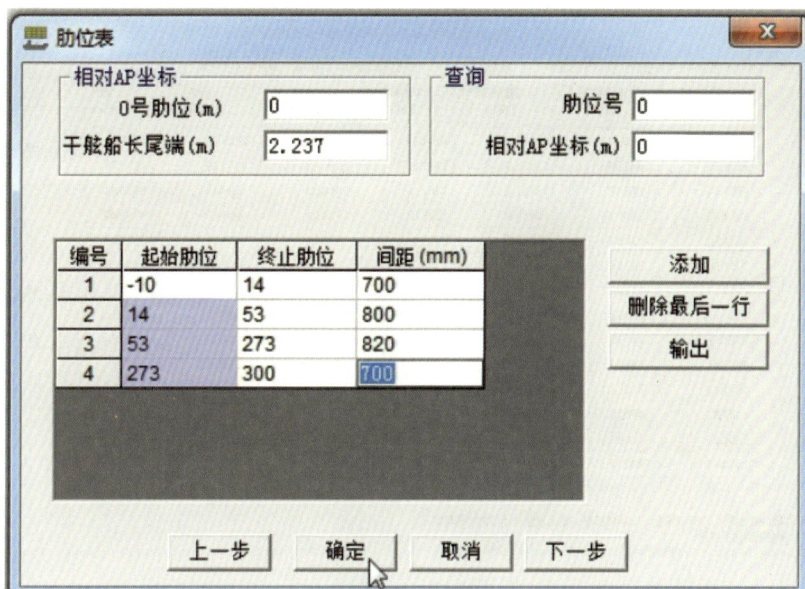

图 8 – 1 – 6

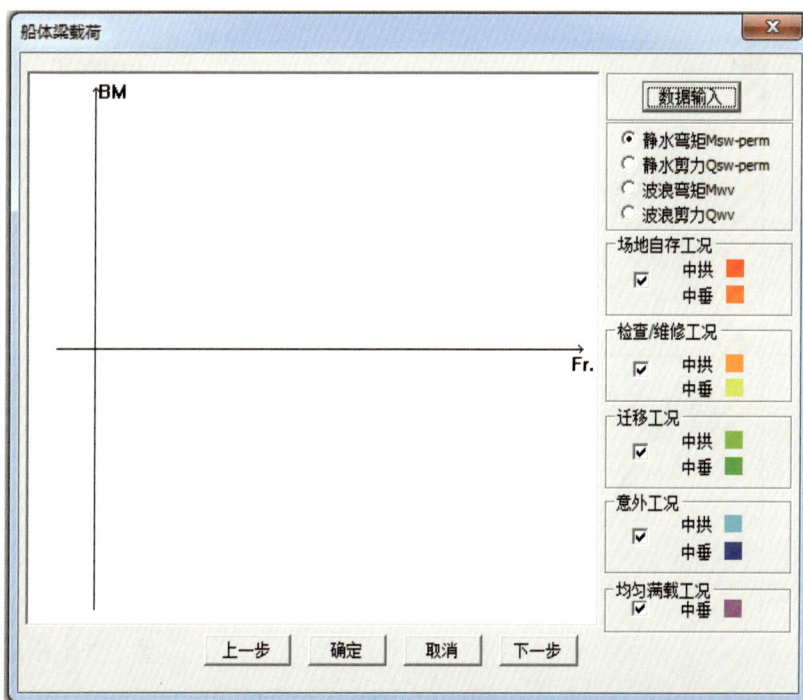

图 8 – 1 – 7

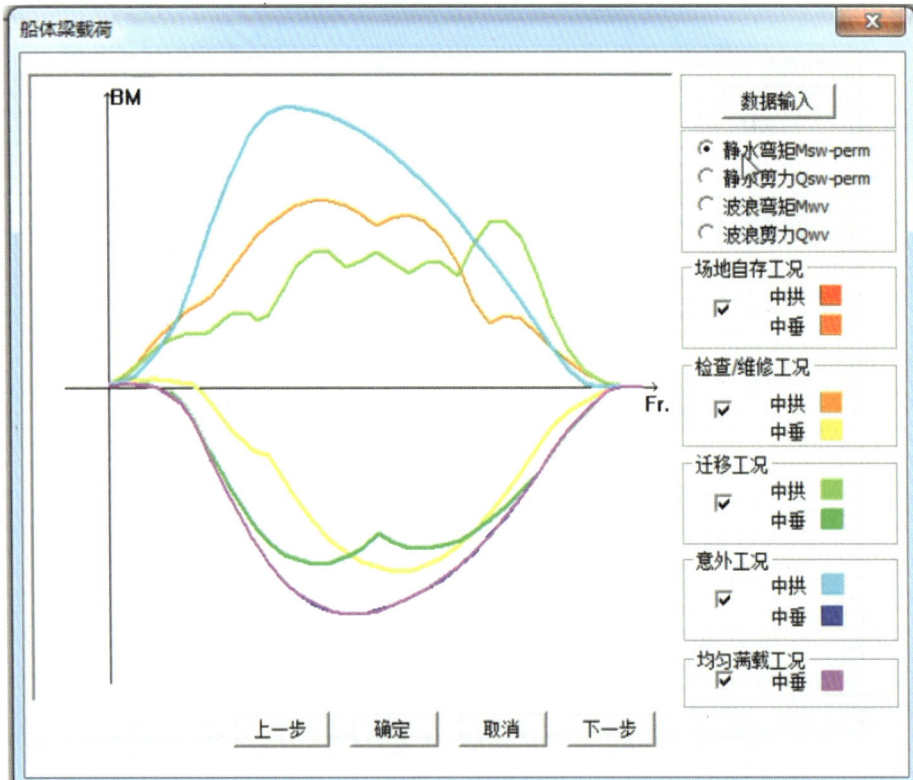

数据输入

肋位号	场地自存正(kN)	场地自存负(kN)	检查维修正(kN)	检查维修负(kN)	迁移正(kN)	迁移负(kN)	意外正(kN)
0	5307.21	2462.31	8416.98	3404.07	7828.38	2727.18	5307.21
5	7190.73	1461.69	13076.7	3237.3	11860.3	1952.19	7190.73
10	8838.81	-765.18	17962.1	1962	15941.3	-39.24	8838.81
12	9633.42	-1903.14	19933.9	1245.87	17540.3	-1069.29	9633.42
15	13312.2	-1510.74	22347.2	2354.4	19306.1	-500.31	13312.2
23	22533.6	-3953.43	23328.2	2266.11	18050.4	-3031.29	22533.6
28	23701	-11399.2	20561.8	-3502.17	13606.5	-9476.46	23701
36	36169.5	-18021	18874.4	-4286.97	13086.5	-16873.2	36169.5
41	44978.8	-24005.1	22788.6	-7926.48	12998.3	-22612	44978.8
43	48736.1	-26899	24632.9	-10692.9	13655.5	-25388.3	48736.1
48	59213.2	-34217.3	30136.3	-17697.2	17334.3	-32431.9	59213.2
53	63872.9	-48029.8	29577.2	-31176.2	14901.4	-45930.4	63872.9
58	58604.9	-46185.5	28723.7	-29145.5	13429.9	-42712.7	58604.9
63	53719.6	-43370	28861	-31843.3	24937	-38514.1	53719.6

表格数据可从Excel中拷贝(CTRL+C复制,CTRL+V粘贴),输入数据自动按肋位号排序。
老版本软件保存的数据需要确认

图 8-1-8

图 8-1-9

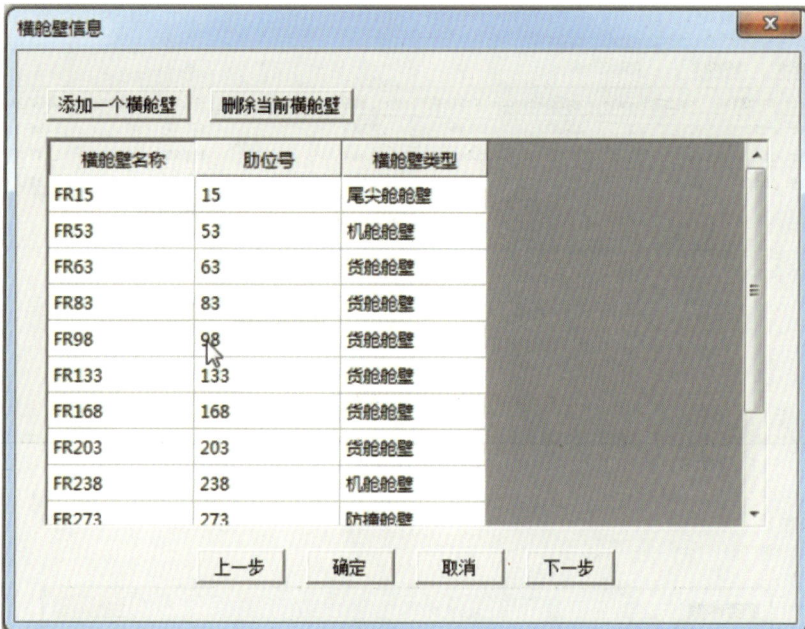

图 8-1-10

图 8-1-11

　　依据规范要求,至少需要机选满载和压载两种工况,用户还可以根据实际的装载情况增加部分满载工况(图 8-1-12)。本实例中除补充了规范要求的满载和压载两种装载工况的数据外,还自定义了部分装载工况。

　　疲劳参数为计算纵骨疲劳的必需数据,本实例中根据 FPSO 的实际情况,输入疲劳设计参数如图 8-1-13 所示。

图 8 - 1 - 12

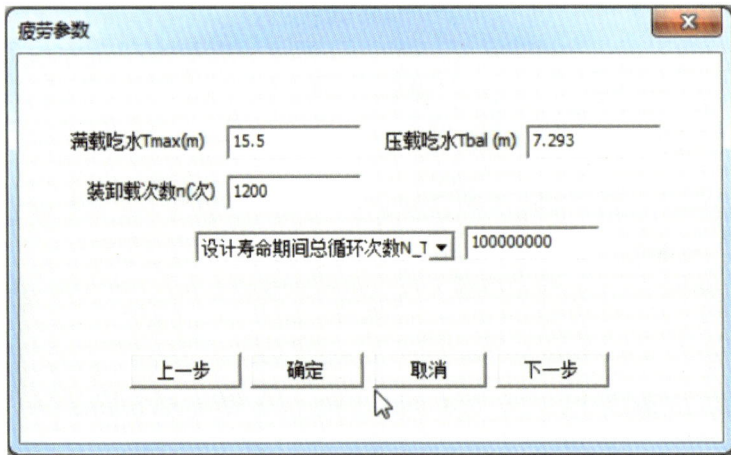

图 8 - 1 - 13

根据横舱壁结构图,补充横舱壁水平桁数据如图 8 - 1 - 14 所示。

3. 舱室定义

此处舱室定义只需根据要计算的剖面和舱壁,建立相关联的舱室即可。本实例计算剖面/舱壁为 FR150 和 BHD133,均为货舱区典型结构,所关联的舱室类型为货舱和双舷侧压载舱两种,因此建模时仅创建货舱区舱室和双舷侧舱室(图 8 - 1 - 15、图 8 - 1 - 17)。

创建舱室时,逐一填写界面上的舱室前后端位置、密度、用途、重心及主要舱室参数、舱顶参考点坐标,以及舱室纵向范围内横框架的肋位号。舱室参考点选取舱顶所有的几何顶点坐标填入(图 8 - 1 - 16、图 8 - 1 - 18)。

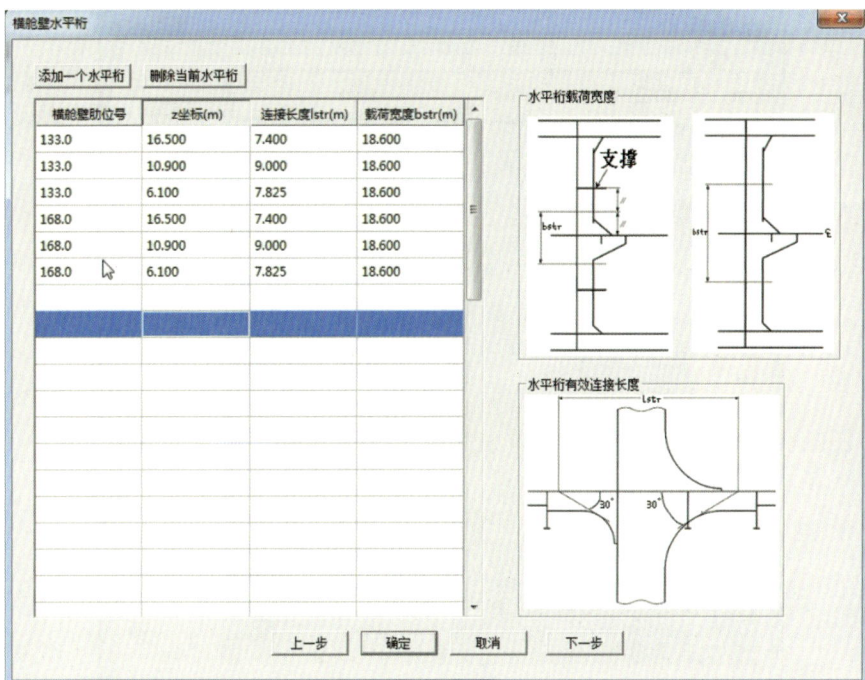

图 8-1-14

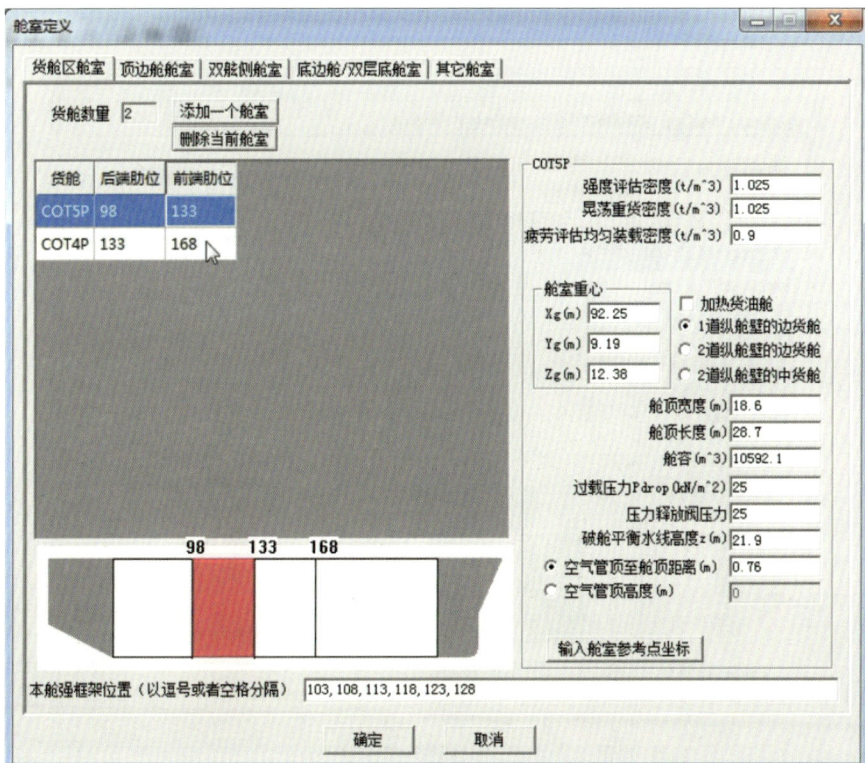

图 8-1-15

图 8 − 1 − 16

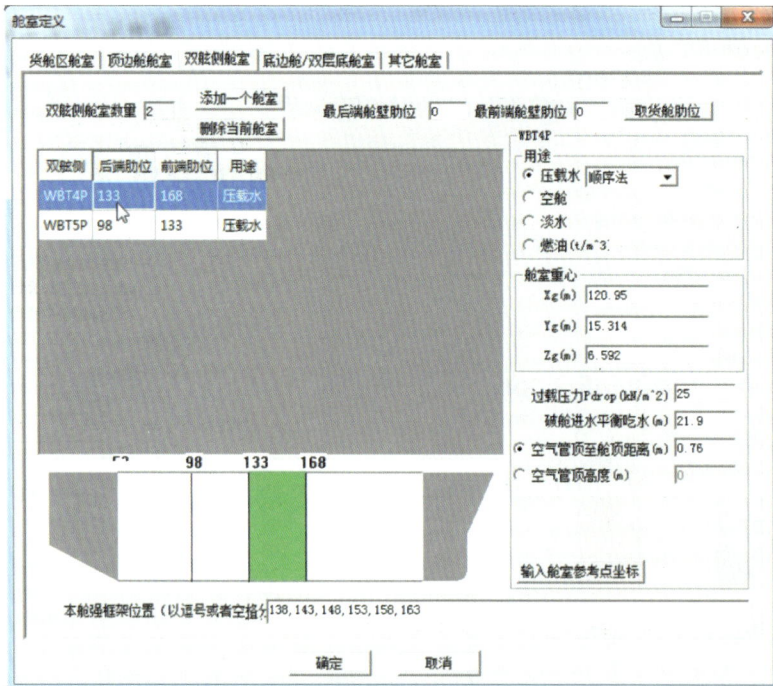

图 8 − 1 − 17

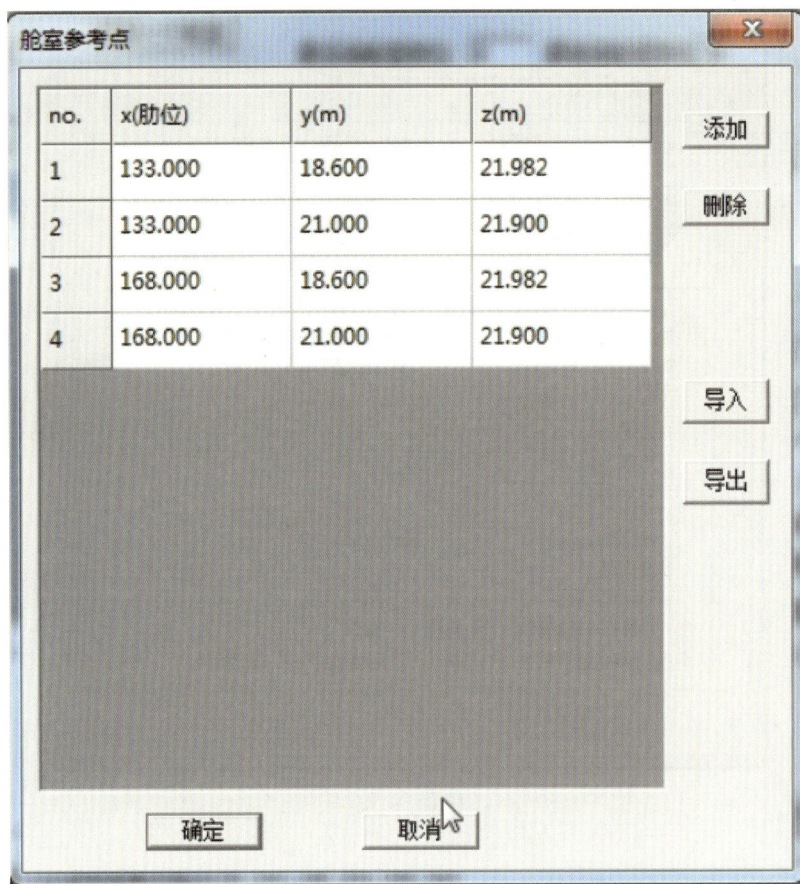

图 8 – 1 – 18

8.2 横剖面建模及分析

横剖面的建模和分析过程主要分为建模和计算数据填写两部分。详细步骤如下：

1. 创建剖面

新建 FR150 横剖面,输入剖面基本数据、剖面纵骨信息、材料信息、剖面形心等参数(图 8 – 2 – 1)。

完成新建剖面数据后,点击"**确定**"按钮,自动跳转到横剖面轮廓建模向导,依次输入外壳、甲板、舷缘的形状特征及参数(图 8 – 2 – 2 至图 8 – 2 – 4),即完成了横剖面外壳基本型线的建模。

2. 型线建模

(1)外壳型线编辑:选中外壳型线,选择点的方式显示外壳型线点,通过插入、编辑参数点的方式,将外壳型线分为平板龙骨、船底、舭部、舷侧外板、舷顶列板五段。将型线切换到线段方式显示,分段修改其规范属性(图 8 – 2 – 5)。

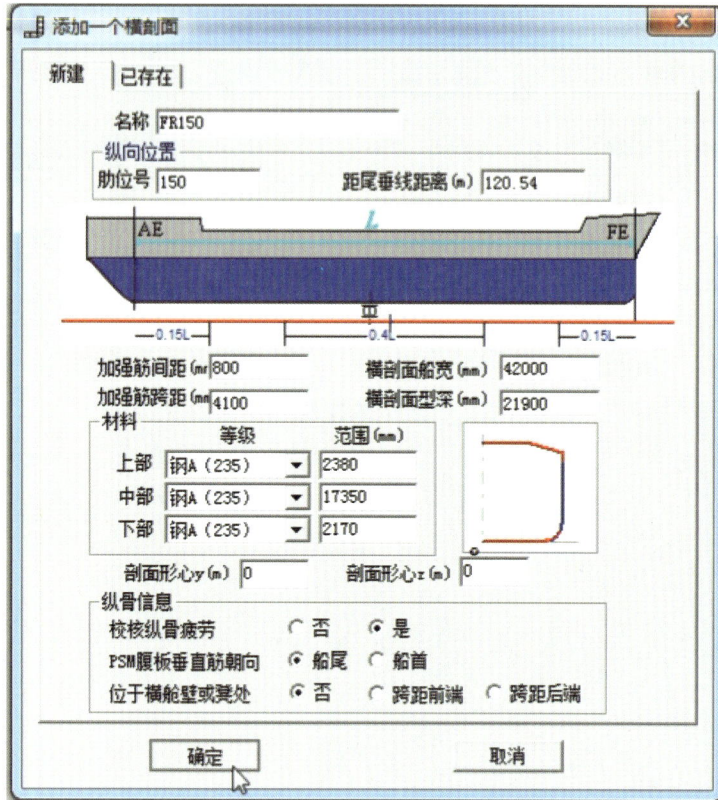

图 8 - 2 - 1

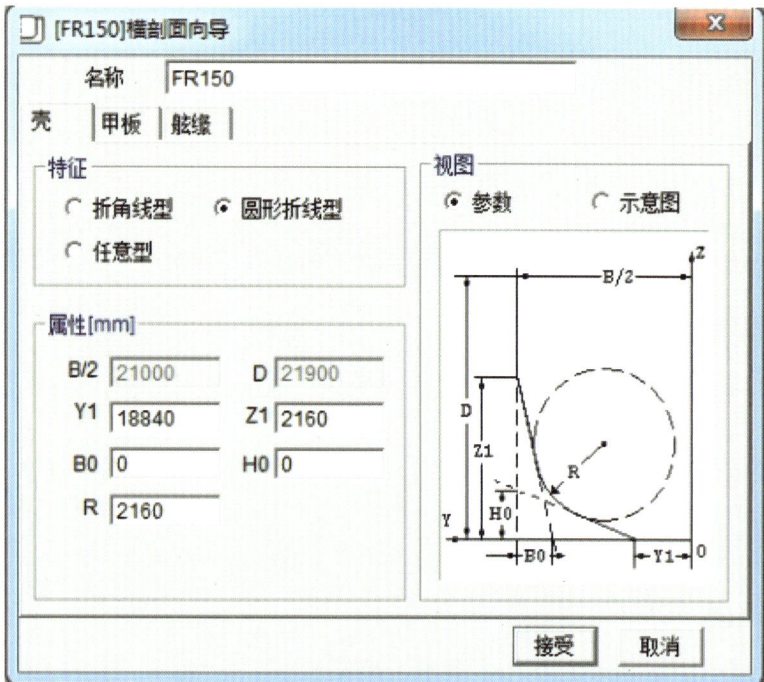

图 8 - 2 - 2

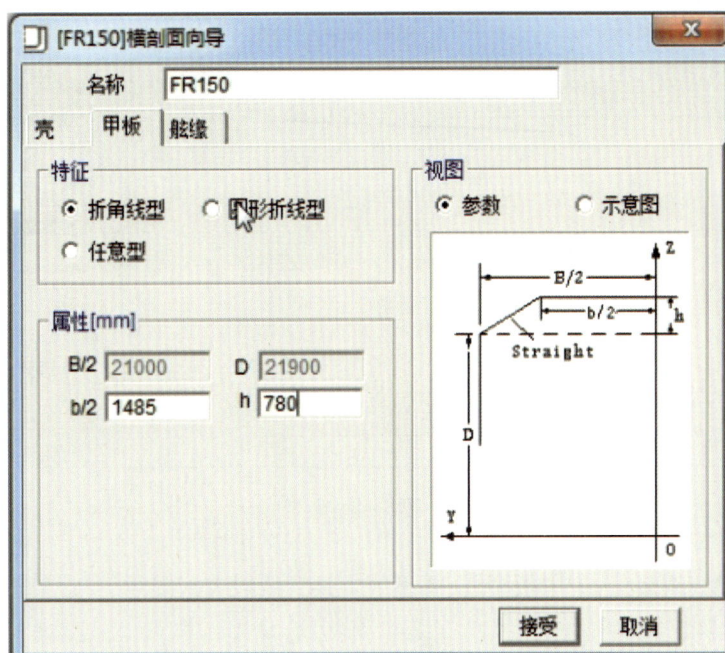

图 8 - 2 - 3

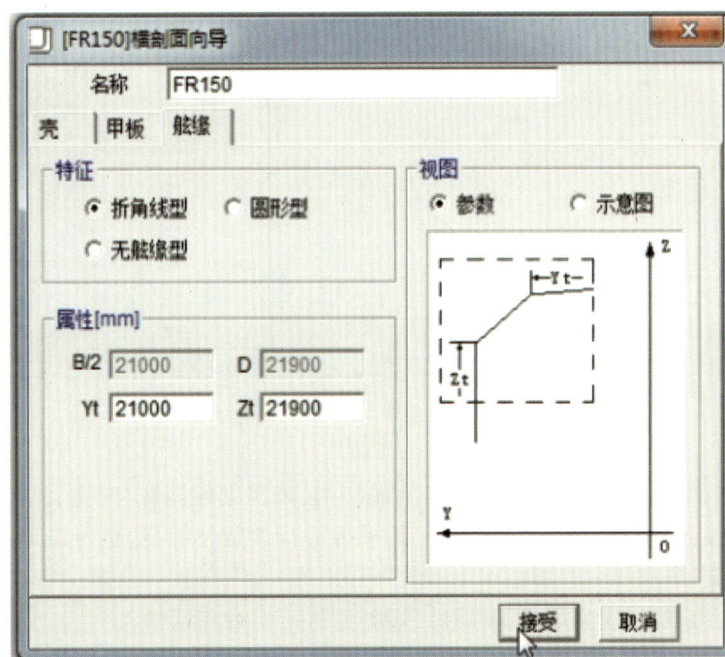

图 8 - 2 - 4

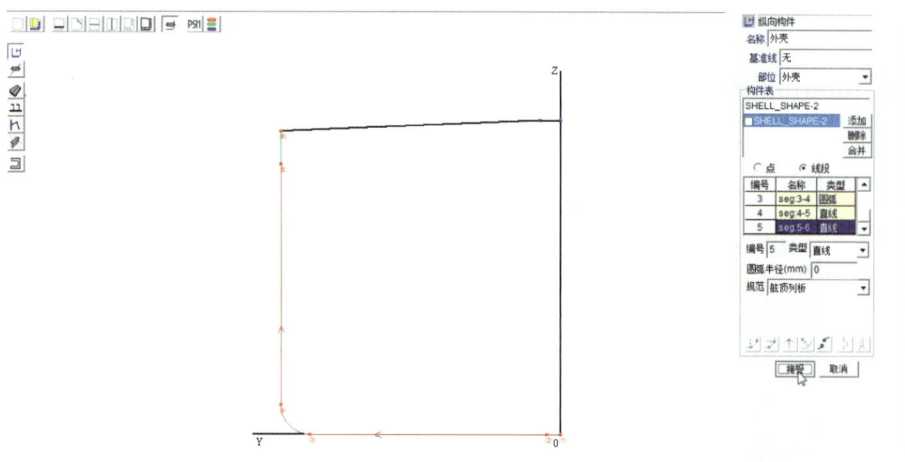

图 8 – 2 – 5

（2）甲板型线编辑：选中甲板型线，将型线切换到线段方式显示，分段修改其规范属性，以及是否露天属性（图 8 – 2 – 6）。

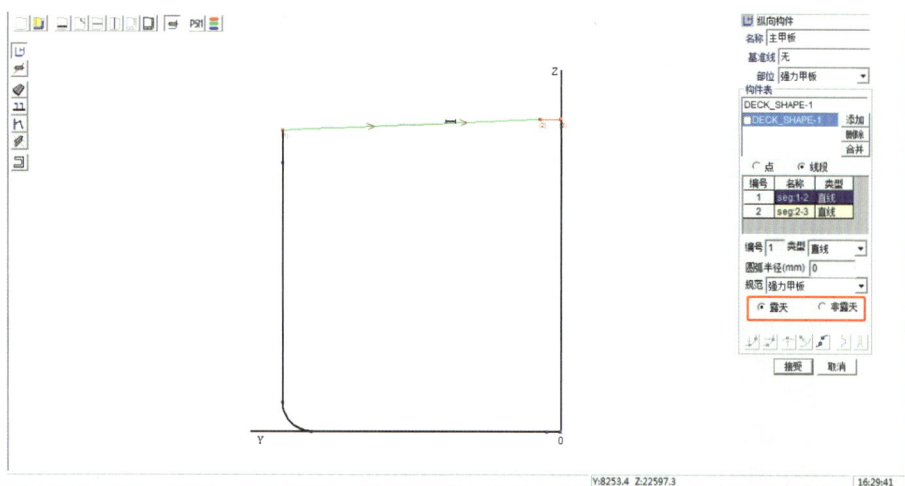

图 8 – 2 – 6

（3）创建内部板架型线：根据 FR150 剖面结构，依次创建内底/内壳、纵向舱壁、双层底纵桁/双舷侧纵桁型线，可以通过软件给定的模板进行参数化建模，也可以通过自由型线建模实现（图 8 – 2 – 7、图 8 – 2 – 8）。

型线创建后需对型线的规范属性和线段类型进行检查和调整。

型线的线段类型可以设置为直线/圆弧/开孔三种形式：水密结构型线一般设置为直线，非水密结构型线可以设置为开孔，曲面板的型线可以划分为多段直线，也可以设置为圆弧。

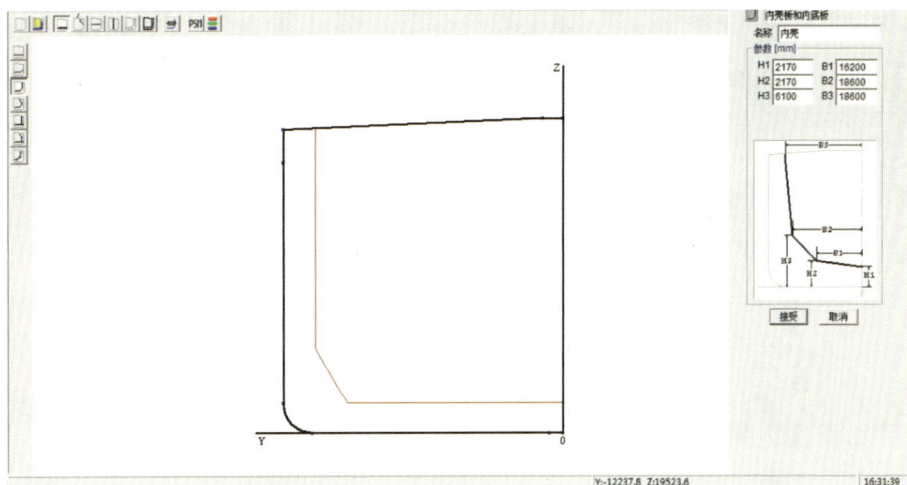

图 8－2－7

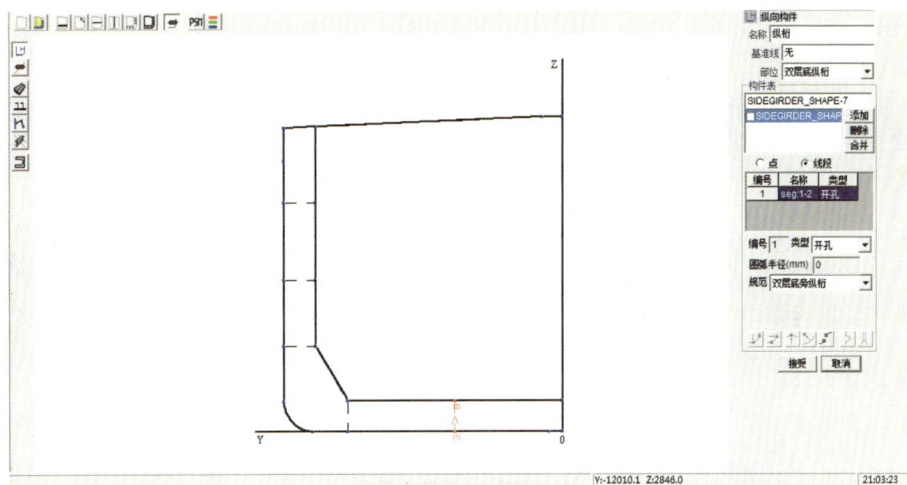

图 8－2－8

3. 纵向板建模

型线建模完成后,需要依据型线进行纵向板建模。以外壳板建模为例,选中外壳型线,选择左侧工具栏中的纵向板按钮,进入纵向板建模及编辑模块(见图 8－2－9 右侧工具栏),点击插入板按钮(在被选板前插入一新的板/在被选板后插入一新的板),即可进入插入板界面,设置纵向板宽度、铺板方向、板的设计厚度、船东自愿增加厚度、弯曲/剪切折减因数、材料屈服应力等,也可以设置纵向板是否是"无底凳相关结构",也可以进行自定义腐蚀余量设置。完成数据输入后确定,即可完成一块纵向板的定义。已完成定义的纵向板会出现在纵向板列表中,选中已定义的列表,也可以通过右侧工具栏进行纵向板的移除或者编辑。

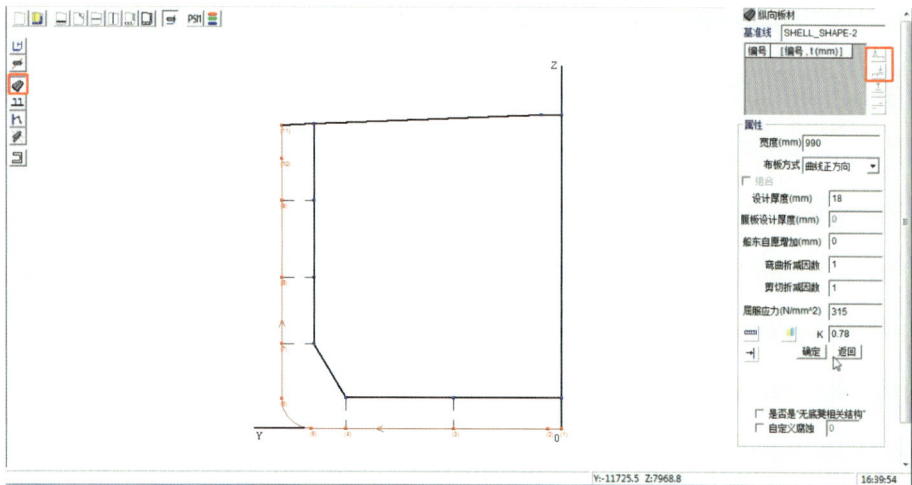

图 8 – 2 – 9

根据 FR150 剖面结构图,依次创建纵向板列,即可完成横剖面上所有纵向板的建模(图
8 – 2 – 10)。

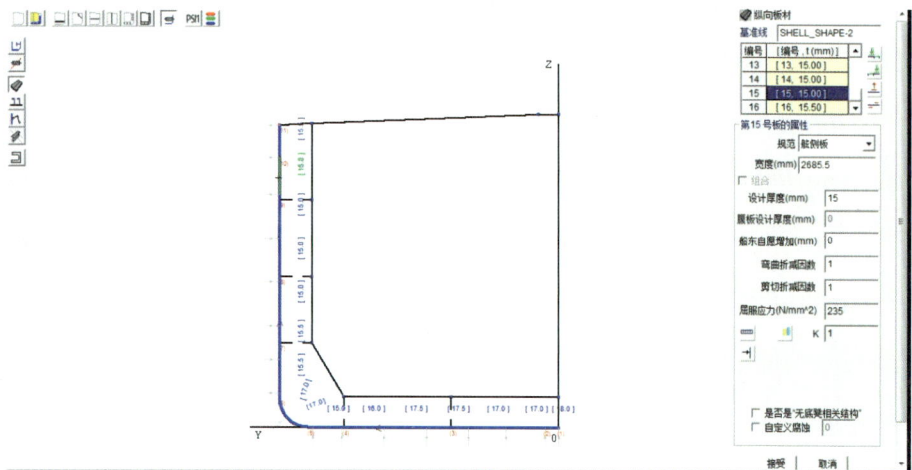

图 8 – 2 – 10

4. 纵向加强筋建模

型线和纵向板建模完成后,需要依据型线进行纵向加强筋铺设。以甲板纵骨为例,选
中甲板型线,选择左侧工具栏中的纵向加强筋按钮,进入纵向加强筋建模及编辑模块,点击
插入纵骨按钮(图 8 – 2 – 11 右侧工具栏),即可进入纵骨定义界面。纵骨的定义可以单个
定义,也可以等距等尺寸批量建模。设置纵骨编号,程序根据纵骨编号自动判断纵骨数量,
当纵骨数量大于 1 时,则为批量加强筋建模。依次设置纵骨间距、纵骨布置方向及起始位
置,纵骨剖面尺寸、弯曲/剪切折减因数、材料屈服应力等。如新建纵骨是主要支撑构件
(PSM)或者作为永久检验通道(PMA),则可以勾选相应选项,并补充相关参数。

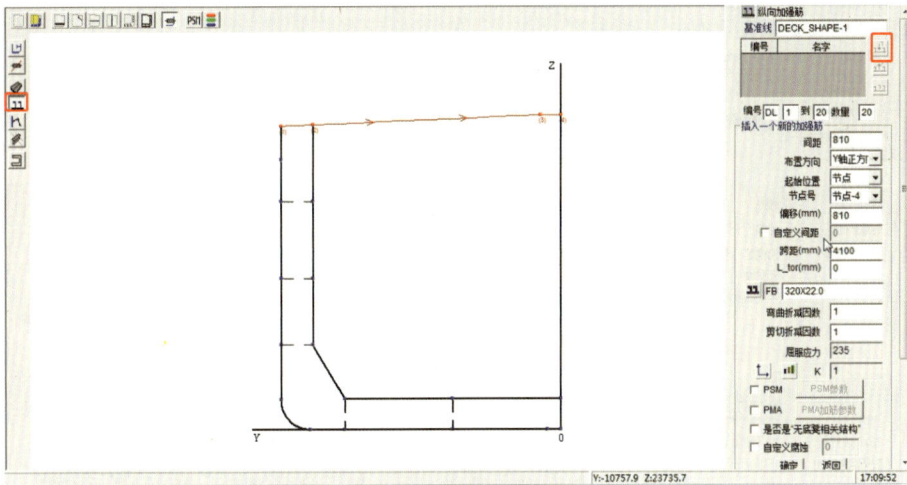

图 8 - 2 - 11

同时也可以设置纵向加强筋是否是"无底凳相关结构",也可以进行自定义腐蚀余量设置。对于满足浮规中关于加强筋成组要求的加强筋,也可以设置为加强筋组。

还可以对加强筋的前后端端部形式进行设置,加强筋端部设置将用于加强筋跨距的计算和疲劳评估(图 8 - 2 - 12、图 8 - 2 - 13)。

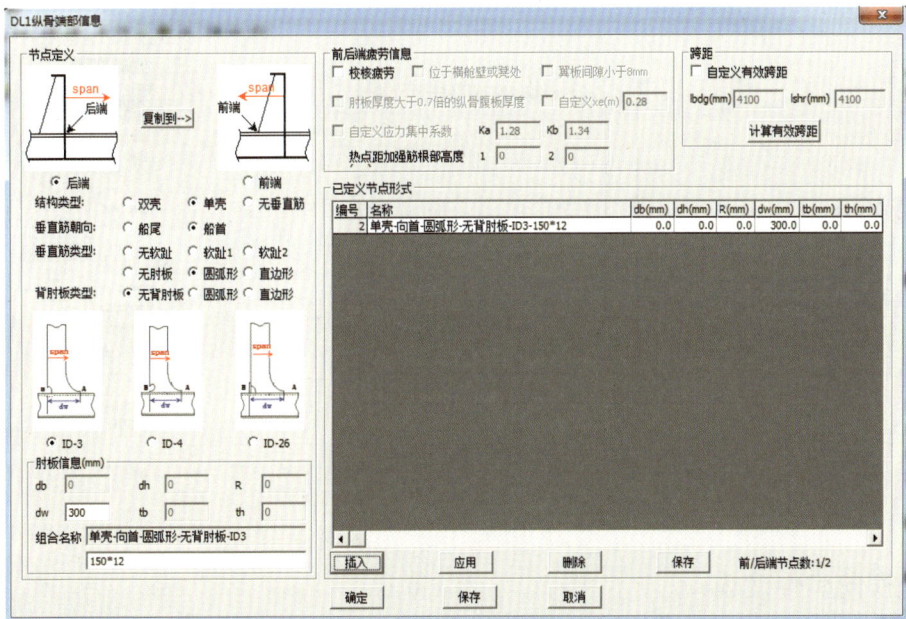

图 8 - 2 - 12

完成数据输入后确定,即可完成一次纵向加强筋的定义(图 8 - 2 - 14)。已完成定义的纵向加强筋会出现在纵向加强筋列表中,选中已定义的列表,也可以通过右侧工具栏进行纵向加强筋的移除或者编辑。

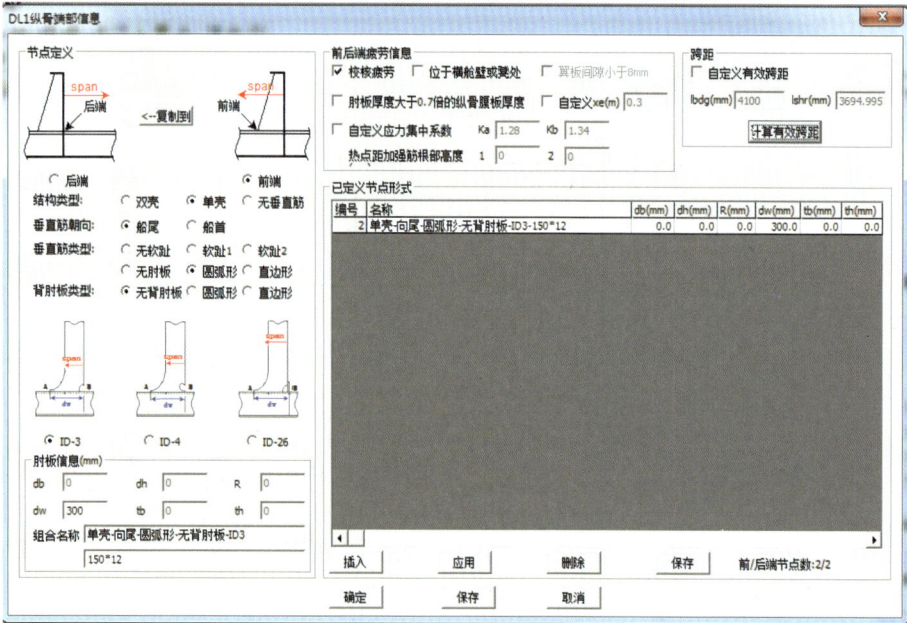

图 8 – 2 – 13

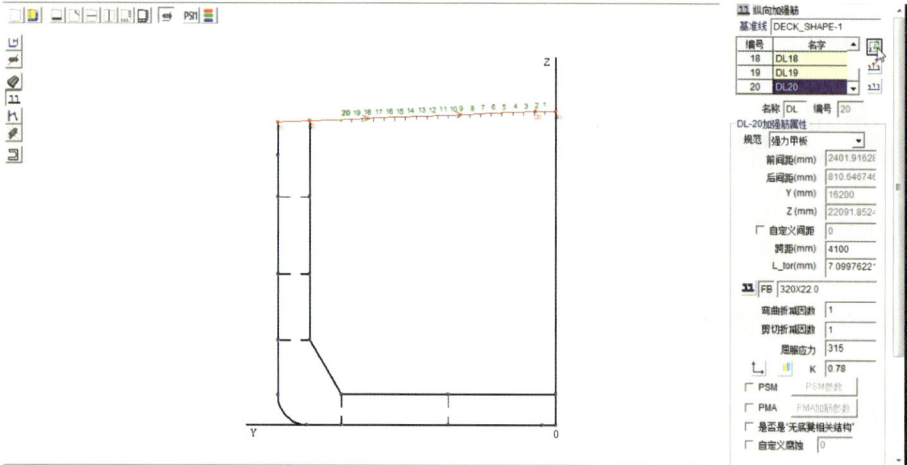

图 8 – 2 – 14

5. 横向构件建模

对于需要进行计算的横向加强筋,以及可用于纵向板格划分的横向肘板或者横向加强筋,可以通过横向构件进行建模。以舭部肘板为例,选中外壳型线,选择左侧工具栏中的横向构件按钮,进入横向构件建模及编辑模块,点击插入横向构件按钮,即可进入横向构件定义界面。依次完成相应参数的输入,即可横向构件的定义(图 8 – 2 – 15、图 8 – 2 – 16)。

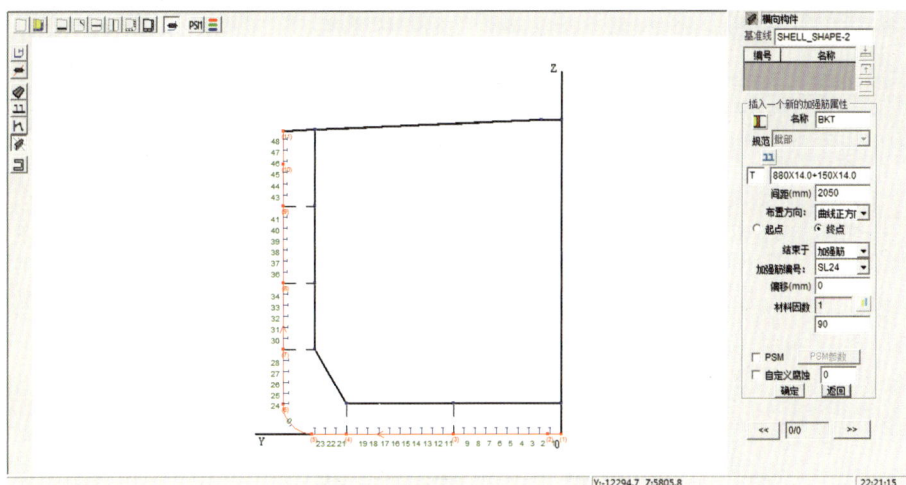

图 8 – 2 – 15

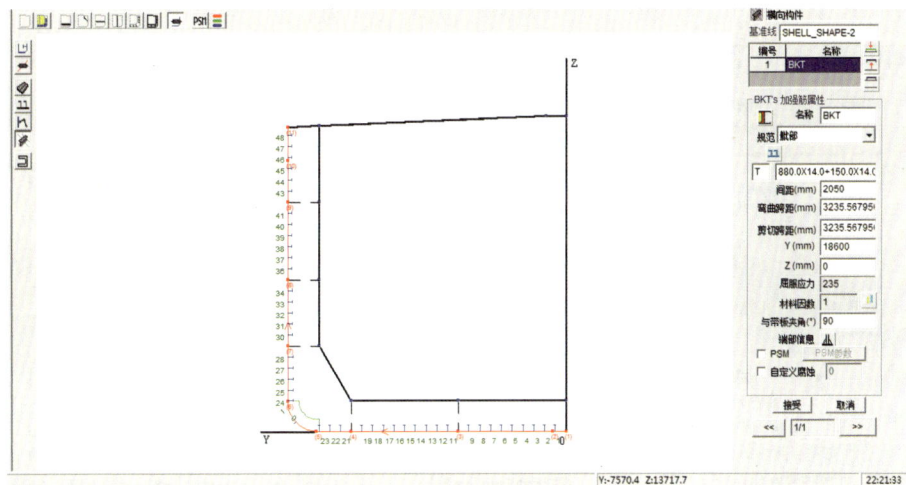

图 8 – 2 – 16

6. PSM 建模

对需要进行计算的主要支撑构件,需要通过填表的方式进行建模,图形中创建的非水密纵桁等结构不能通过 PSM 的规范要求进行计算校核。

点击当前剖面的 PSM 工具按钮(图 8 – 2 – 17),即可进入 PSM 定义界面,根据界面要求,依次输入相应数据,完成数据填写,点击添加按钮,该 PSM 数据即可加入界面上方的 PSM 列表,即可完成一个 PSM 的建模。选中列表中的一条 PSM 数据,也可在下方显示该 PSM 的详细数据(图 8 – 2 – 18)。

需要说明的是,PSM 的不同计算模块(比如屈服、屈曲、砰击、冲击、晃荡)等计算数据分布在不同标签页,即使是同一个 PSM,也需要分别在相应标签内进行填写。

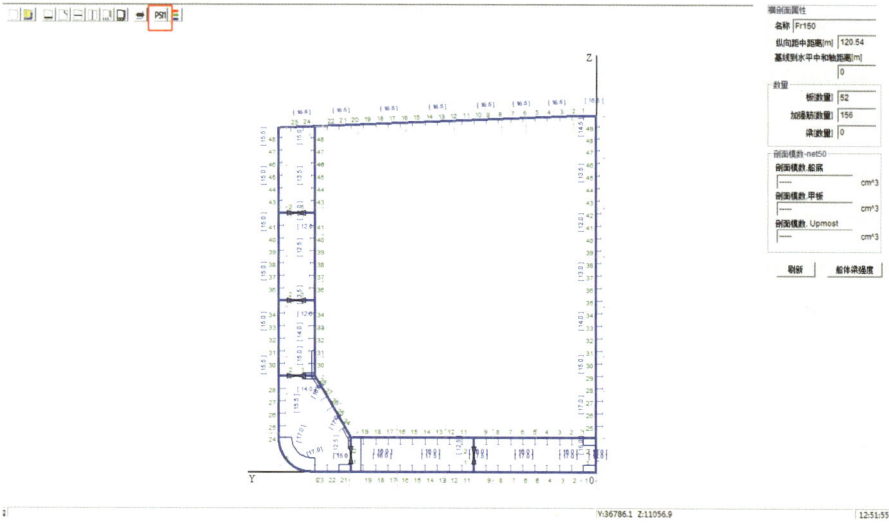

图 8 – 2 – 17

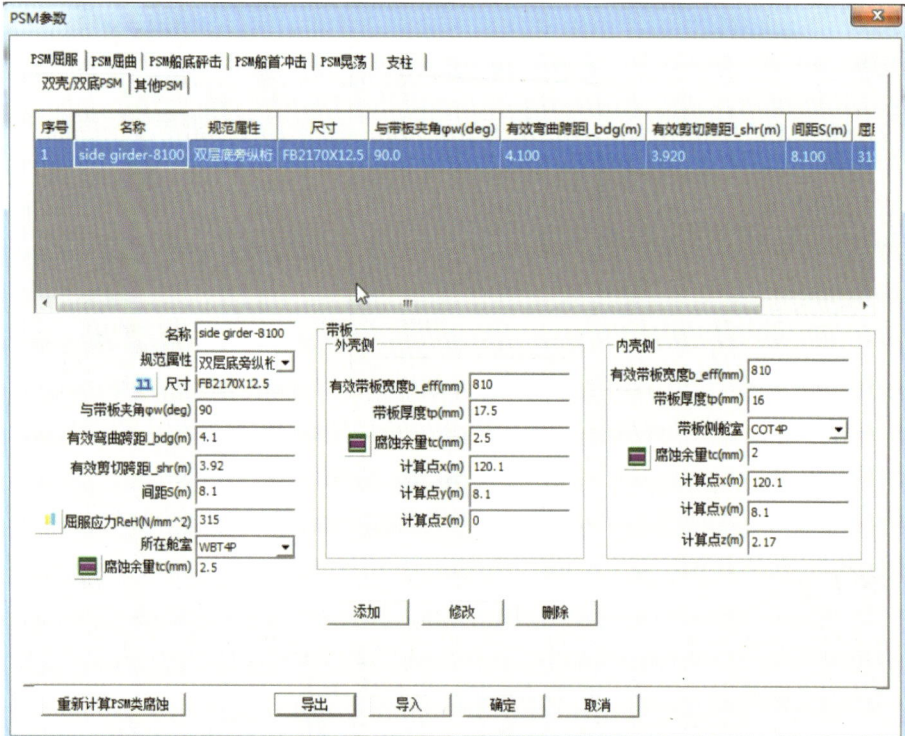

图 8 – 2 – 18

7. 舱室关联

完成计算结构创建后,进入剖面舱室关联功能界面,对剖面内的所有封闭区域逐一进行舱室关联(图8-2-19、图8-2-20)。

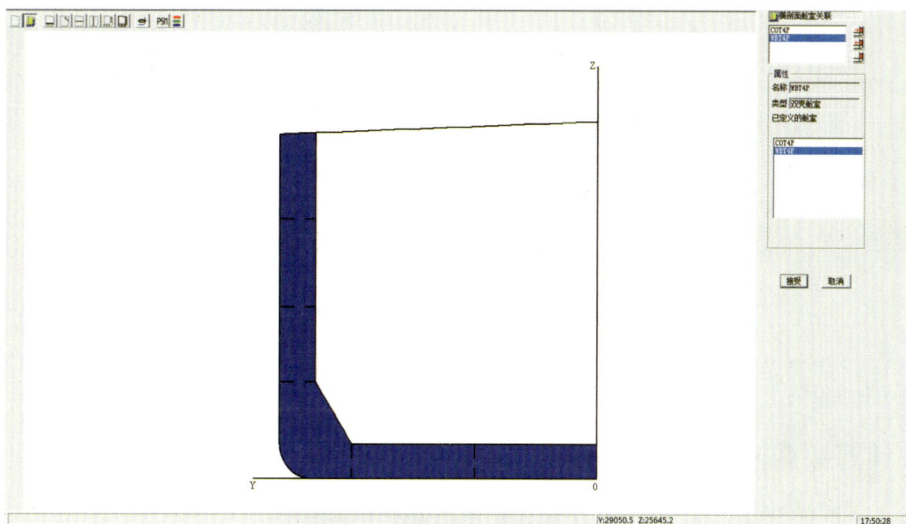

图 8 - 2 - 19

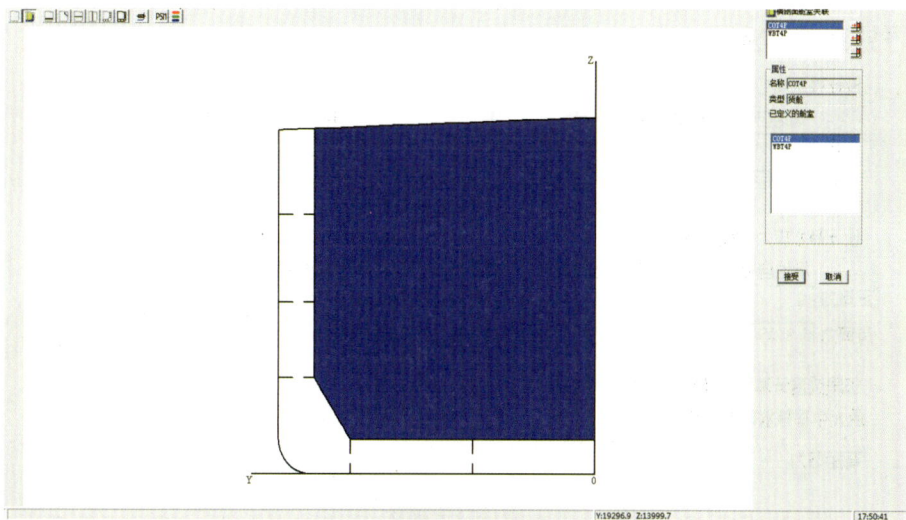

图 8 - 2 - 20

8. 模型检查

完成模型的准备后,通过数据检查功能,可以通过云图显示对前处理的模型材料、加强筋尺寸、弯曲折减因子、剪切折减因子、型线未铺板、板厚、规范属性、甲板载荷等数据进行检查(图8-2-21)。

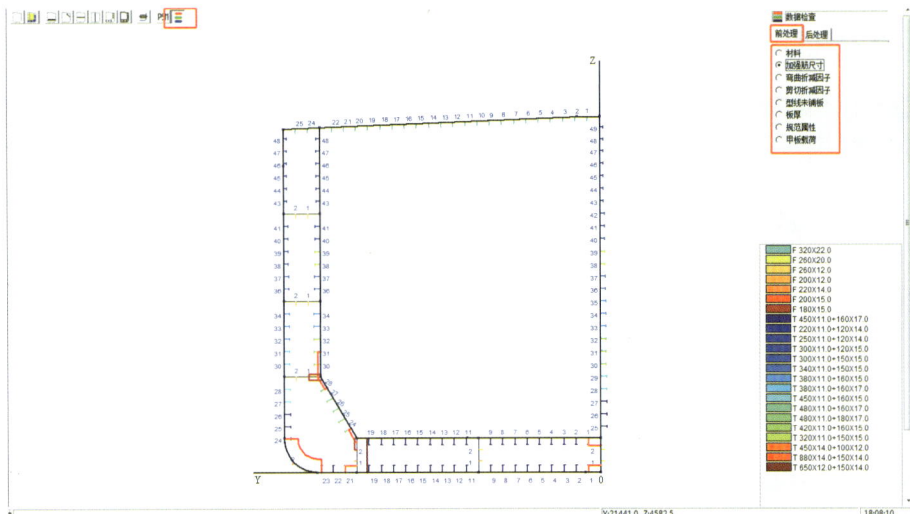

图 8 – 2 – 21

9. 计算数据输入

运行计算横剖面功能,在界面中输入计算载荷数据(图 8 – 2 – 22)。

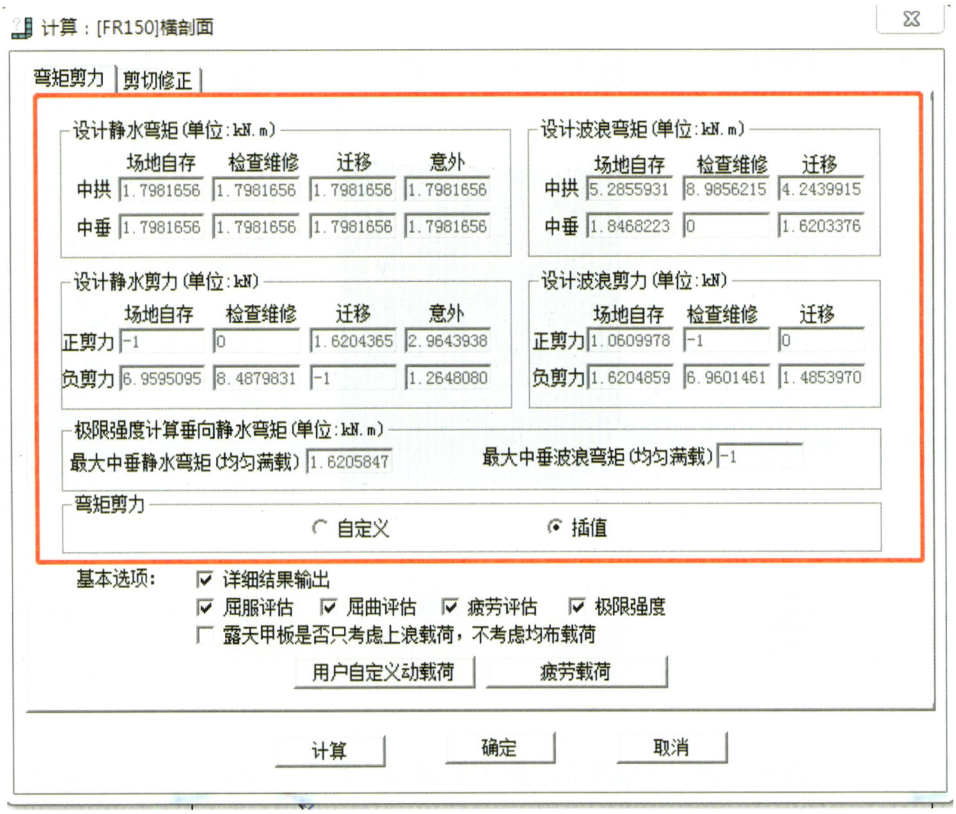

图 8 – 2 – 22

船体梁载荷可以通过插值方式获取,也可以用户自定义。本实例中采用插值的方式获取 Fr150 剖面的船体梁载荷。

在界面中用户自定义动载荷中逐一创建计算的动载荷工况,以及相应的直接预报动载荷(图 8 - 2 - 23、图 8 - 2 - 24)。

FR150-自定义动载荷工况

编号	作业模式	吃水标识	吃水值T(m)
1	场地自存	压载吃水	7.293
2	场地自存	满载吃水	15.5
3	检查维修	压载吃水	7.293
4	检查维修	满载吃水	15.5
5	迁移	压载吃水	7.293
6	迁移	满载吃水	15.5

添加　删除　详情　导出　确定

图 8 - 2 - 23

FR150-场地自存-压载吃水-自定义载荷工况

载荷编号#	1	2	3	4	5	6	7	8	9	10	11	12	13
浪向(deg)(非必填)													
控制载荷名称	Mww-hogging	Qv+	Mh+1	Mh+	Av+~heading	Av+~s+	Av+~p+	At+~s+	At+~p+	Pctr+~s+	Pctr+~p+	Pwl+~s+	Pwl+~p+
计算相反相位（1是，0否）	1	1	1	1	1	1	1	1	1	1	1	1	1
垂向波浪弯矩Mvw(kN·m)(胞壁非必填)	2360000	99900	-586000	-586000	-2510000	-1690000	-1690000	-465000	465000	-617000	-617000	-444000	-444000
水平波浪弯矩Mvw-h(kN·m)(胞壁非必填)	0	0	1600000	1600000	0	-707000	707000	-67800	-67800	-46300	46300	-51000	51000
垂向波浪剪力Qvw(kN)(胞壁非必填)	-16600	28800	-9330	9350	-28800	9160	9160	-1980	2030	-3060	-3110	-2090	-2120
水线处波浪压力Pwl(P)(kN/m^2)(胞壁非必填)	32200	-11500	1480	53700	-13400	29800	72900	-8490	-72900	-3900	72900	5970	72900
水线处波浪压力Pwl(S)(kN/m^2)(胞壁非必填)	32200	-11500	-53700	-1480	-13400	72900	29800	72900	8490	72900	-3900	72900	5970
舶部波浪压力Pbilge(P)(kN/m^2)(胞壁非必填)	17400	-10100	-8390	16300	798	22200	43400	-12500	-43400	-7520	43400	-1450	43400
舶部波浪压力Pbilge(S)(kN/m^2)(胞壁非必填)	17400	-10100	-16300	8390	798	43400	22200	43400	12500	43400	-7520	43400	-1450
船底中心波浪压力Pctr(kN/m^2)(胞壁非必填)	12700	-2090	-8400	8400	-12700	6780	6780	9750	-9750	12400	12400	6300	6300
COT4P重心纵向加速度alng(m/s^2)	0.12	0.405	-0.169	0.254	-0.405	-0.024	-0.324	-0.0744	0.11	-0.11	-0.0917	-0.115	
COT4P重心横向加速度at(m/s^2)	0	0	0.338	0.359	0	0.468	-0.48	1.64	1.4	1.73	-1.6	1.1	-1.06
COT4P重心垂向加速度av(m/s^2)	-0.337	-0.669	0.402	0.296	1.96	1.93	1.77	1.96	-0.372	1.96	0.731	1.63	0.528
WBT4P重心纵向加速度alng(m/s^2)	0.131	0.445	-0.254	0.296	-0.445	-0.0721	-0.252	-0.0868	0.0868	-0.122	-0.122	-0.115	-0.138
WBT4P重心横向加速度at(m/s^2)	0	0	0.465	0.465	0	0.493	-0.505	1.87	1.72	1.91	-1.91	1.26	-1.24
WBT4P重心垂向加速度av(m/s^2)	-0.348	-0.669	0.275	0.148	1.9	1.9	1.81	1.75	-0.682	1.9	1.05	1.4	0.734
挠船中心重心纵向加速度(m/s^2)	-0.337	-0.669	0.402	0.296	1.96	1.93	1.77	1.96	-0.372	1.96	0.731	1.63	0.528

添加列　确定　取消

图 8 - 2 - 24

在界面中疲劳载荷中输入疲劳计算工况及对应的动载荷(图 8 - 2 - 25)。

在剪切修正标签页中填写剪切修正参数(图 8 - 2 - 26)。

10. 计算横剖面

完成模型及计算数据的输入后,即可设置横剖面计算和输出选项(图 8 - 2 - 27)。

设置完成后点击计算按钮,即可进行横剖面的计算。弹出计算结束窗口,则表示计算已完成(图 8 - 2 - 28)。

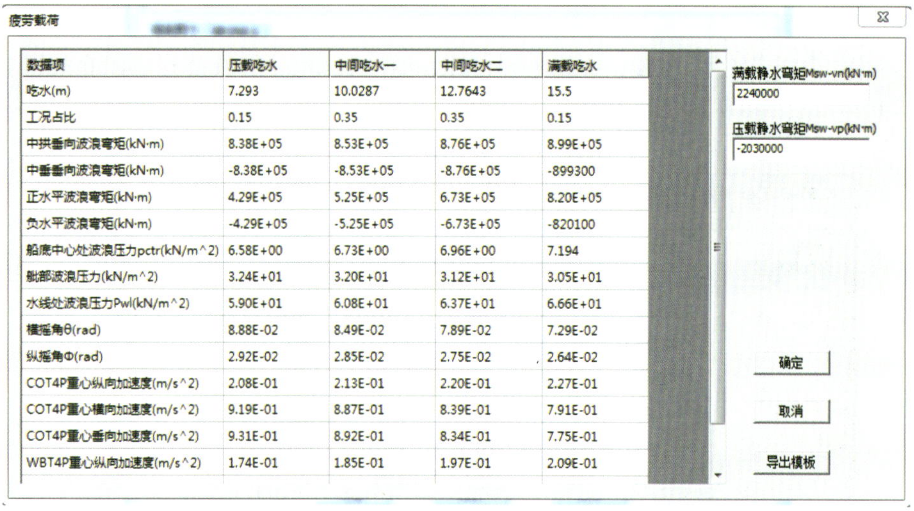

数据项	压载吃水	中间吃水一	中间吃水二	满载吃水
吃水(m)	7.293	10.0287	12.7643	15.5
工况占比	0.15	0.35	0.35	0.15
中拱垂向波浪弯矩(kN·m)	8.38E+05	8.53E+05	8.76E+05	8.99E+05
中垂垂向波浪弯矩(kN·m)	-8.38E+05	-8.53E+05	-8.76E+05	-899300
正水平波浪弯矩(kN·m)	4.29E+05	5.25E+05	6.73E+05	8.20E+05
负水平波浪弯矩(kN·m)	-4.29E+05	-5.25E+05	-6.73E+05	-820100
船底中心处波浪压力pctr(kN/m^2)	6.58E+00	6.73E+00	6.96E+00	7.194
舷部波浪压力(kN/m^2)	3.24E+01	3.20E+01	3.12E+01	3.05E+01
水线处波浪压力Pwl(kN/m^2)	5.90E+01	6.08E+01	6.37E+01	6.66E+01
横摇角θ(rad)	8.88E-02	8.49E-02	7.89E-02	7.29E-02
纵摇角Φ(rad)	2.92E-02	2.85E-02	2.75E-02	2.64E-02
COT4P重心纵向加速度(m/s^2)	2.08E-01	2.13E-01	2.20E-01	2.27E-01
COT4P重心横向加速度(m/s^2)	9.19E-01	8.87E-01	8.39E-01	7.91E-01
COT4P重心垂向加速度(m/s^2)	9.31E-01	8.92E-01	8.34E-01	7.75E-01
WBT4P重心纵向加速度(m/s^2)	1.74E-01	1.85E-01	1.97E-01	2.09E-01

满载静水弯矩Msw-vn(kN·m)
2240000

压载静水弯矩Msw-vp(kN·m)
-2030000

确定

取消

导出模板

图 8-2-25

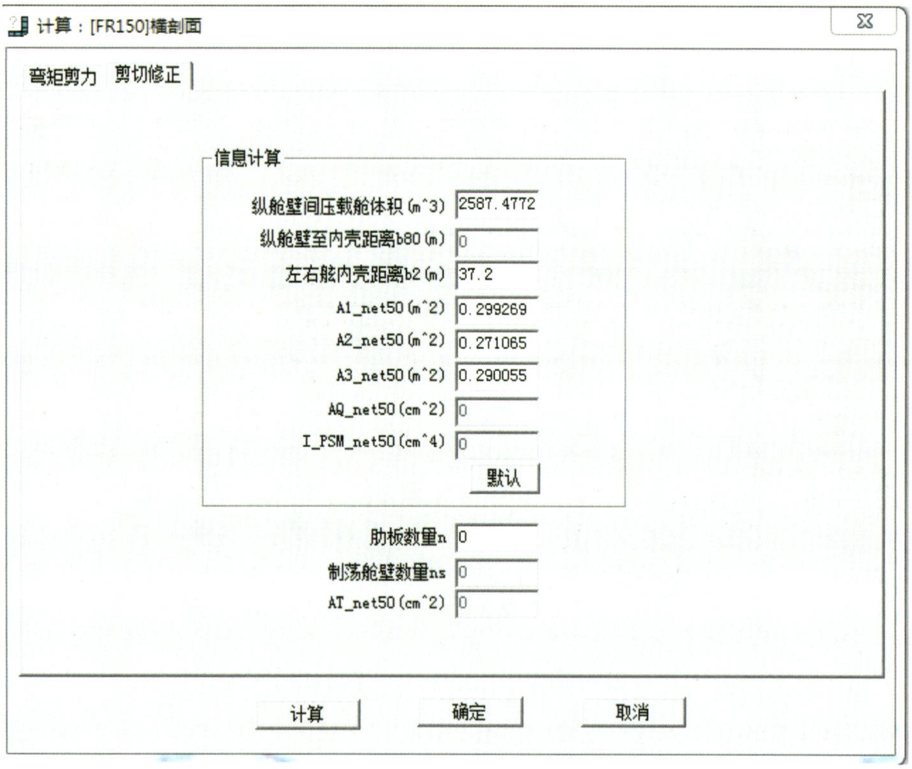

计算：[FR150]横剖面

弯矩剪力 剪切修正

信息计算

纵舱壁间压载舱体积(m^3)	2587.4772
纵舱壁至内壳距离b80(m)	0
左右舷内壳距离b2(m)	37.2
A1_net50(m^2)	0.299269
A2_net50(m^2)	0.271065
A3_net50(m^2)	0.290055
AQ_net50(cm^2)	0
I_PSM_net50(cm^4)	0

默认

肋板数量n	0
制荡舱壁数量ns	0
AT_net50(cm^2)	0

计算   确定   取消

图 8-2-26

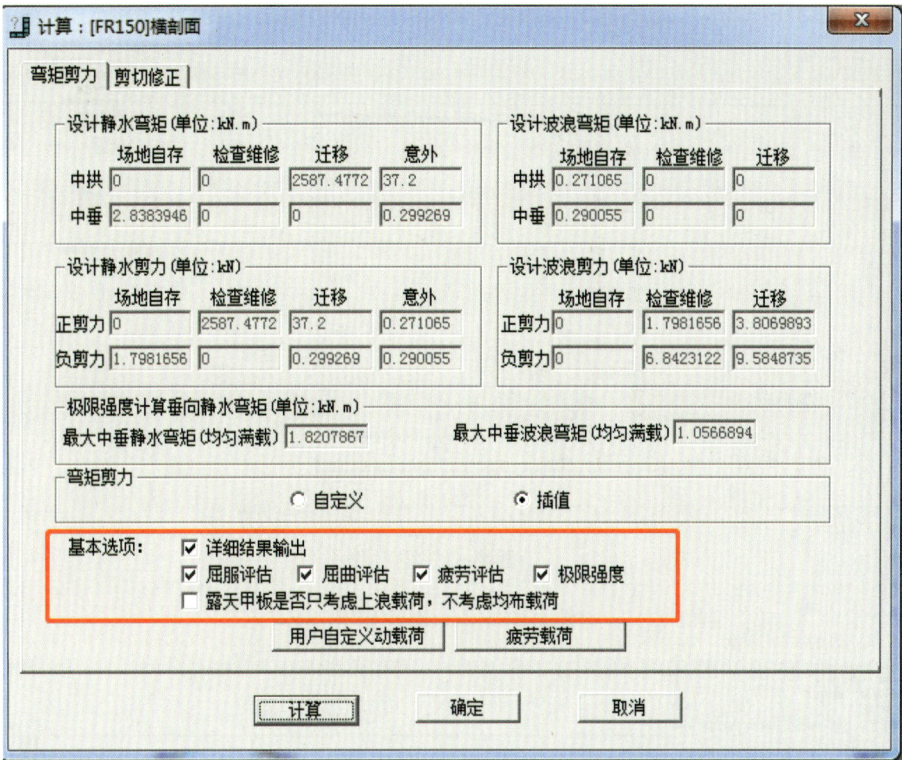

图 8 – 2 – 27

11. 结果查看

横剖面计算结果的查看,有三种方式:

(1)可以通过数据检查的后处理功能查看腐蚀、板、加强筋的计算结果数据云图(图 8 – 2 – 29)。

(2)可以查看计算报告,获得计算的最终结果。在计算模型目录下的 FPSO – 1 _ result \ FR150 \ MidDetailOutput 文件夹中,软件也会输出详细的中间结果,方便用户查看(图 8 – 2 – 30)。

(3)对于板和加强筋的详细计算结果,还可以回到剖面的纵向板和纵向加强筋界面,选择具体的板列/板格或者纵骨查看(图 8 – 2 – 31、图 8 – 2 – 32)。

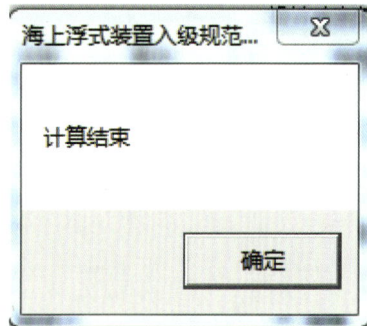

图 8 – 2 – 28

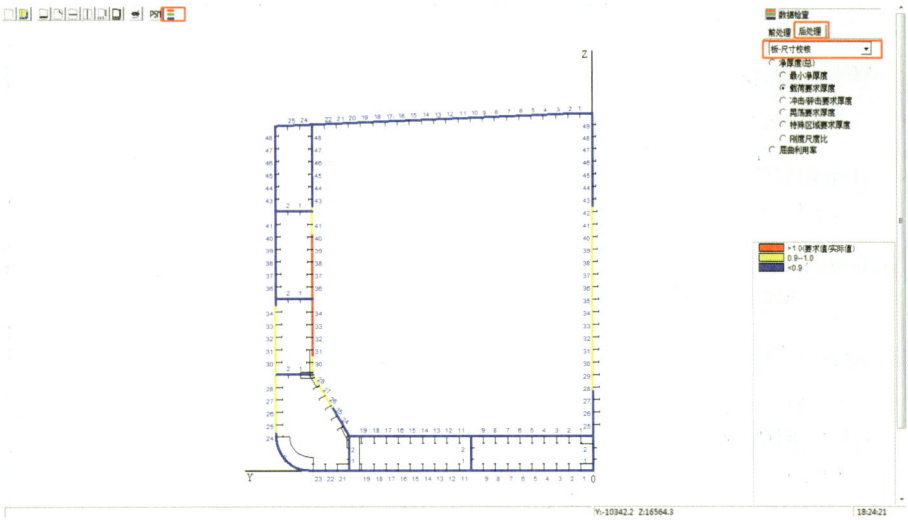

图 8 - 2 - 29

图 8 - 2 - 30

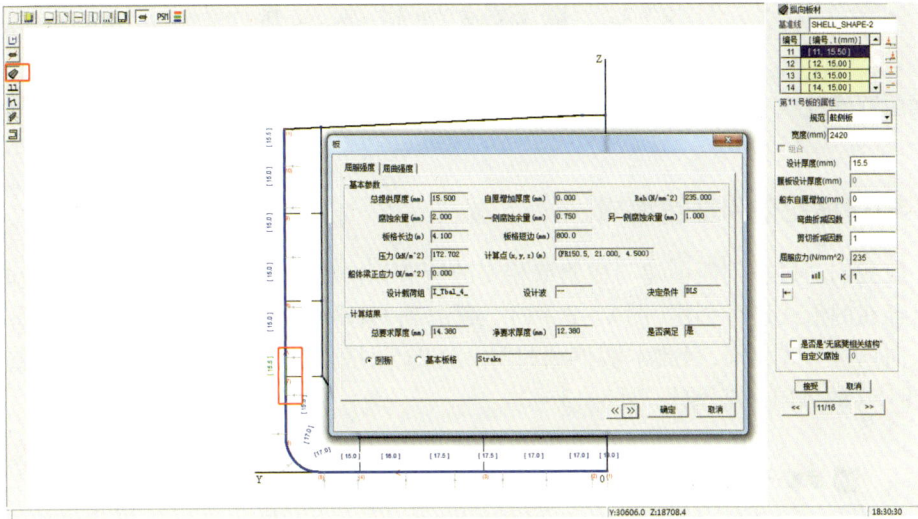

图 8 - 2 - 31

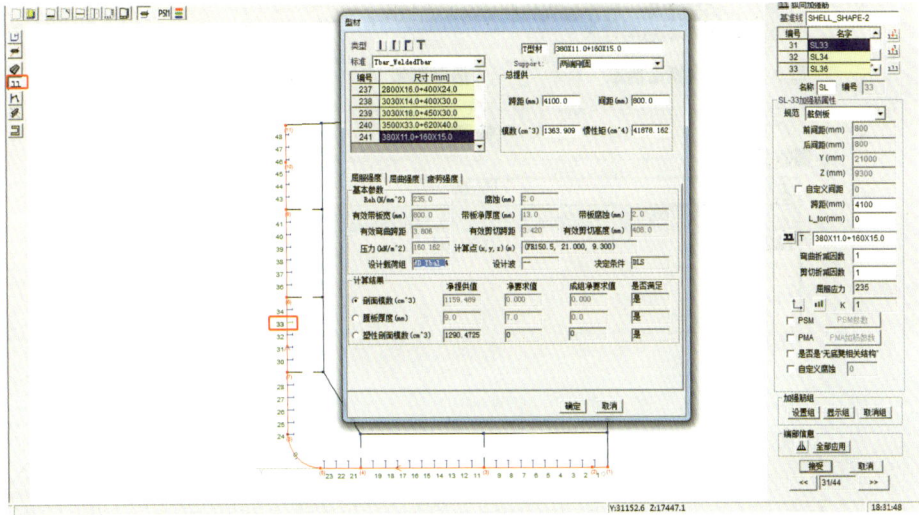

图 8 - 2 - 32

8.3 横舱壁建模及分析

横舱壁的建模和分析过程也是主要分为结构建模和计算数据填写两部分。详细步骤如下：

1. 创建横舱壁和型线编辑

一般我们通过横剖面创建与横舱壁相交的所有纵向构件的型线,在创建横舱壁时通过导入已存在的形式进行创建(图 8 – 3 – 1)。考虑到 FR133 和 FR150 都在平行中体部分,且内部纵向结构形式相同,因此本实例通过导入 FR150 横剖面来新建 BHD133 横舱壁,同时复制 FR150 的纵向板架型线(图 8 – 3 – 2)。

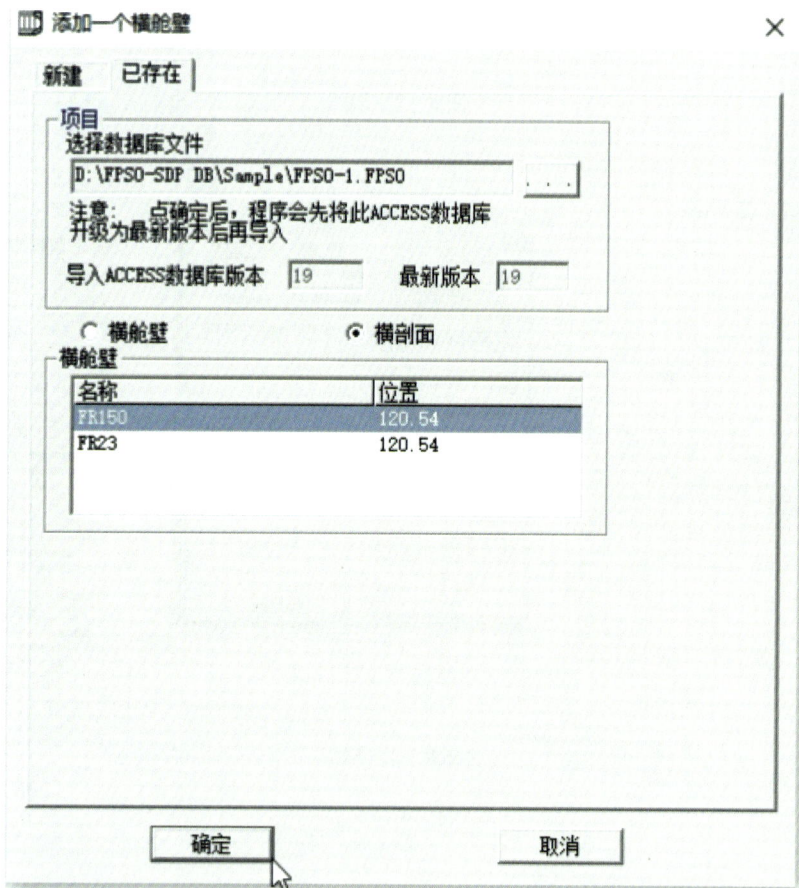

图 8 – 3 – 1

如有需要,也可以利用型线创建和编辑工具,对型线进行编辑。

导入 FR150 创建横舱壁后,需要修改新建舱壁的属性,并修改其相关基础参数(图 8 – 3 – 3)。

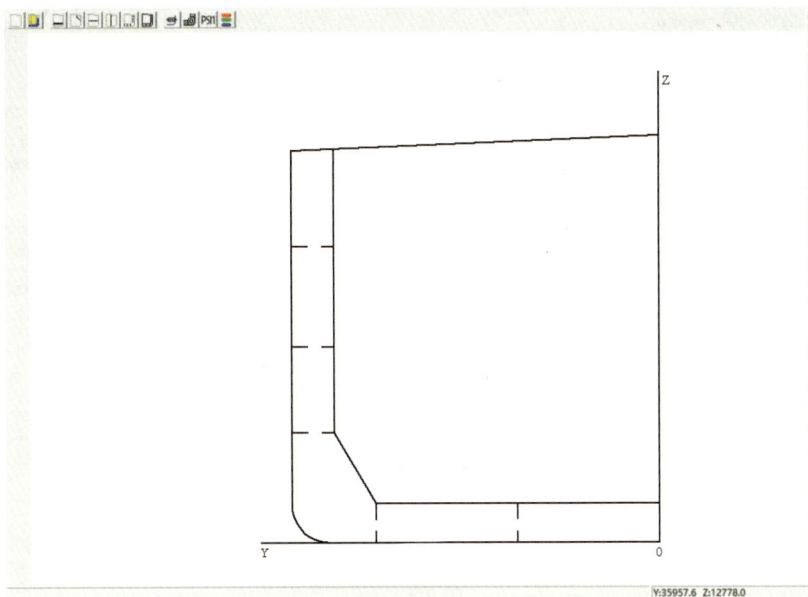

图 8 – 3 – 2

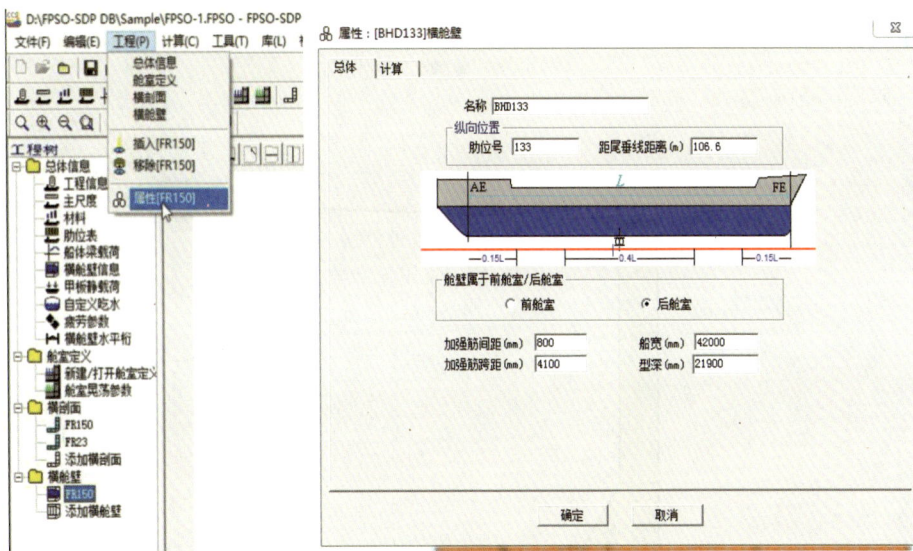

图 8 – 3 – 3

2. 舱室关联

完成横舱壁创建和型线编辑后,即可进行横舱壁舱室关联。

逐一选中型线构成的封闭区域,并制定前后两侧舱室,以及舱壁支撑构件/加强筋方向后,点击插入即可完成该区域横舱壁的舱室关联(图 8 – 3 –4)。

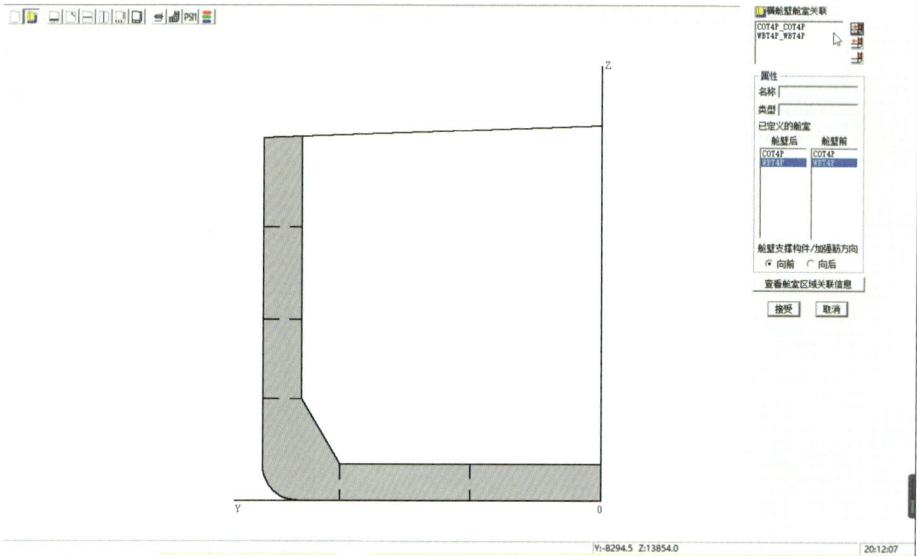

图 8 - 3 - 4

3. 横向区域划分

在舱室关联后,每一个封闭区域自动形成了一个横向区域(图 8 - 3 - 5)。

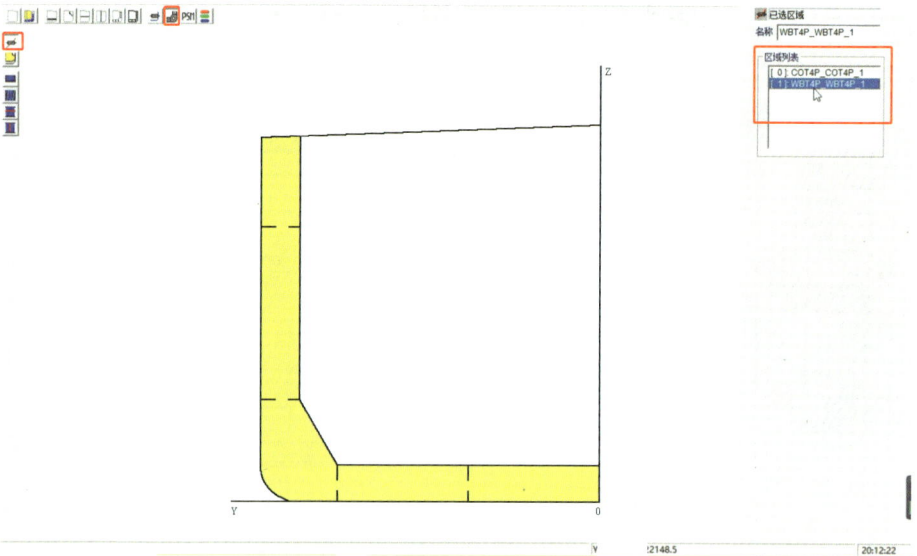

图 8 - 3 - 5

如有需要,还可以对形成的横向区域进行进一步划分。选中某一区域,点击横向区域编辑,即可对已形成的横向区域进行 Y 和 Z 方向的划分,同时还可以编辑不同的规范属性(图 8 - 3 - 6)。比如槽形舱壁,可以在货舱区域进一步划分顶凳、底凳和舱壁等。

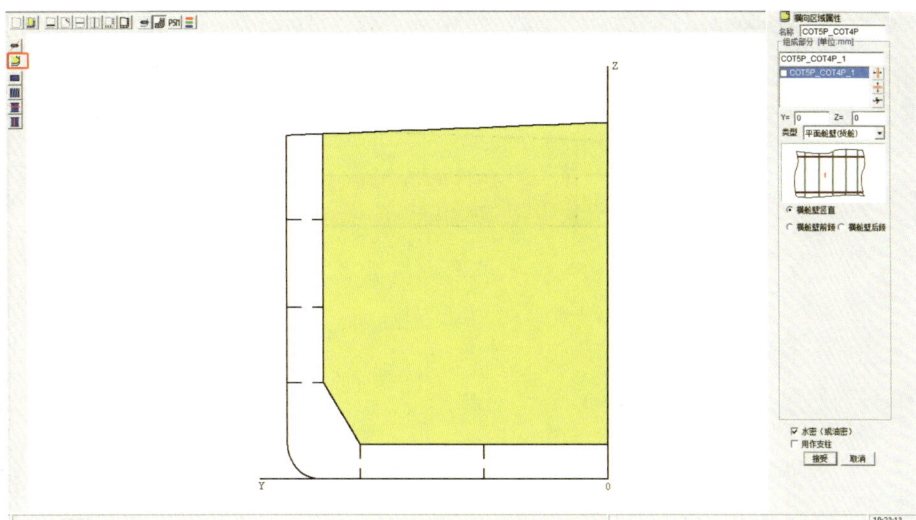

图 8 - 3 - 6

本实例中无须进一步划分横向区域。

4. 创建横向板

选中横向区域,选择横向板编辑功能,则可以在横向区域中通过 Y 值和 Z 值对选中的区域进行分割,并对每个区域设置其板厚、船东增加厚度、自定义腐蚀、材料等参数,即可完成横向板的创建和编辑(8 - 3 - 7)。

横向板的创建只可以根据 Y 或者 Z 轴进行水平或者垂直分割,无法根据斜线进行分割。

5. 创建横舱壁加强筋

选中横向区域,选择横向加强筋编辑功能,即可进入横舱壁加强筋界面。右侧工具栏中点击插入加强筋按钮,进入插入加强筋输入界面,完成加强件编号规则、加强筋间距、布置方向、端点 YZ 坐标、剖面尺寸、材料、与带板夹角、是否关于中剖面对称,是否自定义腐蚀等数据填写,确定后即可完成加强筋的定义。

完成数据输入后确定,即可完成一次横舱壁加强筋的定义(8 - 3 - 8)。已完成定义的加强筋会出现在横向加强筋列表中,选中已定义的列表,也可以通过右侧工具栏进行横向加强筋的移除或者编辑。

横舱壁加强筋的定义可以单个定义,也可以等距等尺寸批量建模。设置加强筋编号,程序根据加强筋编号自动判断加强筋数量,当加强筋数量大于 1 时,则为批量加强筋建模。

加强筋可以创建平行于 Y 轴或者 Z 轴的平直加强筋,也可以创建面内倾斜加强筋(图 8 - 3 - 9)。

图 8 - 3 - 7

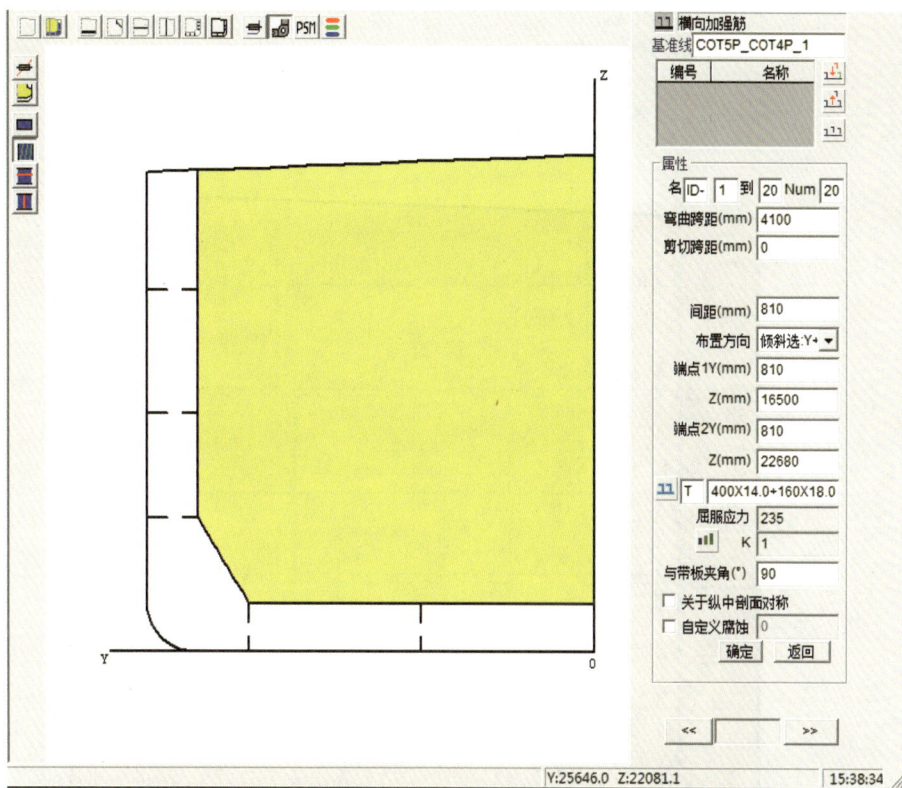

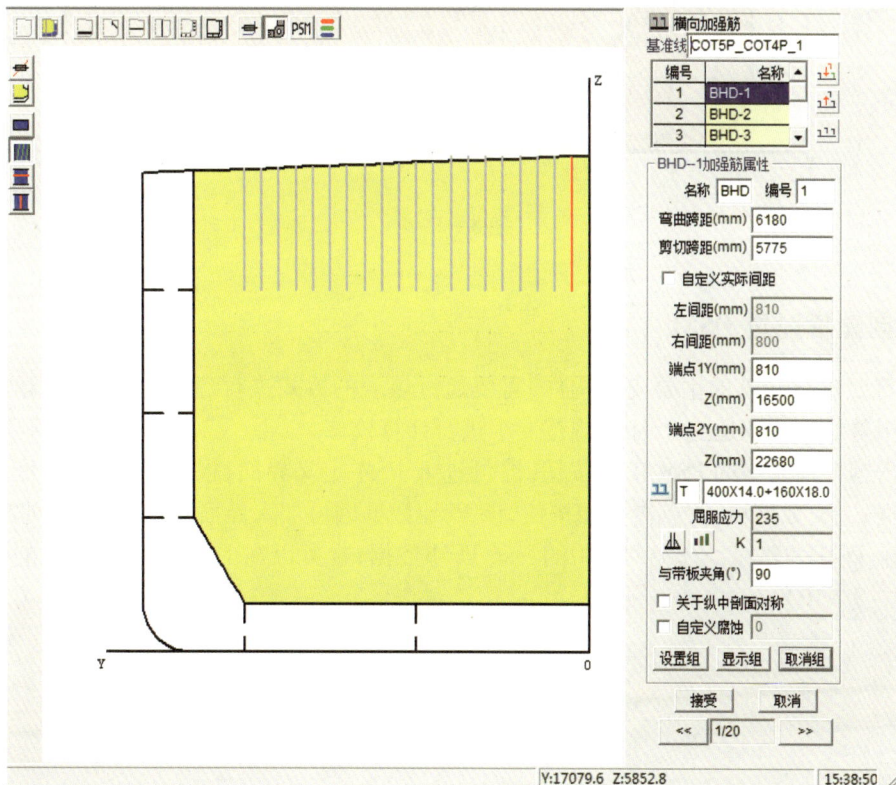

图 8 - 3 - 8

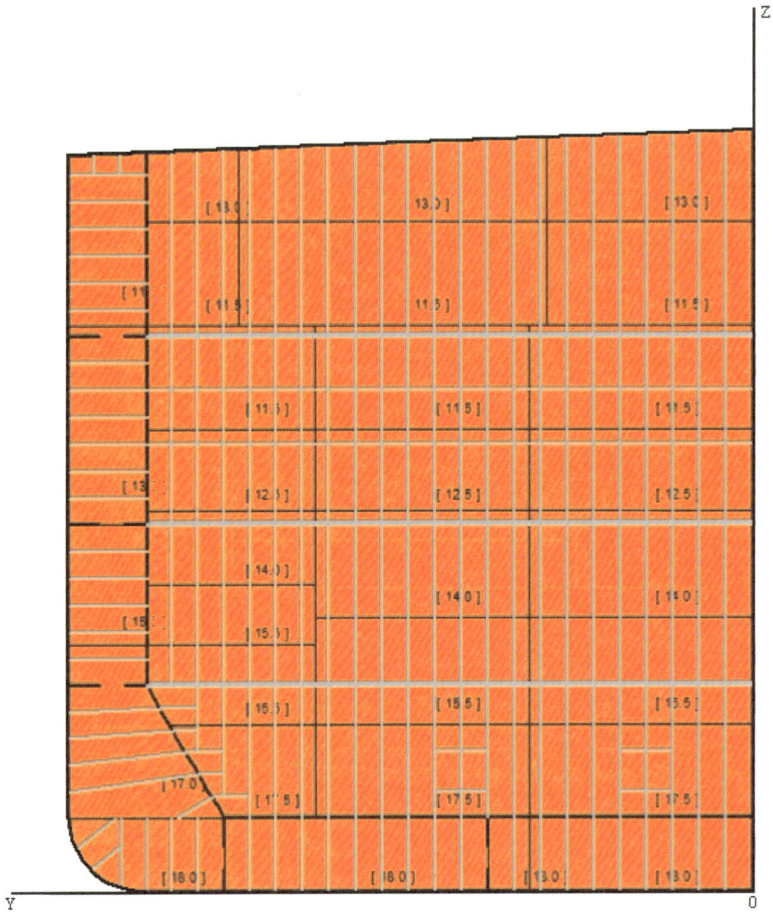

图 8 − 3 − 9

6. 创建横舱壁 PSM

对需要进行计算的主要支撑构件,需要通过填表的方式进行建模,图形中创建的横舱壁水平桁等结构不能通过 PSM 的规范要求进行计算校核。

点击当前横舱壁的 PSM 工具按钮,即可进入 PSM 定义界面,根据界面要求,依次输入相应数据,完成数据填写,点击添加按钮,该 PSM 数据即可加入界面上方的 PSM 列表,即可完成一个 PSM 的建模。选中列表中的一条 PSM 数据,也可以在下方显示该 PSM 的详细数据(图 8 − 3 − 10)。

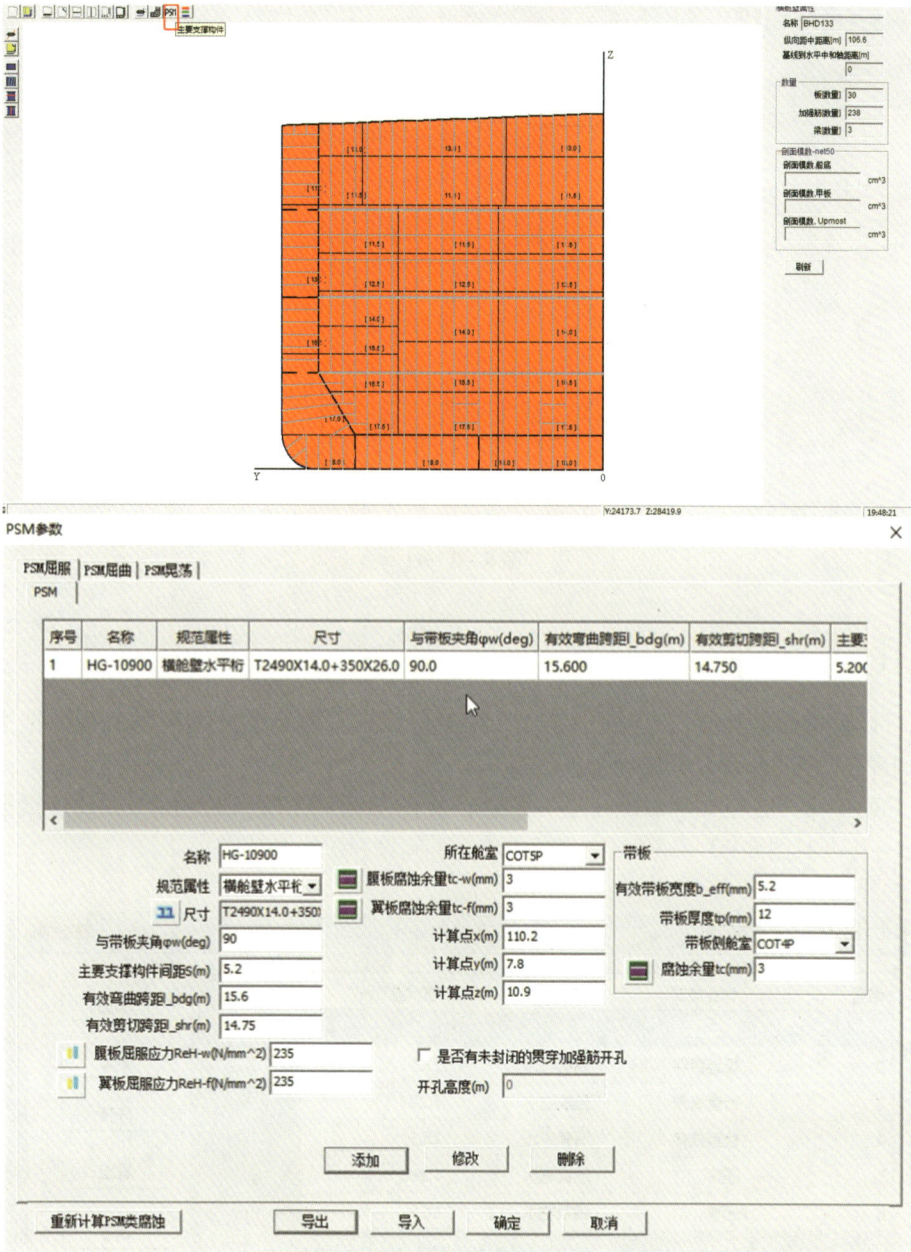

图 8 - 3 - 10

需要说明的是,PSM 的不同计算模块(比如屈服、屈曲、晃荡)等计算数据分布在不同标签页,即使是同一个 PSM,也需要分别在相应标签内进行填写。

7. 模型检查

完成模型的准备后,通过数据检查功能,可以通过云图显示对前处理的加强筋材料和加强筋尺寸数据进行检查(图 8 - 3 - 11)。

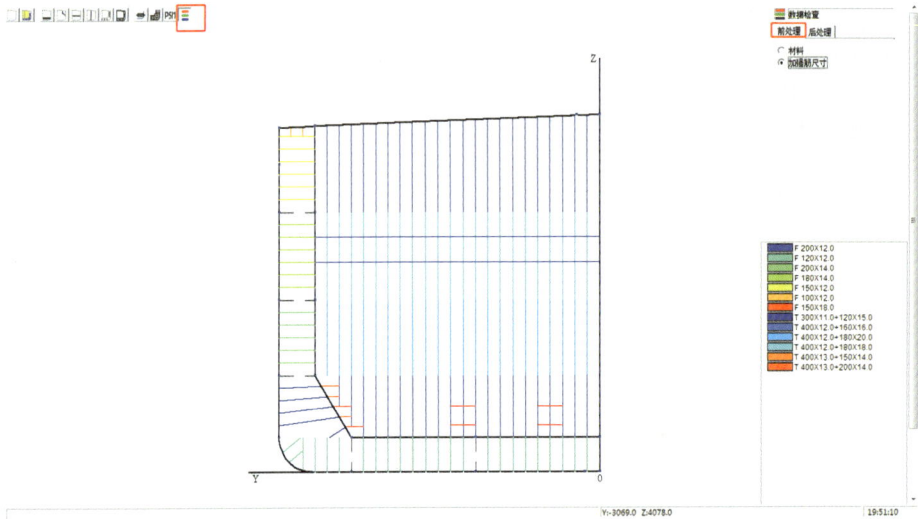

图 8 – 3 – 11

8. 计算数据输入

运行计算横舱壁功能,在界面中输入计算载荷数据。横舱壁计算所需载荷数据主要为水动力工程师通过水动力直接预报的动载荷。

在界面中用户自定义动载荷中逐一创建计算的动载荷工况,以及相应的直接预报动载荷(图 8 – 3 – 12、图 8 – 3 – 13)。

图 8 – 3 – 12

图 8 − 3 − 13

9. 计算横舱壁

完成模型及计算数据的输入后,即可设置横舱壁计算和输出选项(图 8 − 3 − 14)。

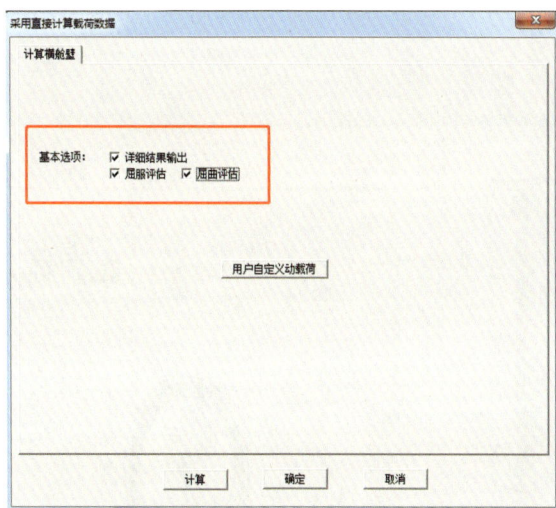

图 8 − 3 − 14

设置完成后点击计算按钮,即可进行横舱壁的计算。弹出计算结束窗口,则表示计算已完成(图 8 − 3 − 15)。

10. 结果查看

横舱壁计算结果的查看,有三种方式:

(1)可以通过数据检查的后处理功能查看腐蚀、加强筋的计算结果数据云图(图 8 − 3 − 16)。

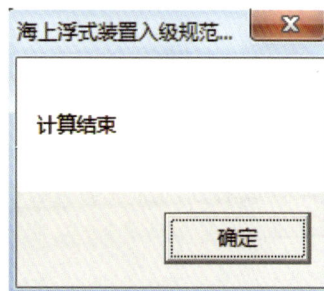

图 8 − 3 − 15

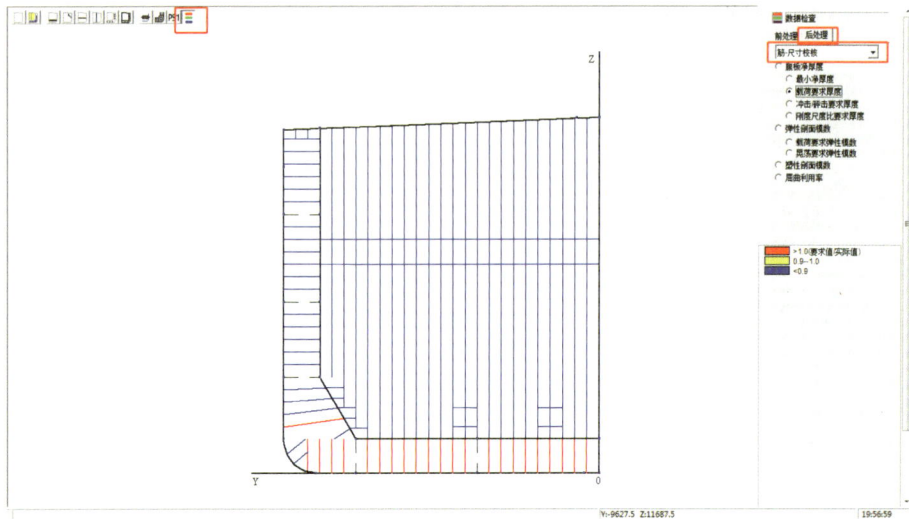

图 8 – 3 – 16

（2）可以查看计算报告，获得计算的最终结果。在计算模型目录下的 FPSO – 1_result \ BHD133 \ MidDetailOutput 文件夹中，软件也会输出详细的中间结果，方便用户查看（图 8 – 3 – 17）。

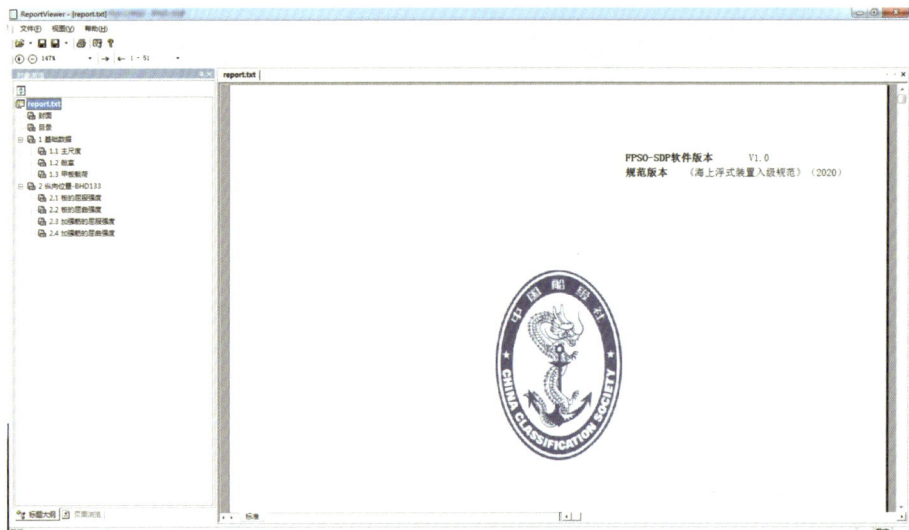

图 8 – 3 – 17

（3）对于板和加强筋的详细计算结果，还可以回到横向板和横向加强筋界面，选择具体的横向板或者横向加强筋查看（图 8 – 3 – 18、图 8 – 3 – 19）。

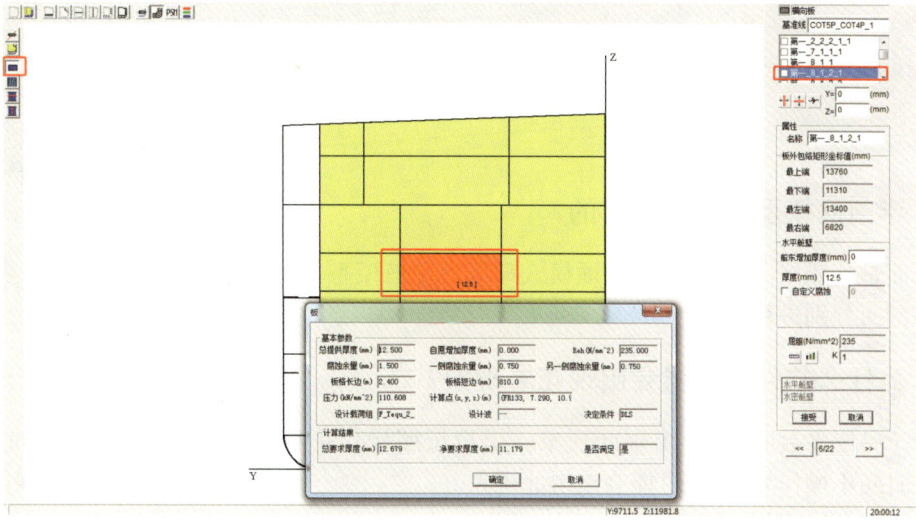

图 8 – 3 – 18

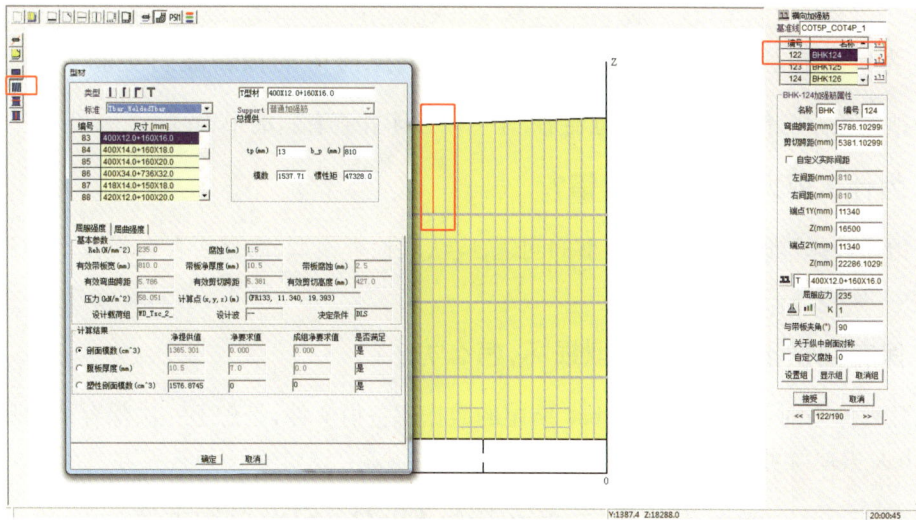

图 8 – 3 – 19

附录　FAQ

1. 半剖面模型方向是怎样的?

剖面是从船尾向船首看,半剖面模式默认为左舷模型,如左右舷结构不对称,则可以建立两个剖面分别进行计算。

2. 为什么软件有时候会出现花屏现象?

由于底层平台问题,会出现此现象。用户按照操作手册操作,会减少此现象的发生。如果长时间不操作界面,也可能会出现此现象。

3. 软件的字符长度是否有限制?

受数据存储时的字段长度限制,用户应尽量避免使用太长的字符名字(最好不超过 32 个字符)。

4. 为什么在程序中点打印报告后,报告浏览器中的报告没有更新?

必须先关闭已打开的报告浏览器后,才可以打印并查看新的报告。

5. 为什么剪力流计算会出错?

剪力流计算错误,一般都是模型的问题,应认真检查模型,看是否存在板没有铺到线的尽头、线不连续或重合搭接的问题。

6. 保存数据出错,导致模型损坏,怎么办?

在数据库当前目录下有一个.bak 结尾的数据库备份文件,是您上一次保存成功后的备份,把.bak 去掉就可以用程序打开了。

7. 我有 sql server 下的数据,怎么转为 FPSO – SDP 的数据库?

给客服发邮件求助,我们会帮助您转换。

8. 模型文件过大,导致文件备份和存储过慢,或者出现一些异常情况。

程序中已加入压缩功能,可时常对模型文件进行压缩。

9. 建模时,结构经常出现没有连接上的情况。

在铺板时,最后一块板的长度建议输入大些,程序会自动裁剪。

10. 舷部计算时,屈服要求过大。

由于在骨架形式上判断时,纵向间距大于横向间距,按纵骨架式计算,可考虑加入横向扶强材。

11. 某构件无计算结果。

首先试一下把舱室重新关联,多数情况下会解决此问题。

12. 在计算首尾模型时,有时会出现错误提示"剖面型线定义有问题"或类似的错误提示。

查看模型,是否定义了外底板、内底板、强力甲板、舷侧板等,这些基本的规范属性如果缺失,程序会给出提示。

13. 软件下载后,点 setup. exe 无反应。

造成这个问题的原因有很多,目前常用的解决方法有:
(1)关闭杀毒软件;
(2)查看服务里是否安装服务被禁用;
(3)启动任务管理器(桌面点右键),看是否有其他进程影响安装,如最近出现的 QQ 进程 txupd. exe。